JN074713

税務調査完全対応

電子帳簿保存法

税理士
十文字 俊郎 著

税理士からの疑問・質問150選

税務研究会出版局

はじめに

平成10年に電子帳簿保存法が施行され、帳簿書類を紙からデータで保存することができるようになってから約25年が経ちました。これまでの制度は大企業を中心に利用されるものと考えられてきましたが、令和3年度の大改正により中小企業にも少なからず影響を与えることになりました。令和5年にはインボイス制度、令和6年からは電子取引への完全対応、など税務を取り巻くデジタル化の波は、中小企業でも利用できる制度からすべての中小企業をはじめとした事業者が対応しなければならない制度へと変わりつつあります。法令や規則を中心としたパンフレットや解説書などの情報があふれる中、対応方法に不安を抱いている事業者や先生方も多いと思います。その主な理由は、税務調査でどういった指摘や処分を受けることになるのか、パンフレットや解説書だけでは十分理解できないといったことが原因ではないでしょうか。

多くの先生方も理解されているように、法令の要件に違反したからといって、必ずしも課税処分や行政処分が行われるわけではありません。それは、法令の定める基準と処分などが行われる基準が必ずしも同じではないからにほかなりません。特に電子帳簿保存制度の場合、法令の定める基準に関する解説に対し、税務調査を受けた際に受ける処分の基準についての事例や解説がほとんどありません。そのため、本当に処分の対象とならないかといった不安を払しょくすることができない状況にあります。こういった状況で、新制度へ万全の対策を行うことは非常に難しいといえるでしょう。

新制度に対する事業者の対応には大きな温度差があると思われますが、その結果は税務調査を受ける数年先でなければわかりません。まったく準備や対応をしていなくても、数年後に税務調査を受けた際に何が正しかったと判明することになるため、準備や対応を怠り、税務調査で予期せぬ追徴処分、罰課金、果ては青色申告の承認取消しなどといった最悪の事態は避けなければなりません。

新制度の対応には、二つの考え方があり、一つは制度の立法趣旨をよく理解し法令や規則に従ってすべての対応をもれなく行うこと、もう一つは税務調査を受けた際に追徴処分や罰課金、行政処分などを受けないよう準備すること、です。つまり、新制度への対応は、制度の概要やルールへの万全の対策を行うといった面だけでなく、税務調査で予期せぬ指摘や処分につながらないよう準備するといった側面も存在します。そのため、新制度への対応は、税務調査でどのような指摘を受ける危険性があるかといった点を抜きに対策をしても不安が払しょくされることはありません。

本書では、これまで受けた企業や先生方からの相談や質問を厳選し、税務調査でどのような指摘を受けるか、あるいはどういった対応が必要かといった観点から解説を掲載させていただきました。また、大企業と中小企業の対応の違いなどを踏まえ、中小企業での準備や対策に役立つよう私自身の経験を基に執筆しましたので、特に中小企業などの実務を担当する税理士の先生方に少しでも参考になればと切に願っています。

最後に、本書の出版に当たり、尽力いただきました税務研究会堀直人様に心より感謝申し上げます。

令和５年９月

十文字　俊郎

目次

第1章　中小企業の電子化（中小企業と大企業の違いについて）

第2章　電子帳簿保存制度の特色

第3章　電帳法の目的と用語

第4章　電帳法の改正

第5章　データ保存の対象（帳簿書類）

第6章 電子取引

第7章 データの保存手続き

第8章　適格請求書

第9章　消費税の帳簿

第10章　審査と調査

QA早見インデックス

第1章　中小企業の電子化（中小企業と大企業の違いについて）

Q1　データ保存の必要性　

電子帳簿保存制度が大きく変わりましたが、今後は大企業だけでなく中小企業も電帳法に対応したデータの保存が必要になるのでしょうか。

中小企業が新制度以降も電帳法対応を行わないと、税務調査を受けた際に大きなリスクやデメリットがあると見られています。特に、適格請求書の保存、電子取引、帳簿などへの電帳法対応を行わない場合、税務調査に大きな影響があると考えられます。

Q2　中小企業と大企業　

帳簿や書類をデータで保存する場合、中小企業と大企業では電帳法への対応に何か違いはありますか。

データの保存は、仕訳情報や取引書類の量に比例して保存が難しくなるため、中小企業と大企業では、電帳法への対応方法に大きな違いがあります。事業の規模が大きくなればなるほど、導入するシステムも複雑化し運用ルールや事務処理規程なども同じように複雑化します。

Q3　導入するシステム　

中小企業がデータを保存するためのシステムは、大企業のシステムと比べどのような違いがあるのでしょうか。

帳簿や書類の種類やデータ量が、一定の範囲に収まる中小企業では、市販の会計システムや業務システムなどを、標準のまま導入することで電帳法への対応が可能ですが、データの種類や量が一定以上となる大企模事業者では、システムのカスタマイズや専用システムなどの導入が必要になります。

Q4　市販のシステムで対応できる範囲　

市販のシステムを導入すれば、電帳法に十分対応ができる事業者の範囲（基準）は、どのように判断すればよいのでしょうか。

市販システムを導入すれば電帳法に対応できる範囲については、事業者のデータの種類や件数が違うため一概に判断することはできませんが、目安として会計システムで取引ごとの仕訳情報がすべて記録できることがその基準と考えられます。

Q5　大企業の帳簿　

大企業が作成し保存する帳簿のデータは、中小企業と比べどのような違いや特徴があるでしょうか。

いわゆる大企業では、中小企業のように取引ごとの仕訳情報が、総勘定元帳に記載（記録）されることはほとんどなく、補助システムなどで取引ごとの明細データが作成されることが多く、総勘定元帳の仕訳情報は、大部分が補助簿などサブシステムからデータが連携される特徴があります。

Q6　中小企業の帳簿 …… 12

中小企業が作成し保存する帳簿のデータには、どのような特徴がありますか。

中小企業では、取引ごとに作成が必要な仕訳情報が比較的少なく、市販の会計システム（総勘定元帳）で、すべての取引に係る仕訳情報を作成することができるため、会計システムのデータを保存することで、すべての帳簿を保存できる傾向にあります。

Q7　中小企業の書類 …… 14

中小企業では、どのような書類をデータで保存することになるのでしょうか。

電帳法の要件に従って、紙で受領した書類をスキャニングしてのデータ保存、あるいは自社が作成した決算書類のデータや自社が発行した取引書類（紙）の控えをデータ保存することが考えられます。

Q8　中小企業の電子取引 …… 16

中小企業が電子取引を行った際、どのような取引情報を保存しなければならないのでしょうか。

中小企業が行う電子取引には、①インターネット取引、②電子メール取引、③ＥＤＩ取引、などが多いと思われます。多くの質問が、ネットショッピングの際の領収書データを保存することに集中していますが、電子メールやＥＤＩ取引などの取引データの扱いは、より注意が必要です。

第2章　電子帳簿保存制度の特色

Q9　特例法とは …… 20

電帳法は税法の特例とされていますが、特例とはどのような意味でしょうか。

電帳法は、所得税法や法人税法など税法で保存が定められている帳簿や書類を、データで保存する場合の方法のみを定めた特例の法律です。そのため、作成する帳簿や保存する書類、保存場所、保存期限などは各税法で定められていて、電帳法には定められていません。

Q10　保存開始手続きと審査方法 …… 21

帳簿書類等をデータで保存するには、どのような手続きが必要になりますか。

令和3年の電帳法改正により、データを保存するために必要な手続きは廃止されましたので、データを保存するために特別な手続きは必要ありません。ただし、過少申告加算税の減額を適用する場合や、遡って重要書類（過去分重要書類）をスキャナ保存する場合には、届出書の提出が必要です。

Q11　電帳法違反に対する処分 …… 23

帳簿や書類をデータで保存した場合、処分の対象となるのはどのような違反をした場合でしょうか。

保存したデータが、電帳法の保存要件に著しく違反している場合には、青色申告の承認取消し処分の対象となりますが、必要なデータが保存されていない場合や、保存したデータを改ざんし税負担を免れた場合には、重加算税の賦課や更正などの課税処分などの対象となると考えられます。

Q12 保存しなければならない帳簿書類 …… 25

保存しなければならない帳簿や書類とは、どのように決まっているのでしょうか。

所得税法や法人税法では、書類（取引書類、及び決算書類）、及び帳簿を納税者が保存するよう定めているほか、消費税法でも、適格請求書（書面、及びデータ）、及び帳簿を保存するよう定めています。また、電帳法では、電子取引の取引情報を保存するよう定めています。

Q13 作成が必要な帳簿の種類と項目 …… 28

帳簿をデータで保存する場合、保存しなければならない帳簿の種類やその記録項目などは、どのように定められているのでしょうか。

データで作成する帳簿の種類や記録項目などは、電帳法に定めはなく、税法の規定に従って保存することになります。そのため、所得税法や法人税法、消費税法などに定められた記載事項が必要です。

Q14 保存要件の種類 …… 30

帳簿書類をデータで保存するには、どのような方法があるのでしょうか。

帳簿書類をデータで保存する場合、電帳法では4つ（帳簿・書類・スキャナ・電子取引）の規定があり、それぞれの種類ごとに保存要件が定められているため、これらの保存要件に従った方法で保存しなければなりません。

Q15 保存要件以外の留意事項 …… 32

帳簿や書類をデータで保存する際に、電帳法の保存要件以外に注意しなければならない事項はありますか。

保存したデータは、電帳法の保存要件に従って保存する必要がありますが、保存要件だけでなく、税務調査に支障を及ぼさないための注意も必要になります。保存要件に記載されていないものの、調査に支障を及ぼす重大な違反行為には、くれぐれも注意する必要があります。

第3章　電帳法の目的と用語

Q16 電帳法の目的 …… 36

電帳法は、どういう目的で定められた法令ですか。

電帳法の目的は、「納税者等の国税関係帳簿書類の保存に係る負担を軽減するため」と法令に記載されていますが、前段には「納税義務の適正な履行を確保しつつ」とあるように税務調査の確認に支障がないようデータの保存要件等が定められています。

Q17 電帳法の特色 …… 37

取引書類をデータで保存する場合と、電子取引の取引データを保存する場合では、どのような違いがあるのでしょうか。

所得税法や法人税法では、取引書類を保存するよう定めていますが、これは書類（紙）で保存することが前提の規定で、データでの保存は例外の方法になります。これに対し、電子取引の取引情報は、電帳法で保存するよう義務付けられたもので、取引データにより保存することが原則です。

Q18 電帳法のルール 39 電帳法に関するルールは、法令以外にどのようなものがあるのでしょうか。	電帳法は「電子計算機を使用して作成する国税関係帳簿書類の保存方法等の特例に関する法律」です。法令（法律）、政令（法律施行令）、省令（法律施行規則）のほか法律関係告示から成り立っているほか、取扱通達、一問一答、各種パンフレットなどが国税庁から公表されています。
Q19 保存書類と提出書類 40 納税者が保存する書類と税務署へ提出する書類には、どのような違いがありますか。	税務署へ提出する書類は申告書や添付書類ですが、帳簿や決算書類、及び取引書類等は、納税者が保存するものと定められていて、定められた場所に定められた期間保存する義務があります。
Q20 保存場所と保存期限 41 帳簿書類をデータで保存する際、どこにいつまで保存しなければならないのでしょうか。	帳簿書類をデータで保存する場所と期限は、電帳法ではなく各税法で規定されています。所得税法や法人税法、消費税法では、帳簿書類を納税地（＊書類は国内の事業所でもよい）に保存し、保存期限は申告期限から原則として7年間（＊欠損控除がある場合はその期間も含む）となっています。
Q21 電帳法で使われる用語 43 電帳法で使われる用語には、どのようなものがありますか。	電帳法で使用されている用語には、①国税関係帳簿、②国税関係書類、③電磁的記録、④保存義務者、⑤電子取引、⑥（電子取引の）取引情報、⑦スキャナ、⑧タイムスタンプ、などがあります。
Q22 国税関係帳簿書類 44 「国税関係帳簿書類」とは、どのような書類でしょうか。	国税関係帳簿は、国税に関する法律の規定により備付け、及び保存をしなければならない帳簿をいい、国税関係書類は、国税に関する法律の規定により保存をしなければならない書類をいいますが、国税関係帳簿と国税関係書類を合わせて国税関係帳簿書類といいます。
Q23 国税関係帳簿書類以外のもの 46 国税関係帳簿書類以外にも、保存しなければならない帳簿や書類はありますか。	仕訳帳や総勘定元帳など帳簿を作成し保存する規定は、税法だけでなく他の法令にも保存する定めがあります。代表的な例に、労働基準法に定める労働3帳簿や建設業法に定める帳簿や書類などは、国税関係帳簿書類以外のものとしてあげられます。
Q24 電磁的記録 47 「電磁的記録」とは、どのような記録ですか。	「電磁的方式で作られる記録で電子計算機の用に供されるもの」と定められていて、電子データのことをいいます。帳簿や書類などで使用されるため、事実上、紙以外のものを指すことになります。

Q25 保存義務者 …… 48

「保存義務者」とは、誰のことでしょうか。

各税法で定めている帳簿や書類を保存しなければならない者のことを、保存義務者といいます。所得税法では「居住者」、消費税法では「事業者」、法人税法では「青色申告法人」、などをいいます。

Q26 電子取引 …… 49

「電子取引の取引情報」とは、どのような情報のことでしょうか。

電子取引は電磁的方式により行う取引のことであり、取引情報は「取引に関し受領し、又は交付する注文書、契約書、送り状、領収書、見積書その他これらに準ずる書類」（取引書類）に記載される事項となります。

Q27 税法の保存義務 …… 51

帳簿や書類の保存について、税法ではどのように定められているのでしょうか。

所得税法や法人税法では、取引書類、及び決算書類などの主要な書類、及び仕訳帳、総勘定元帳、その他必要な帳簿などの、主要な帳簿を保存するよう定めています。また、消費税法やその他の税法でも帳簿や書類の規定がありますが、その多くがこの主要な帳簿や書類に含まれています。

Q28 承認された帳簿 …… 52

過去に承認されている帳簿とは、どのようなものでしょうか。

帳簿は、所得税法や法人税法、消費税法など、税法ごとに承認されていて、「仕訳帳」「総勘定元帳」「補助簿」が中心となっています。ほかに「障害者等のマル優に関する帳簿」（源泉所得税法）や「課税文書の受払等に関する帳簿」（印紙税法）などの帳簿も承認されています。

第4章　電帳法の改正

Q29 旧制度と新制度 …… 56

電子帳簿保存制度は、いつから新制度になったのでしょうか。

平成10年に施行された電帳法は、令和3年度の改正により大きく変わり、令和4年以降からデータ保存を開始する場合は、新制度での保存方法に変わっています。新制度では、特別な手続きをせずに帳簿や書類をデータで保存できるようになっています。

Q30 令和2年度改正の概要 …… 58

令和2年度の電帳法改正では、どのような改正が行われたのでしょうか。

電子取引の取引データを保存する際の保存要件が改正され、これまでの、①タイムスタンプを付す、②訂正削除を防止する事務処理規程を定め運用する、に加えて新たに、③タイムスタンプ付きのデータを保存する、④訂正削除履歴の確認できるシステムで保存する、などの要件が追加されました。

Q31 **令和3年度改正の概要** …… 59 令和3年度の電帳法改正は、どのような改正が行われたのでしょうか。	令和３年度改正は、①承認制度の廃止、②電子取引の書面保存廃止、③過少申告加算税の減額制度、④重加算税の割増し制度、などの整備が行われています。また、「帳簿」「書類」「スキャナ」の保存要件が変更され、新たにダウンロード要件が加わるなど施行規則もすべて改正されています。
Q32 **承認制度の廃止** …… 63 これまで電帳法の適用を受けるためには、事前に税務署長の承認を受ける必要がありましたが、今後はどのような手続きが必要になるのでしょうか。	令和3年末までに帳簿書類をデータで保存する場合は、事前に税務署長の承認が必要でしたが、改正によりこの手続きは廃止されたため、令和４年１月１日以降にデータ保存を開始する場合、特に必要な手続きはありません。
Q33 **電帳法の対象者** …… 65 令和4年1月1日以降に電帳法の適用を受ける対象者は、これまでとどう変わりますか。	これまで、電帳法の適用を受ける対象者は、税務署長の承認を受けた事業者だけでしたが、令和4年以降に帳簿書類のデータ保存を開始する場合、保存する帳簿や書類をすべて書面に出力していない限り、データを保存する必要がある新たな電帳法の対象者になると見込まれています。
Q34 **加算税規定の創設** …… 67 令和3年度改正により、新たに整備された加算税の規定とは、どのようなものになりますか。	令和3年度改正により、新たに、①優良な電子帳簿を保存する場合の過少申告加算税の減額規定、及び、②「スキャナ保存」と「電子取引データ」に関する重加算税の割増し規定、という2つの加算税に関する規定が整備されたものになります。
Q35 **過少申告加算税の減額規定** …… 68 令和3年度の改正により、新たに整備された過少申告加算税の規定とは、どのような規定ですか。	税務調査を受けて修正申告等を行う際には、追徴税額に加え（隠ぺい仮装などの行為を除き）過少申告加算税が課税されますが、その額が5%減額される制度です。減額を受けるには、あらかじめ税務署への届出と該当する帳簿をすべて「優良な電子帳簿」の保存要件に従って保存する必要があります。
Q36 **適用届出書** …… 69 過少申告加算税の減額の適用を受けるには、どのような手続きが必要になるでしょうか。	過少申告加算税の適用を受けるためには、事前に税務署へ届出書を提出する必要があります。この届出書は、該当する特例国税関係帳簿をすべて記載し、優良な電子帳簿の保存要件に従って保存する必要があります。
Q37 **特例国税関係帳簿** …… 71 特例国税関係帳簿とは、どのような帳簿をいいますか。	過少申告加算税の減額の適用を受けるために必要な帳簿を特例国税関係帳簿といい、取引に関して作成するすべての帳簿のことになります。具体的には、仕訳帳、総勘定元帳、その他必要な帳簿（補助簿）となりますが、補助簿は取引ごとの明細を記録した帳簿が必要です。

Q38 電子取引の宥恕規定（書面保存）……72

電子取引を行った場合、書面で保存する場合の宥恕規定が整備されたと聞きましたが、どのような内容になりますか。

電帳法では、電子取引の取引情報を保存するよう定められていましたが、取引情報をデータではなく出力した書面で保存する規定が一旦廃止された後に、施行直前になって宥恕規定が整備され、令和５年末まで限定で出力した書面の保存が認められることになっています。

Q39 保存要件の変更（緩和）……74

令和3年度改正により、帳簿や書類のデータの保存に必要な要件は、これまでとどう変わりましたか。

令和3年度の改正によりデータの保存要件が改正され、「帳簿」「書類」「スキャナ」の保存要件はすべて変更されるなど大きく緩和しました。なお、これまでデータの検索に必要であった検索条件の設定は、設定の全部、又は一部をダウンロード要件に代えることができるようになっています。

Q40 新制度の適用時期……75

令和3年度改正による新電子帳簿保存制度は、いつから適用されますか。

新制度については令和4年1月1日施行です。ただし、帳簿は令和4年以降に開始する課税期間から、書類は令和4年以降いつからでもデータ保存を開始することができます。これに対し、電子取引の保存は令和4年以降に行われた取引から適用されます。

Q41 加算税制度の適用時期……77

新しく整備された過少申告加算税の減額、及び重加算税の加算の規定は、いつから適用されますか。

新たに整備された過少申告加算税の減額、及び重加算税の割増し制度については、令和4年以降に申告期限の到来する所得税や法人税、消費税の課税期間から適用されます。

Q42 承認済みの帳簿書類の取扱い……79

旧制度で（令和3年末まで）承認されている電子帳簿（帳簿書類の）は、どのように保存すればよいのでしょうか。

旧法の承認を受けた帳簿や書類は旧法の規定が適用されるため、旧法の保存要件を継続する必要があります。ただし、新法の保存要件への変更も可能で、変更する場合は、一旦取りやめてから新しく保存を開始するか、あるいは保存方法だけを変更する簡易な方法が認められています。

Q43 令和4年度電帳法改正の概要……80

令和4年度の電帳法は、どのような点について改正が行われたのでしょうか。

令和4年度改正事項は、①保存要件にあるタイムスタンプが「一般財団法人日本データ通信協会が認定するタイムスタンプ」から「総務大臣が認定する時刻認証業務に係るタイムスタンプ」へ変更されたこと、及び、②電子取引の取引情報の保存に関して書面での保存が継続できる宥恕規定、の2つです。

Q44 電子取引の宥恕規定……81

令和4年度に改正が行われた電子取引の宥恕規定とは何でしょうか。

令和3年度の改正により、電子取引の取引情報の保存方法のうち、出力した書面を保存する方法が廃止されたものの、取引データを保存するための環境整備が間に合わないという意見を受けて、令和５年末までは条件付きで出力した書面の保存が認められる規定となります。

Q45 令和５年度電帳法改正の概要 …… 83
令和5年度の電帳法の改正事項は何でしょうか。
令和5年度の電帳法改正は、①電子取引情報の保存に係る猶予措置、②スキャナ保存要件の一部緩和、③過少申告加算税の減額規定の対象帳簿（特例国税関係帳簿）の一部緩和、の3つになります。

Q46 電子取引情報の猶予措置（令和5年度改正①） …… 84
令和5年度改正で整備された電子取引に係る猶予措置とは何ですか。
令和4年度改正で整備された電子取引の宥恕措置（出力した書面を保存できる規定）が、令和5年末で廃止されることから、令和6年以降は新たな猶予措置として、出力した書面を保存する場合、データのダウンロードに応じることができれば、データの保存要件を緩和するというものです。

Q47 スキャナ保存要件の緩和（令和5年度改正②） …… 86
令和5年度改正により「スキャナ」の保存要件は、どのように変わったのでしょうか。
令和5年度改正によるスキャナの保存要件の変更点は、①（解像度、諧調、書類の大きさなどの）読取り情報の記録の廃止、②入力者情報の記録の廃止、③帳簿との関連性の確保は重要書類のみに削減、となっています。

Q48 過少申告加算税の減額対象補助簿（令和5年度改正③） …… 88
令和3年改正により過少申告加算税の減額規定について、どのような変更が行われたのでしょうか。
令和3年度に整備された過少申告加算税の減額を受けるには、すべての特例国税関係帳簿を保存する必要がありましたが、一部の補助簿についてその対象から除外されました。その補助簿は現金出納帳、当座預金元帳、一部の資産台帳、などとなっています。

第5章　データ保存の対象（帳簿書類）

Q49 保存が必要な帳簿書類 …… 92
納税者が作成し保存しなければならない帳簿や書類は、どのようなものになるのでしょうか。
所得税法や法人税法では、「すべての取引を借方、及び貸方に記載する帳簿」、及び「資産・負債・資本に影響を及ぼす取引に関して作成されたその他の帳簿」を作成し保存するよう定められています。

Q50 データ保存の対象となる帳簿書類 …… 93
納税者が作成する帳簿や書類のうち、データで保存できるものには、どのような帳簿や書類がありますか。
納税者が作成する帳簿のうち、データで保存できるのは、システムを使用しデータから作成した帳簿、及び書類、紙で受け取った（作成された）取引書類になりますので、紙で作成された帳簿や決算書類などは、データで保存することはできません。

Q51 データで保存できない帳簿 …… 95
データで保存することができない帳簿とは、どのようなものになりますか。
データで保存できる帳簿は、システムを使用し一貫して作成されたものが対象となりますので、紙で作成された帳簿からデータを作成（スキャナ保存）することはできません。また、正規の簿記の原則に従っていない帳簿もデータ保存することはできません。

Q52　主要な帳簿　96

データ保存の対象となる主要な帳簿とはどのような帳簿ですか。

主要な帳簿は、所得税法や法人税法で定める取引に関する帳簿で、具体的には仕訳帳、総勘定元帳、その他必要な帳簿になります。消費税法で定める帳簿は、これらの主要な帳簿に消費税で定める必要な事項を追記したもので保存する場合は、主要な帳簿に含まれます。

Q53　消費税の帳簿　99

消費税法で作成するよう定められている帳簿とは、どのような帳簿ですか。

消費税法では、資産の譲渡等、又は課税仕入れについて、帳簿に記録し保存するよう定めていますが、これとは別に、課税仕入に係る帳簿を保存しないと、仕入税額控除を適用しないと定められています。

Q54　仕入税額控除に必要な帳簿　101

消費税法では、仕入税額控除に必要な帳簿が定められていると聞きましたが、どのような帳簿ですか。

消費税の仕入税額控除を受けるために必要な帳簿は、①相手先氏名、②課税仕入れの年月日、③資産、又は役務の内容、④支払対価の額、を記載した帳簿を保存する必要がありますが、帳簿のみで仕入税額控除を行う場合は、さらに、⑤支払先の名称、⑥取引内容、などを記載する必要があります。

Q55　保存が必要な書類　102

税法で保存しなければならない書類とは、どのような書類ですか。

税法で保存が義務付けられている書類は、所得税法や法人税法で定められた「取引書類」、及び「決算書類」が最も代表的な書類になります。また、消費税法では適格請求書等や本人確認書類などの書類についても保存するよう定められています。

Q56　消費税の請求書　105

消費税の仕入税額控除に必要な請求書とは、どのような書類をいいますか。

仕入税額控除を行うために必要な請求書は、①発行者の氏名、②取引年月日、③取引内容、④対価の額、⑤受領者の氏名、が記載された書類になります。また、適格請求書には、登録番号や税率区分ごとの税額や金額も必要ですが、特定の書式はなく領収書や請求書、又は納品書などの書類が該当します。

第6章　電子取引

Q57　電子取引の保存義務　110

電子取引を行った場合、なぜ取引情報（データ）を保存しなければならないのでしょうか。

所得税法や法人税法では、書面で行った取引書類の保存が義務付けられていますが、電子取引に関しては、電帳法で取引情報に係る電磁的記録を保存するよう定めています。電子取引の取引情報は、書面ではなくデータによる取引になるため、原本であるデータを保存することが原則になります。

Q58 **保存が必要な取引情報** ……112 保存が必要な電子取引の取引情報とは、具体的にどのようなデータですか。	保存が必要な取引情報は、所得税法や法人税法で定められた取引書類と同じ内容のデータになりますので、取引先と送受信を行った取引書類（注文書・請求書・契約書・領収書・納品書・見積書など）に記載されたものと同じ内容のデータです。
Q59 **保存しなくてもよい取引情報** ……114 取引先と電子メールで送信や受信したデータがある場合、保存しなくてもよいデータもあるのでしょうか。	取引先と電子メールによる情報を交換しても、これらの情報がすべて取引情報に該当するとは限りません。取引情報に該当しないメールには、挨拶や広告宣伝などのメールがありますが、取引先以外とのメールも取引情報に該当しません。
Q60 **消費税の取引情報** ……116 消費税に関する（適格）請求書などの取引情報は、所得税や法人税などと同じように保存する必要がありますか。	適格請求書のデータは、消費税法により保存するよう義務付けられていますので、取引データ、又は出力した書面を保存することが必要です。ただし、このデータは、所得税や法人税の保存義務者が行った電子取引の取引情報にも当たるため、取引情報をデータで保存する必要があります。
Q61 **電子取引の種類** ……118 電子取引の取引情報には、どのような種類がありますか。	一般的な電子取引は、①ＥＤＩ取引、②インターネット等による取引、③電子メール、による取引情報の授受、などの形態がありますが、保存すべき取引情報は取引に関する情報ですので、注文・請求・納品などのほか支払明細や利用明細など紙以外で交換する取引情報になります。
Q62 **電子メールの取引情報** ……121 電子メールの情報は、すべて保存しなければならないのでしょうか。	電子メールは、本文、及び添付ファイルも含めて、取引ごとに保存すべき取引情報に該当するか判断することになりますが、取引の相手方と取引情報を交換した場合は、保存義務がありますが、取引先とのやり取りでないメールや取引情報に当たらないメールは、保存する必要はありません。

第7章　データの保存手続き

Q63 **データ保存の開始手続き** ……124 電帳法の改正により、新制度で帳簿や書類をデータで保存するには、どのような手続きが必要ですか。	令和4年以降に、データ保存を開始する場合に特別な手続きはありませんが、帳簿や書類の保存をいつからデータ保存に切り替えたか分かるように、対象の帳簿や書類ごとにデータ保存開始日を記載した書類を作成しておくことが望ましいでしょう。

Q64 **過去の書類のデータ保存** 126

令和4年以降、帳簿書類をデータで保存する場合、過去の書類についても遡って保存することはできますか。

令和４年以降に帳簿書類をデータで保存する場合、令和4年以降に保存を開始する帳簿や書類に限られるため、旧制度の対象期間に遡って適用することはできません。ただし、スキャナ保存については、例外として過去の書類を遡って保存することができる場合があります。

Q65 **データの保存方法** 128

帳簿書類や電子取引情報をデータで保存するには、どのような方法がありますか。

データの保存は、電帳法の保存要件に従って行う必要がありますが、法令の規定は「帳簿」「書類」「スキャナ」「電子取引情報」の種類に分かれていて、それぞれの種類ごとに保存要件が異なるため、これらの種類に従って適切な保存要件で保存する必要があります。

Q66 **保存要件の種類** 130

データを保存する際に電帳法で定められている保存要件には、どのようなものがありますか。

電帳法の保存要件は、すべてのデータに共通する保存要件と、「帳簿」「書類」「スキャナ」「電子取引情報」の種類ごとに定められた固有の保存要件から成り立っています。なお、共通の保存要件のうち、検索機能の要件は種類によって、設定する検索条件に違いがあります。

Q67 **共通の保存要件** 131

すべてのデータに共通する保存要件は、どのようなものがありますか。

すべてのデータに共通する保存要件は、「システム関連書類の備え付け」「見読可能装置の確保」「検索機能の確保（検索条件の設定）」になりますが、このうち「検索機能の確保」は、保存対象の種類によって必要な検索条件は異なるため、すべて同じではありません。

Q68 **システム関連書類** 133

データの保存要件にある「システム関係書類の備付け」とは、どのような要件ですか。

データの保存には、システムに関連する書類を備え付けることと定められていて、このシステムに関連する書類には、①システム概要書類、②開発に関する書類、③システムの操作説明書、④保存に関する事務手続き、とされていますので、これらの書類を納税地に備え付ける必要があります。

Q69 **見読可能装置** 135

データの保存要件のうち「見読可能性の確保」とは、どのような要件ですか。

税務調査の際、調査官がデータを確認できる環境を整備するよう定められた要件です。そのため、データを確認できるよう電子計算機、プログラム、ディスプレイ、プリンタ、そしてこれらの操作説明書を納税地に備え付けることが必要です。

Q70 **検索機能の確保** 137

「検索機能の確保」の要件とは、どのようなものですか。

検索機能の確保は、調査官がデータを検索する際に検索条件の設定ができるよう定められたものですが、改正によりほぼすべての検索条件の設定をダウンロード要件に代えることができます。ただし、「スキャナ」「電子取引情報」「優良な電子帳簿」は、一部の条件設定が引き続き必要です。

Q71　ダウンロード要件　139

検索機能の要件として新たに定められたダウンロード要件とは、どのようなものでしょうか。

ダウンロード要件は検索条件を設定する代わりに、調査官の求めに応じてデータをダウンロードし、調査官に提示（又は提出）するものです。「帳簿」や「書類」はダウンロードのみで検索条件のすべてが不要になりますが、「帳簿」「書類」以外は検索条件の一部のみが不要になります。

Q72　固有の保存要件　141

「帳簿」「書類」「スキャナ」「電子取引情報」の保存に、それぞれ必要な固有の要件は何でしょうか。

「帳簿」「書類」「スキャナ」「電子取引」「優良な電子帳簿」にはそれぞれの種類ごとに固有の保存要件が定められている場合があります。この固有の保存要件には、訂正削除の履歴を確保したシステムを使用するなど真実性を確保する要件などがあります。

Q73　帳簿の保存方法　143

帳簿をデータで保存するには、どのような方法がありますか。

帳簿をデータで保存する方法には、「(一般の電子) 帳簿」と「優良な電子帳簿」の2つの方法があるので、どちらかの帳簿を選択する必要があります。なお、過少申告加算税の減額の適用を受けるには、必ず「優良な電子帳簿」を選択する必要があります。

Q74　一般の電子帳簿　144

「(一般の電子) 帳簿」をデータで保存するには、どのような要件が必要になりますか。

令和3年度の改正により、(一般の電子) 帳簿の保存要件は大きく緩和されていて、共通の3つの保存要件（「システム関連書類の備付け」＋「見読可能装置の確保」＋「検索機能の確保（ダウンロード要件）」）が必要になります。

Q75　「帳簿」保存の留意事項　146

帳簿をデータで保存する際に、特に留意しなければならない点はありますか。

帳簿のデータは、仕訳情報とその根拠書類等（取引書類等）が照合できる状態で保存する必要があるので、仕訳情報は取引ごとに作成し、根拠書類と照合できるよう双方に共通する証憑番号や伝票番号などを記録し保存する必要があります。

Q76　過少申告加算税の減額制度　148

過少申告加算税の減額制度は、どうすれば適用を受けることができますか。

過少申告加算税の減額の適用を受けるためには、事前に税務署の届け出（適用届出書）を行い、該当する特例国税関係帳簿をすべて優良な電子帳簿の保存要件に従って保存することが必要です。

Q77　優良な電子帳簿の保存要件　149

「優良な電子帳簿」の保存に必要な保存要件とは何でしょうか。

優良な電子帳簿の保存要件は、「共通の保存要件」（「システム関連書類の備付け」＋「見読可能装置の確保」＋「検索機能の確保（ダウンロード要件）」）＋「固有の保存要件」（「訂正削除履歴の確認できるシステム」＋「相互関連性の確保」）になります。

Q78 **訂正削除履歴の確認（優良な電子帳簿①）** ……… 151

優良な電子帳簿の要件にある「訂正削除の履歴が確認できるシステム」とは、どのようなものでしょうか。

訂正削除の履歴が確認できるシステムとは、仕訳情報の訂正や削除、あるいは追加処理をした場合、後の税務調査などでその事実を確認できるシステムのことをいいます。また、一旦、入力した仕訳情報を訂正や削除が出来ないシステムもこれに含まれます。

Q79 **業務処理に係る通常の期間（優良な電子帳簿②）** ……… 153

「優良な電子帳簿」を保存する際、仕訳処理の入力期間についてはどのような制限があるのでしょうか。

優良な電子帳簿は、一般の電子帳簿に比べ訂正削除の履歴を確保する必要がありますが、仕訳処理の入力は「業務処理に係る通常の期間」内で行うと定められていて、仕訳入力についての業務処理期間（2か月以内）を定めて運用することが必要です。

Q80 **相互関連性の確保（優良な電子帳簿③）** ……… 154

「優良な電子帳簿」の保存要件である帳簿間の関連性を確保するには、どうすればよいのでしょうか。

帳簿間の関連性を確保するには、補助簿と総勘定元帳、あるいは補助簿と他の補助簿との間で、双方の帳簿に連携の事実や内容が確認できるよう関連性を確保することが必要であり、これを「相互関連性の確保」といい「優良な電子帳簿」に固有の保存要件になります。

Q81 **書類の保存方法** ……… 156

取引書類や決算書類などの書類をデータで保存するには、どうすればよいのでしょうか。

納税者が保存する主な書類は、所得税法や法人税法で定める取引書類と決算書類になりますが、このうち、取引書類の発行控えと決算書類は「書類」（電帳法4②）、紙で受領した取引書類（発行した紙の控えを含む）は「スキャナ」（電帳法4③）の保存方法によりデータの保存が可能です。

Q82 **「書類」（電帳法4②）の保存要件** ……… 157

「書類」（電帳法４②）の保存要件とは、どのような内容ですか。

「書類」（電帳法４②）に必要なデータの保存要件は、「共通の保存要件」（「システム関連書類の備付け」＋「見読可能装置の確保」＋「検索機能の確保（ダウンロード要件）」）になります。

Q83 **「書類」保存の留意事項** ……… 158

「書類」のデータを保存する際に、特に留意すべき事項はありますか。

業務システムで請求書を発行した場合、書面（紙）で発行した控えのデータは「書類」（電帳法4②）に該当し、データで発行した場合は電子取引の「取引情報」（電帳法7）になります。また、売上帳などへデータ連携する場合は「帳簿」（電帳法4①）のデータとなる場合があります。

Q84 **「スキャナ」の保存要件** ……… 160

「スキャナ」保存に必要な保存要件とは、どのようなものでしょうか。

スキャナ保存に必要な要件は、①入力期間、②スキャナ、③読取情報、④タイムスタンプを付与（又は訂正削除履歴の確認）、⑤入力者情報、⑥ヴァージョン管理、⑦帳簿との関連性、になります。令和５年度改正により、③読取情報、⑤入力者情報の保存、は廃止されています。

Q85 重要書類と一般書類 …… 162

「スキャナ」保存は、書類の種類によって保存方法に違いがあると聞きましたが、どのような違いでしょうか。

「スキャナ」保存の対象である取引書類は、「重要書類」と「一般書類」の2種類に分かれていて、それぞれの保存要件が若干異なります。「一般書類」を保存する場合は、「重要書類」の保存に比べて「入力期間の制限」がありません。

Q86 スキャナ保存の入力期間（スキャナ保存①） …… 163

「スキャナ」保存する際、データの作成はいつまでに行う必要があるのでしょうか。

スキャナ保存は、データの作成を一定の期間内に行う必要があります。この期間は、①速やかに、②通常の業務処理期間を経過した後、速やかに、のいずれかで行う必要があり、業務処理期間を定めている場合であっても最大2か月+7日以内の期間でデータを作成する必要があります。

Q87 スキャナ保存のシステム（スキャナ保存②） …… 165

「スキャナ保存」したデータを保存するには、どのようなシステムで保存しなければなりませんか。

スキャナ保存は、タイムスタンプを付与するか、又は訂正削除の履歴が確認できる（又は訂正削除できない）システムのどちらかのシステムを使用する必要があります。訂正削除の履歴が確認できるシステムを使用する場合は、時刻認証サーバの時刻データを付すことになります。

Q88 帳簿との関連性（スキャナ保存③） …… 168

「スキャナ保存」の要件にある帳簿との関連性を確保するには、どうすればよいのでしょうか。

仕訳情報とスキャナ保存したデータが照合できるよう関連性を確保して保存することが必要となる要件です。スキャナ保存を行う際、仕訳処理の根拠となる重要な書類である補助簿や総勘定元帳との間で、仕訳番号など共通する固有の番号を記録しておく必要があります。

Q89 スキャナ保存の留意事項 …… 169

スキャナ保存を行う際、特に留意すべき事項はありますか。

令和4年以降は、承認制度の廃止により、電帳法の要件に関係なくスキャニングしただけのデータを保存するケースが起きる可能性があります。保存要件に従っていないスキャナ保存のデータは、保存が認められないため原本の取引書類を廃棄していると、課税処分の対象となる可能性があります。

Q90 電子取引情報の保存方法 …… 171

電子取引を行った場合、その取引情報はどのように保存すればよいのでしょうか。

電子取引により取引情報のやり取りを行った場合は、取引データを電帳法の保存要件に従って保存する必要があります。ただし、令和５年末までは条件付きで取引データではなく、出力した書面で保存することもできます。

Q91 電子取引情報の保存要件 …… 172

電子取引の取引情報をデータで保存する場合に必要な保存要件は、何でしょうか。

電子取引の取引情報を保存するには、「共通の保存要件」（「システム関連書類の備付け」＋「見読可能装置の確保」＋「検索機能（一部ダウンロード要件）」）＋「固有の保存要件」が必要です。固有の保存要件は、訂正削除の防止を目的とした要件などが必要になります。

Q92 **電子取引情報の留意事項**

電子取引情報を保存する場合に、留意すべき事項はありますか。

書面取引では請求書を取引先へ交付した際、写しの書面を作成している場合に限り、その写しを保存する必要がありますが、電子取引では取引情報の発行者には送信した原本の取引データが作成されますので、この送信した取引データは保存が必要なデータとなります。

第8章　適格請求書

Q93 **インボイス制度のデータ保存**

インボイス制度が開始されると、どのような書類やデータを保存する必要がありますか。

インボイス制度では、適格請求書等、及び帳簿を書面、又はデータで保存する必要がありますが、これまでは受領した請求書（書面）を保存するだけでよかったのに対し、今後は受領した適格請求書の書類、及び電子取引情報が必要になるほか、発行した適格請求書の控えについても保存が必要です。

Q94 **インボイス制度のデータ保存準備**

インボイス制度が導入されると、書類やデータを保存するにはどのような準備や検討が必要ですか。

インボイス制度が導入されると、①適格請求書の発行、②受領した適格請求書の保存、③消費税の帳簿の作成、など新たな対応が必要になりますので、どのような方法等（書面、又はデータ）で発行し保存すればよいかなど対応を検討し、準備する必要があります。

Q95 **請求書と適格請求書**

請求書の保存と適格請求書の保存では、どのような違いがありますか。

請求書の保存は書類（紙）で受領したものを保存すればよく、取引情報の保存は対象外でした。これに対し、適格請求書の発行は書面だけでなくデータで行うこともあり、受領する場合は書面、又はデータとなるため、保存方法もこれまでと異なります。

Q96 **適格請求書のデータ**

適格請求書の電磁的記録とは、どのようなデータでしょうか。

適格請求書は、発行元（登録番号）、発行先、取引年月日、金額（税率ごとの消費税額）、取引内容などが記載されたもので、請求書、領収書、納品書などの書類になりますが、適格請求書の書面の代わりに提供される電子取引の取引データのことを電磁的記録といいます。

Q97 **適格請求書の種類**

適格請求書のデータには、どのような種類がありますか。

適格請求書には、発行先を省略した簡易適格請求書とすべての事項を記載した適格請求書のほか、適格返還請求書を含めて適格請求書等となりますが、仕入明細書も適格請求書に含まれる場合があります。適格請求書のデータは、適格請求書等に必要な事項が記載された取引データになります。

Q98 **適格簡易請求書** …… 187 適格簡易請求書とは、どのようなものでしょうか。	適格請求書と違い「書類を受領した者の名称」などの記載を省略して発行された書類(請求書)を適格簡易請求書といいます。
Q99 **適格返還請求書** …… 188 適格返還請求書は、いつどのようにして発行するものでしょうか。	インボイス制度では、一旦交付した適格請求書について値引きや割戻しなどが行われた場合、必ずその事実を記載した適格返還請求書の書類、又はデータを相手方に交付することが義務付けられています。
Q100 **適格請求書の発行方法** …… 190 適格請求書の発行は、どのような方法で行うことができますか。	適格請求書は、書面、又はデータで発行することができます。発行する適格請求書は、①手書きの書面、②データから作成した書面、③作成したデータ、④書面とデータの組み合わせ、などの種類に分類できます。
Q101 **適格請求書発行者の義務** …… 192 適格請求書の発行事業者にはどのような義務があるのでしょうか。	適格請求書の発行事業者には、発行義務と併せて、控えの保存義務が新たに定められています。これまでは、請求書の保存がなくても取引の実態から課税取引として処理することができましたが、今後は、法令で認められた取引を除きすべて適格請求書の発行が必要です。
Q102 **適格請求書の発行方法の選択** …… 194 適格請求書の作成方法や発行方法は、どのように選択すればよいのでしょうか。	適格請求書を発行する方法の選択は、既存の取引書類を洗い出し、適格請求書を既存の書類を適格請求書として(訂正や追記を行い)発行するか、あるいは新たに発行する必要があるか判断する必要がありますが、発行控えの保存方法と併せて検討することが重要です。
Q103 **控えの保存方法** …… 195 適格請求書を発行した場合に、発行した控えはどのような方法で保存すればよいのでしょうか。	適格請求書を発行した控えの保存方法は、発行方法によって異なります。書面で発行する場合は、①控えの書面、②出力元のデータ、③スキャナ保存のデータ、などの方法になりますが、電子取引で行った場合は発行した取引データか、あるいは出力した書面を保存することになります。
Q104 **書面取引(手書き)の適格請求書の発行控え** …… 197 手書きで作成した適格請求書を発行した場合、発行した控えはどのような方法で保存すればよいのでしょうか。	手書きの領収書や請求書などを適格請求書として発行した場合、控えの書面を作成して保存する必要があります。保存する場合は、原則として複写式で作成した手書きの写しですが、コピーやスキャナ保存によるデータで保存することもできます。

Q105 **データから作成した適格請求書の発行控え** 199

業務システムなどを使用して適格請求書を作成し書類（書面）で発行した場合、その発行控えはどのように保存すればよいのでしょうか。

業務システムから作成した適格請求書は、交付する方法によって控えの保存方法が異なります。書面取引の場合は控えの書面か出力元のデータ、電子取引の場合は、送信したデータ、あるいは出力した書面を保存することができます。

Q106 **適格請求書の発行データ（電子取引）** 201

電子取引により適格請求書のデータを相手方に発行（提供）した場合、発行した控えはどのように保存すればよいのでしょうか。

電子取引により発行した適格請求書の場合は、控えに相当する送信（提供）データを保存することになりますが、電帳法の保存要件に従って送信データを保存するか、あるいは出力した書面のどちらかを保存することができます。

Q107 **受領した適格請求書の保存** 202

相手先から送付された適格請求書（書面、又はデータ）を受け取った場合、どのように保存すればよいのでしょうか。

適格請求書の受領は、書面取引か電子取引のどちらかによって保存する方法に違いがあります。書面で受け取った場合は、受け取った書面、又はデータ（スキャナ）で保存することもできますが、電子取引の場合は取引データを保存するか、出力した書面による保存ができます。

Q108 **書面で受け取った適格請求書** 204

書面で受け取った適格請求書は、どのような方法で保存することができますか。

適格請求書を書面で受け取った場合、受け取った書面をそのまま保存するだけでなくデータで保存することもできます。受け取った適格請求書をデータで保存する場合は、「スキャナ」（電帳法4③）の保存方法になります。

Q109 **データで受け取った適格請求書** 205

適格請求書をデータで受け取った場合は、どのような方法で保存すればよいのでしょうか。

適格請求書のデータを受け取った場合は、データを保存するか、あるいは書面に出力して保存することができます。適格請求書をデータで受け取った場合、消費税法ではデータだけでなく出力した書面を保存することも（仕入税額控除についてだけは）認められています。

Q110 **紙、及びデータで受け取った適格請求書の保存** 207

複数の書類や取引データが適格請求書に該当する場合は、どのような方法で保存すればよいのでしょうか。

受け取った適格請求書が複数の書類（納品書、請求書、領収書など）や取引データとなっている場合は、受け取ったすべての書面、及びデータを保存する必要がありますが、保存する場合はそれぞれ適切な方法を選択して保存することになります。

Q111 **適格請求書を保存しなくてもよい場合** 208

適格請求書を保存しなくても仕入税額控除を受けることができるのは、どのような取引ですか。

適格請求書の保存がなくても仕入税額控除ができるのは、適格請求書の交付が免除される取引と、交付を受けることが困難な取引になります。このような場合は、適格請求書の保存がなくても一定の事項を記載した消費税の帳簿を保存すれば仕入税額控除が認められます。

Q112　**相手方が適格請求書を交付してくれない場合**……211

取引の相手方が（適格）請求書を交付してくれない場合にはどうすればよいのでしょうか。

適格請求書の発行事業者には適格請求書の発行が義務付けられますので、法令で適格請求書の発行が免除される取引、及び発行が困難な取引を除き、必ず発行する義務があり、相手方に適格請求書の発行を依頼することになります。

Q113　**仕入明細書を発行する場合**……212

これまで請求者が発行せず、支払者（売上先）から支払通知書（支払明細書）を受け取ってきた場合、適格請求書の発行はどうすればよいのですか。

請求者（仕入先）ではなく支払者（売上先）が発行する支払通知書（仕入明細書）などにより課税取引を行ってきた場合は、今後、支払通知書を適格請求書とすることもできますが、その場合は必ず支払通知書を受領する者から確認を受ける必要があります。

Q114　**適格請求書の媒介者交付**……214

取引を直接行う相手方ではなく仲介者を通じて行う場合、適格請求書はどのように保存すればよいのでしょうか。

適格請求書の発行事業者が適格請求書を発行することが原則ですが、媒介者が代わりに適格請求書を発行することもできます。ただし、双方で発行することはできませんので、どちらか一方が適格請求書を発行し、控えは委託者及び受託者双方で保存することになります。

第9章　消費税の帳簿

Q115　**消費税の帳簿**……218

消費税の帳簿とは、どのようなものでしょうか。

消費税法では、課税資産の譲渡、又は課税仕入れを行った場合、帳簿を作成し保存すると定められていますので、消費税に関する取引についての帳簿を作成し保存する必要があります。なお、課税仕入れに係る帳簿を保存しないと、仕入税額控除を受けることができないことになります。

Q116　**消費税の帳簿に記載する事項**……220

消費税の帳簿には、どのような事項を作成する必要がありますか。

消費税の帳簿には、①資産の譲渡に係る事項、②資産の譲渡に対する対価の返還等に係る事項、③課税仕入れに係る事項、④課税仕入れに対する対価の返還等に係る事項、⑤課税貨物に係る事項、⑥貸倒れに係る事項、などを記載する必要があります。

Q117　**特例国税関係帳簿**……221

過少申告加算税の減額を受けるために必要な消費税の帳簿（特例国税関係帳簿）とは、どのような帳簿ですか。

過少申告加算税の減額には、消費税の特例国税関係帳簿を保存する必要がありますが、法令では、①帳簿の備付け等（消法58）、②仕入税額控除に必要な帳簿（消法30）、③対価の返還に係る帳簿（消法38）、④特定課税仕入れに係る対価の返還に係る帳簿（消法38の2）、となっています。

Q118 **消費税の帳簿の記録項目** …… 223

消費税の帳簿には、どのような情報を記録する必要がありますか。

資産の譲渡、課税取引、課税仕入れについて仕訳情報を入力する際に記載すべき事項は、「相手先の名称」「取引年月日」「取引内容」「金額」になりますが、「金額」は適用税率の区分（軽減対象資産）が確認できる記録が必要です。

Q119 **消費税法と法人税法の帳簿** …… 224

消費税法で保存するよう定められた帳簿は、所得税法や法人税法で定める帳簿とは何が違うのでしょうか。

所得税法や法人税法では、仕訳帳、総勘定元帳、その他の補助簿を作成し保存するよう定めていますが、消費税法では資産の譲渡や課税仕入れなどを記録する帳簿となっています。具体的には、所得税法や法人税法で定める帳簿に消費税の記載事項を記録したものをいいます。

Q120 **仕入税額控除に必要な帳簿** …… 226

課税仕入れを行った場合に、作成が必要な消費税の帳簿とはどのようなものでしょうか。

消費税では、課税資産の譲渡、及び課税仕入れを行った場合に帳簿を作成するよう定められていますが、ほかに仕入税額控除に必要な帳簿も定められています。これは、消費税の帳簿を作成していないと、仕入税額控除を行うことができないことを定めたものになります。

Q121 **特定課税仕入れに必要な帳簿** …… 228

海外の事業者からデジタルコンテンツなどを仕入れた場合に、消費税の対象として帳簿や書類の作成が必要になるのでしょうか。

平成28年4月から電子書籍・音楽・広告などのインターネット等による配信事業が国内で利用された場合には、国内取引と判断され消費税の課税対象となっています。申告、及び納税は、国内で役務の提供を受けた事業者が行うリバースチャージ方式となります。

Q122 **貸倒れに関する帳簿** …… 230

貸倒れの事実が発生した場合に、作成が必要な消費税の帳簿とはどのようなものでしょうか。

貸倒れの事実が発生した場合、売掛金や貸付金の発生した課税期間ではなく貸倒れの事実が発生した日の属する課税期間で税額を控除することができるため、「貸倒れの相手先」「貸倒れの年月日」「取引内容」「貸倒れ金額」などを記載した貸倒れに関する帳簿を保存する必要があります。

第10章　審査と調査

Q123 **保存データの審査** …… 234

帳簿や書類をデータで保存した場合、どのような審査が行われるのでしょうか。

承認制度が廃止され事前の審査はなくなるため、今後は税務調査の際に審査が行われると考えられます。税務調査は、課税標準や税額計算の誤りを確認することが主な目的ですので、調査開始時にデータの保存状況等の確認が行われ、詳細な審査は必要に応じて行われると考えられます。

Q124 **データの審査方法** 236

今後、税務調査では保存したデータについて、どのような審査が行われるのでしょうか。

税務調査では、（税額の計算が正しいか検討するために）帳簿や書類のデータを中心とした内容の検討が行われます。調査官は保存されている帳簿の仕訳データと取引書類や取引情報（データ）と照合し、保存を確認した上で仕訳処理の内容が妥当か検討することになります。

Q125 **税務調査の主な確認事項** 238

税務調査では、保存したデータについてどのような点を確認することになるのでしょうか。

一般的な税務調査では、①必要なデータがすべて揃っていること、②必要なデータの確認ができること（ダウンロード含む）、③仕訳情報と根拠書類が照合できること、④課税標準や税額計算に必要な重要なデータが保存されていること、⑤仕訳処理の内容が適切であること、などの確認が行われます。

Q126 **ダウンロードへの対応** 240

今後、帳簿や書類のデータについて調査官からダウンロードを求められた場合、具体的にどのような対応が必要になりますか。

帳簿や書類などのデータについてダウンロードを求められたら応じる必要がありますが、帳簿（仕訳情報）は、仕訳番号、計上年月日、勘定科目、相手先勘定科目、取引金額、消費税区分、のほか備考欄や摘要などの項目をダウンロードする必要があります。

Q127 **不利益処分の種類** 242

帳簿や書類のデータが、電帳法に違反し不適切なものと判断された場合、どのような処分が行われるのでしょうか。

電帳法違反の処分は、重い順に、①青色申告の承認取消し（行政処分）、②（割増し含む）重加算税の賦課（賦課決定処分）、③所得税や法人税、消費税などの追徴課税（課税処分）、となっており、違反した場合はこられの処分を受ける可能性があります。

Q128 **不利益処分となる事実** 243

電帳法違反による不利益処分が行われるのは、どのような事実があった場合でしょうか。

電帳法違反の主な不利益処分には、①青色申告の承認取消し（行政処分）、②重加算税など加算税の賦課、③本税の追徴（課税処分）、ですが、いずれも税務調査の確認に重大な支障を及ぼす事実があった場合であり、該当する事実は一律ではありません。

Q129 **青色申告の承認取消し対象となる事実** 245

（電帳法違反による）青色申告の承認取消しの対象となる場合は、どのような事実があった場合でしょうか。

電帳法違反は、帳簿や書類のデータを保存していないなどの事実があった場合となりますが、中でも税務調査の際に保存した帳簿書類のデータについて正当な理由もなく提示を拒否するなどの行為があった場合は、青色申告の承認取消しの対象となる重大な違反の事実に該当します。

Q130 **重加算税の対象** 247

税務調査の際にデータ保存に関して重加算税が課されるとしたら、どういった場合が考えられるのでしょうか。

追徴処分の際、重加算税の対象となるのは、隠ぺい仮装などの行為により税を免れた場合となります。データに関して隠ぺい仮装などの行為となるのは、保存したデータを不正に改ざんした場合や、意図的に廃棄した場合などが該当すると考えられます。

Q131 追徴課税の対象 …… 248

税務調査の際に、データ保存が原因で追徴処分が行われるのは、どのような場合でしょうか。

データ保存が適切でないという理由で追徴処分が行われるのは、必要経費や（仕入）税額控除に必要な帳簿や書類に関するデータを保存していない場合が考えられます。

Q132 保存要件違反と判断される事実 …… 250

税務調査では、どのような場合に電帳法に違反していると、判断されることになるのでしょうか。

電帳法に違反していると判断される基準は、調査官が税務調査に支障があると判断した場合になると考えられます。支障がある場合には、データの提示拒否や改ざんなどの重大な違反行為だけでなく、仕訳データや課税の根拠となる重要なデータが確認できない場合などが考えられます。

Q133 調査準備 …… 252

令和4年以降に税務調査を受ける場合、保存した帳簿や書類などのデータについてどのような書類を準備する必要がありますか。

令和4年以降、新たに帳簿や書類をデータで保存する者は、電帳法の対象者になりますので、電帳法の保存要件に従って保存した帳簿や書類のデータを用意し、申告書の作成資料等を準備する必要があります。

Q134 税務調査の確認環境 …… 254

税務調査の際に保存したデータがある場合、どのような準備（環境）を整える必要がありますか。

保存しているデータがある場合は、税務調査では電帳法で定める保存要件のうちすべてのデータに共通する保存要件（「システム関連書類の備付け」+「見読可能装置の確保」+「検索機能の確保（ダウンロード要件）」）に従ってデータを確認できる環境等を整えておく必要があります。

Q135 税務調査に必要なデータ …… 255

今後の税務調査で、事前に準備が必要なデータはどのようなものになりますか。

保存義務のある書類、及びデータはすべて提示を求められる可能性がありますので、準備する必要があるのは帳簿、及び書類の書面、又はデータ、電子取引の取引データになります。取引書類や取引データは仕訳情報と照合できる状態で準備する必要があります。

Q136 調査に必要な帳簿のデータ …… 258

これまで税務調査の際には、紙に出力した総勘定元帳を提示してきましたが、今後は、会計システムに入力したデータも併せて提示する必要がありますか。

すべての帳簿が書面に出力され調査の際に準備できている場合は、会計システムのデータを準備する必要はありません。ただし、一部の帳簿を出力していない場合や出力した総勘定元帳の記載が十分でない場合は、会計システムのデータを提示する必要があります。

Q137 必要な仕訳情報 …… 260

今後、税務調査の際に電子帳簿の場合は、仕訳情報をデータで提示（又は提出）することができればよいのでしょうか。

帳簿の場合は、税務調査の際にダウンロードしたデータを調査官に提示（又は提出）する必要がありますので、提示する帳簿のデータは仕訳情報です。ただし、仕訳情報は取引ごとに記録されたたものであって、集約データや諸口などの情報だけでは十分なデータとならない場合があります。

Q138 **調査に必要な取引書類のデータ** 262

今後、税務調査の際に準備する必要がある取引に関する書類やデータとはどのようなものでしょうか。

保存義務のある取引に関する書類やデータは、①受け取った取引書類（書面、又は「スキャナ」保存のデータ、②発行した取引書類の控え（書面、又は「書類」保存のデータ）、③電子取引の取引情報（「電子取引情報」のデータ、又は出力した書面）、になります。

Q139 **調査に必要な業務システムのデータ** 265

取引書類等を業務システムで作成している場合、税務調査ではどのようなデータを提示すればよいのでしょうか。

請求書などを発行する際、業務システムで「見積書」「納品書」「請求書」「領収書」などの取引書類を作成している場合、業務システムに保存されたデータはすべて取引書類の発行控えとして保存する対象になるので、税務調査では保存したデータの提示、又は提出が必要になります。

Q140 **調査に必要なスキャナ保存のデータ** 268

新たに書類をスキャナで保存した場合、税務調査を受けた場合はどのような対応が必要になりますか。

令和4年以降に、新たにスキャナ保存を行った場合は、スキャナ保存のデータだけでなく電帳法の保存要件が確認できる書類（チェック表）などと併せて用意しておく必要があります。また、保存要件を満たしているか判断できない場合は、原本の書類を廃棄せず保存しておく必要もあります。

Q141 **調査に必要な電子取引情報** 270

電子取引を行っている場合、税務調査では保存した取引データをどのように準備すればよいのでしょうか。

電子取引を行った場合は、取引情報について保存する必要があるので、税務調査の際には、電帳法の保存要件に従って保存したデータを調査官に提示（又は提出）することになります。なお、保存したデータの一覧や電帳法の保存要件を確認できる書類等も合わせて準備が必要です。

Q142 **調査における電子取引の違反** 273

電子取引の取引情報は、どういった場合に税務調査で保存違反と判断されることになるのでしょうか。

主たる事業を電子取引で行っている者が、その取引情報を適切に保存していない場合は、電帳法違反が問われると思われますが、主たる事業ではなく備品や消耗品の購入など一時的な利用する場合は、取引情報だけでなく支払の事実が確認できない場合に電帳法違反と判断される可能性があります。

Q143 **電子取引データの調査対象者** 275

今後の税務調査において、電子取引の取引情報（データ）の確認を受ける対象者はどのような事業者ですか。

税務調査で、電子取引の取引情報について提示を求められるのは、電子取引を行うすべての事業者になります。出力した書面も取引書類とは違いますので、税務調査の際には取引のデータと併せて出力した書面を準備する必要があります。

Q144 **調査におけるネット取引データ** 277

インターネットのサイトから備品や消耗品などの購入やサービスの提供などがある場合、税務調査ではどのようなデータでの対応が必要になりますか。

ネット販売などの購入経費については、領収書などの情報を出力した書面と取引データを合せて提示できるようにしておく必要があります。出力した書面がなく取引データだけの場合は、仕訳情報と照合可能な状態でデータを保存し提示することが必要です。

Q145 **調査における電子メールの取扱い** ………… 280

税務調査において、電子メールのデータはどのように対応すればよいのでしょうか。

税務調査では、取引情報に該当する電子メールや添付ファイルを提示する必要がありますので、電帳法の保存要件に従って提示する必要があります。ただし、取引情報に該当しない電子メール（添付ファイル含む）については提示する必要はありません。

Q146 **調査における適格請求書データ** ………… 282

税務調査において適格請求書のデータについては、どのような対応が必要でしょうか。

インボイス制度では、発行側（適格請求書発行控え）と受領側（適格請求書）についての確認が行われると考えられます。税務調査では発行側と受領側で保存したデータについて、確認が行われるためデータのダウンロードが求められると考えられます。

Q147 **調査における適格請求書の控え** ………… 285

税務調査では、適格請求書の控えについてどのような準備や対応が必要になりますか。

適格請求書には、①売上先への請求書、②仕入先への支払通知、③媒介者による請求書、などがあり、発行控えのデータの提示が必要です。中でも②、及び③は発行者側の売上ではなく、仕入税額控除の対象となる場合があり、データのダウンロードを求められ確認が行われる可能性があります。

Q148 **重加算税の割増対象となる事実** ………… 287

令和4年から重加算税の割増し制度が整備されましたが、どのようなケースが割増し対象になると考えられますか。

「電子取引の取引データ」、及び「スキャナ保存のデータ」に関して隠ぺい仮装などの行為があった場合に、重加算税が10%割増しされることになりましたが、①データの改ざん、②意図的なデータの廃棄、③架空の取引データを捏造、など税を免れた場合などが割増し対象のケースだと考えられます。

Q149 **税務調査と電帳法審査** ………… 289

税務調査における、電帳法の審査と税務調査はどのような違いがあるのでしょうか。

税務調査は、課税標準、又は税額の計算誤りがないか確認することが主な目的ですが、確認には帳簿や書類などのデータが電帳法に従って適切に保存されていることが前提になります。そのため、税務調査に支障がある場合には、電帳法違反の疑いがあることになります。

Q150 **今後の調査の行方** ………… 290

新電帳法やインボイス制度が導入されることで、将来の税務調査はどのように変わっていくと考えられますか。

将来の税務調査は、概況等の聴取やデータの確認方法などが大きく変わると考えられます。特に、会計データや電子取引データ、及び適格請求書に係る取引データなどの確認はデータのダウンロードを中心とした方法となることが予想されるため、調査方法が大きく変わっていくと考えられます。

第1章

中小企業の電子化（中小企業と大企業の違いについて）

データ保存の必要性

Q1 電子帳簿保存制度が大きく変わりましたが、今後は大企業だけでなく中小企業も電帳法に対応したデータの保存が必要になるのでしょうか。

A 中小企業が新制度以降も電帳法対応を行わないと、税務調査を受けた際に大きなリスクやデメリットがあると見られています。特に、適格請求書の保存、電子取引、帳簿などへの電帳法対応を行わない場合、税務調査に大きな影響があると考えられます。

解　説

すでに多くの法令では、書面（書類）とデータ（電磁的記録）の取扱いに、特別な違いはなく同じものとして扱われつつあります。令和3年度の税制改正により、帳簿や書類をデータで保存する際に必要な手続きもすべて廃止され、今後は税務関係書類のほぼすべてにおいて、書面による保存、又はデータによる保存のどちらでも、手続きを行うことなくできるようになっており、これらの取扱いに大きな違いはなくなりつつあります。

これまで大企業の電子化は、保存に係る事務負担を軽減することが主な

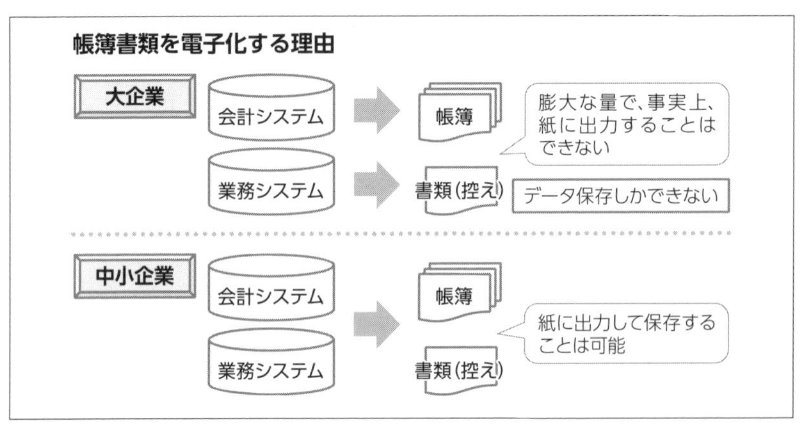

目的とされてきましたが、今後は事業の発展と税務コンプライアンスの遵守が主な目的となってくるでしょう。すでにＩＴ化により、商品売上などの取引情報を分析することは企業にとって不可欠なものとなっており、加えて税務調査で様々な処分を受けることは、企業にとって社会や株主からの信頼を損なう危険性があります。

このような大企業に比べ、事業規模の小さな中小企業が、税務関係書類を電子化するメリットは何でしょうか。これまで中小企業では、大量の書類がない限り電子化のメリットは少ないと考えられてきましたが、電帳法改正やインボイス制度導入の影響で、中小企業が電子化しない場合、デメリットが大きな問題になるのではと考えられています。特に、改正電帳法やインボイス制度への対応は、電子化しないことにより、税務調査の際に受けるリスクがより大きくなると考えられます。

1998年に電帳法が施行された当時は、まだ手書きの請求書や領収書も数多く発行されていましたが、現在ではほとんどの企業がパソコンを使用し、注文書や請求書などの取引書類を作成しています。また、当時の会計ソフトは、仕訳伝票を作成してから入力するものでしたが、今では仕訳情報を直接入力することが当たり前となっていて、手書きで帳簿を作成する事業者は、ほとんどいないといってよいでしょう。手書きが当たり前であった時代には、手書きの書類を保存するのが当たり前であったように、パソコンを使用して取引書類や帳簿を作成している現代では、書面（書類）を出力するのではなく、出力元のデータを保存するのが当たり前といえます。中小企業でも、このような形で書類や帳簿の電子化は大きく進んでいますが、これまで多くの中小企業が電帳法の承認を受けてこなかったため、実際はデータで保存していても、形式的にデータではなく書面（紙）を保存している事業者が多くなっています。

改正電帳法では、特別な手続きを経ずに、誰でも帳簿や書類をデータで保存することができる反面、データの保存には電帳法が適用されるため、ダウンロードなど新たな保存要件に従うことが必要になります。これまで

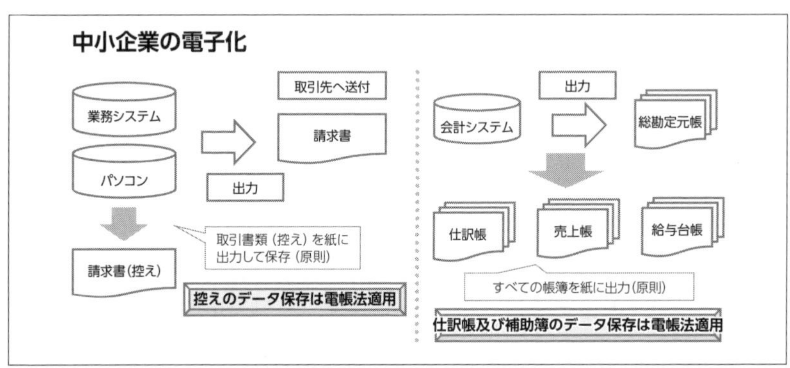

のように、承認を受けなくても帳簿や書類のデータを保存できるため、無意識のうちに電帳法の適用を受ける事業者となる可能性が高くなります。すでに、多くの中小企業がパソコンで作成した取引書類（発行控え）や総勘定元帳を除く仕訳帳や補助簿などは、書面に出力せずにデータのまま保存している状況にありますので、これらの事業者は税務調査の際に電帳法の対象者として扱われる可能性が高いと考えられます。また、インボイス制度では適格請求書の発行事業者には、発行控えの保存が義務化されるため、手書きの発行が減少しデータから請求書などの書類を作成するケースが大きく増えると考えられていますので、適格請求書発行の控えは、ほとんどが書面ではなくデータで保存することになるでしょう。また、令和6年以降に電子取引を行った場合、全ての事業者が取引データ（電磁的記録）を保存しなければならなくなるため、中小企業においても取引データの保存へ対応する必要があります。

今後、取引書類や帳簿に加え、電子取引などのデータは増え続けていきますので、電帳法に対応できない場合は、税務リスクが高くなる一方だと考えられます。税務調査を受けた際に、データ保存に関して予期せぬ問題点を指摘され、課税処分などの対象とならないためには、一刻も早い電帳法対応が必要になると考えられます。

中小企業と大企業

Q2 帳簿や書類をデータで保存する場合、中小企業と大企業では電帳法への対応に何か違いはありますか。

A データの保存は、仕訳情報や取引書類の量に比例して保存が難しくなるため、中小企業と大企業では、電帳法への対応方法に大きな違いがあります。事業の規模が大きくなればなるほど、導入するシステムも複雑化し運用ルールや事務処理規程なども同じように複雑化します。

解　説

保存が必要な帳簿書類の量は、事業規模により大きく異なるため、データを保存する場合に必要な電帳法への対応方法も大きく異なります。

電帳法への基本的な対応方法には、「システムの導入」「運用ルールの策定」「事務処理規程の作成」の3つが必要ですが、書類の種類や仕訳情報の件数などによって、導入するシステムそのものの判断に大きな影響があり、特に規模が大きな場合は、導入するシステムが汎用性のない企業独自のものとなる傾向があります。企業固有のシステムを導入する際には、基本的な対応である「運用ルールの策定」や「事務処理規程の作成」にも影響を与えるため、それぞれ独自のものを作成し対応することになります。これに対し、比較的規模の小さな中小企業では汎用性の高い市販のシステムを導入できるため、「運用ルールの策定」や「事務処理規程の作成」も固有のものではなく、汎用性のあるものを作成し対応することができます。

帳簿や書類のデータの量が一定の範囲内に収まる規模だと、汎用性のある市販のパッケージソフトを導入することが容易になり、電帳法対応の基本となる、「運用ルールの策定」や「事務処理規程の作成」など大部分を共通化することができます。つまり、電帳法への対応は、独自性の高いシ

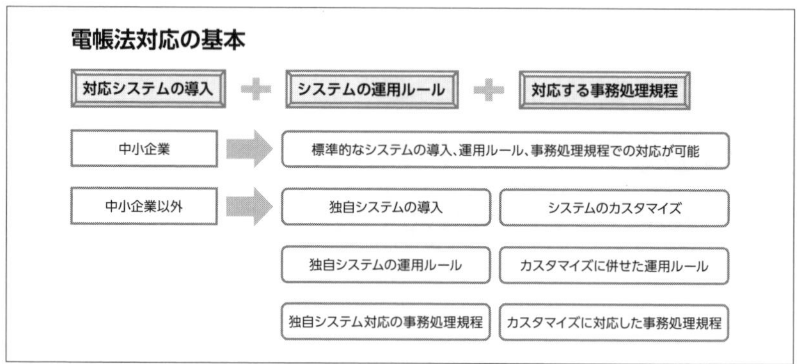

ステムを使用しなければならない大企業よりも、汎用性のある市販のシステムを導入できる中小企業の方がはるかに容易だといえます。しかし、これまでの電帳法の承認は大企業を中心に承認されているため、中小企業の対応が容易いという印象は少ないかもしれません。

大企業の会計システムは、個別の取引に係る仕訳情報を直接入力するのではなく、サブシステムからデータを連携し、仕訳情報を作成する場合が多く、ほとんどの総勘定元帳には取引ごとの仕訳情報がありません。取引ごとの明細は、売上や仕入などサブシステムでデータを保有していることが多くなっていますが、中小企業では汎用性のある市販のシステムを使用しているため、総勘定元帳のデータも概ね取引ごとに作成できることが多く、使用している会計ソフトのデータを保存すれば、電帳法への対応が比較的容易に行えます。

電帳法の規定は、税務調査での確認に支障を及ぼさないことを目的としていますので、保存した仕訳情報が取引（書類）ごとに確認できるかどうかは大変重要な点になります。市販のシステムだけでは確認できず、サブシステムなどの明細と併せて確認が必要な場合と、市販システムだけで容易に確認できる場合では、電帳法への対応方法に大きな差があります。独自のシステムで帳簿を作成する必要がある企業では、会計システムだけでなく他の（売上原価、工場原価、経費などの）サブシステムについても「運用ルールの策定」や「事務処理規程の作成」が必要となるため、仕様変更やバージョンアップのたびに、これらの作業を行う必要があります。

導入するシステム

Q3 中小企業がデータを保存するためのシステムは、大企業のシステムと比べどのような違いがあるのでしょうか。

A 帳簿や書類の種類やデータ量が、一定の範囲に収まる中小企業では、市販の会計システムや業務システムなどを、標準のまま導入することで電帳法への対応が可能ですが、データの種類や量が一定以上となる大企模事業者では、システムのカスタマイズや専用システムなどの導入が必要になります。

解説

中小企業と大企業が導入するシステムの違いを一言で説明するのは難しいのですが、税務調査などの観点から見ると明らかな違いがあります。

多くの中小企業では、会計システムや請求書を発行する業務システムなど市販のシステムを導入する場合、何もカスタマイズせずに標準のまま導入しています。これに対し大企業では、市販のシステムの基本部分だけを導入し、その企業独自の様式や運用を行うことが多く、市販のパッケージソフトを導入する場合であっても、大幅にカスタマイズが必要になっています。そのため、市販のシステムを標準のまま使用できる中小企業と、大規模なカスタマイズが必要な大企業では導入するシステムも大きく違ってきます。

税務調査では、取引データと仕訳情報を照合し、内容の確認が行われるため、書類の種類や量（件数）など規模による違いの影響を大きく受けますので、見積書や注文書、納品書、領収書、請求書などの発行システムを導入する場合、発行控えのデータをどのように保存すればよいか、あるい

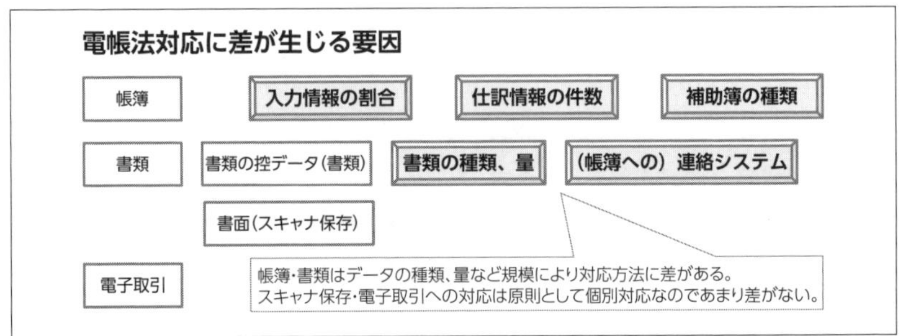

は売上帳、仕入帳、総勘定元帳などの仕訳データ（帳簿）に連携している場合、どのようなデータを保存すればよいかなど、電帳法の対応も検討する必要があります。税務調査で必要なデータは、取引ごとの仕訳情報と取引情報が原則となりますので、中小企業の導入する会計システムや業務システムは、すべての取引明細を保存できることから、大企業と比べ税務調査への対応も容易く行うことができます。

市販のシステムで対応できる範囲

Q4 市販のシステムを導入すれば、電帳法に十分対応ができる事業者の範囲（基準）は、どのように判断すればよいのでしょうか。

A 市販システムを導入すれば電帳法に対応できる範囲については、事業者のデータの種類や件数が違うため一概に判断することはできませんが、目安として会計システムで取引ごとの仕訳情報がすべて記録できることがその基準と考えられます。

解 説

事業規模が小さければ小さいほど、市販のシステムを導入するだけで比較的容易に電帳法に対応をすることができます。多くの中小企業において、どのような規模の事業者であれば、市販のシステムで電帳法への対応が容

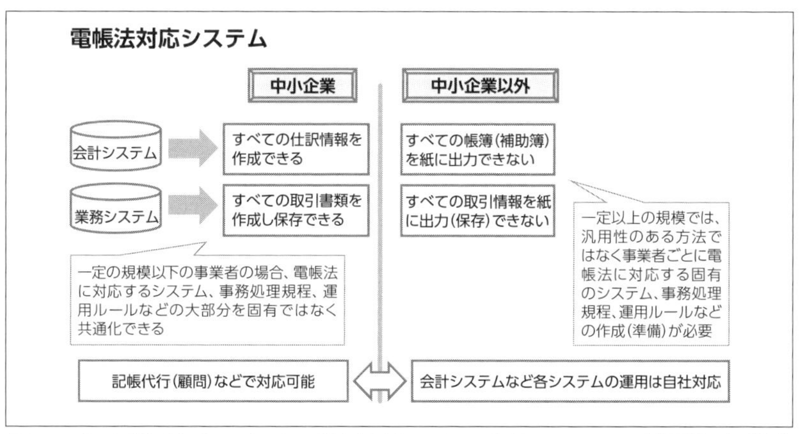

易にできる範囲となるかは、使用頻度の高い会計システム（帳簿）と業務システム（書類）で説明します。

会計システムでは、帳簿は取引ごとに仕訳情報が作成される必要があり、「計上年月日」「勘定科目」「相手先勘定科目」「消費税区分」「金額」「取引内容」などが、取引書類ごとに入力できる必要があります。つまり、帳簿の保存において、取引ごとの仕訳情報をすべて入力できる規模の事業者が、市販の会計システムを使用した場合、電帳法の保存要件を容易に満たすことができることになります。そのため、取引ごとの明細を、サブシステムなど他のシステムから連携する必要がある規模の事業者では、市販の会計システムを導入するだけは電帳法の要件を満たすことは難しいでしょう。

次に、業務システムですが、ほとんどの取引書類の発行を、一つの業務システムだけで対応が可能な場合が、電帳法の要件を満たしてデータを保存することが容易に行えるものと考えられます。会計システムと同じように電帳法の要件には、システムの導入だけでなく「運用ルールの策定」や「事務処理規程の作成」などが必要になりますが、仕訳情報の入力や取引書類の作成を、一つのシステムですべて行える規模の範囲であれば、これらの規程等についても汎用性のある方法を採用することができます。

つまり、すべての帳簿を市販の会計システムだけで作成でき、ほぼすべての取引書類を市販の業務システムだけで作成できる事業者であれば、市販のシステムと併せて汎用性のある方法で電帳法に対応ができるのではないかと思われます。

大企業の帳簿

Q5 大企業が作成し保存する帳簿のデータは、中小企業と比べどのような違いや特徴があるでしょうか。

A いわゆる大企業では、中小企業のように取引ごとの仕訳情報が、総勘定元帳に記載（記録）されることはほとんどなく、補助システムなどで取引ごとの明細データが作成されることが多く、総勘定元帳の仕訳情報は、大部分が補助簿などサブシステムからデータが連携される特徴があります。

解説

いわゆる大企業の帳簿は、中小企業と比べ、総勘定元帳と補助簿で保存されるデータに大きな違いがあります。

所得税法や法人税法では、仕訳帳、総勘定元帳、及びその他必要な帳簿（補助簿）を作成し保存することが必要とされていますが、中小企業と大企業の帳簿では、補助簿に大きな違いがあり、大企業に共通する特徴があります。大企業では取引に係るすべての仕訳情報を、会計システムに入力することはなく、取引ごとの明細情報は、サブシステムや業務システムといった会計システム以外のシステムで作成されることになります。そのため、総勘定元帳のデータには、取引ごとの仕訳情報は非常に少なく、集約された仕訳情報が記録される傾向が強くなっています。

大企業では、総勘定元帳の仕訳情報が、サブシステムなどからデータ連携で作成されるため、取引ごとの明細情報は連絡元のサブシステムで作成され保存されることが多くなっています。これらのサブシステムは、売上

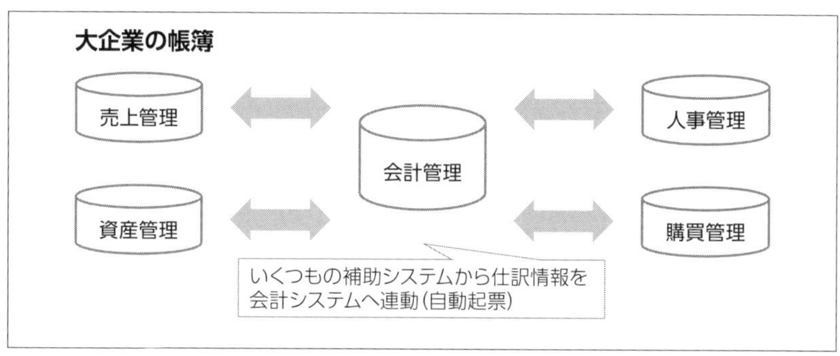

や仕入れだけでなく、売上原価や工場原価などのシステムを中心に、人事管理や固定資産、あるいは経費精算まで複雑多岐に渡っています。そのため、これらの企業では、調査の際に確認対象のデータが、総勘定元帳ではなくサブシステムのデータとなることが多く、サブシステム、すなわち補助簿のデータを保存する必要があります。

そもそも補助簿は、必要な場合に作成し保存すればよいものとなっていますが、どのような場合に保存が必要かといえば、総勘定元帳に取引ごとの仕訳情報が記録されない場合が、まさに補助簿のデータを保存する必要がある場合になるといえます。総勘定元帳に記録された仕訳情報が、集約情報だけとなっている場合は、取引ごとの仕訳情報が記録された補助簿を作成し取引ごとの明細を記録する必要があります。大企業のように、売上や仕入れなどの取引が大規模となる場合は、売上・仕入・資産・経費などの明細を、すべて汎用性のある会計システムで入力し保存することは困難で、企業独自のシステムを導入するか、あるいは市販システムの大規模なカスタマイズが必要となります。つまり、大企業などの補助簿を作成するためのシステムは、その企業独自のシステムとなる場合が多く、電帳法の保存要件に従って保存する場合も、企業固有の対応を検討する必要があります。また、これらの補助簿のデータから上位の補助簿や総勘定元帳への仕訳情報を連絡する場合には、固有のデータ連携システムを作成することが多くあります。

中小企業の帳簿

Q6 中小企業が作成し保存する帳簿のデータには、どのような特徴がありますか。

A 中小企業では、取引ごとに作成が必要な仕訳情報が比較的少なく、市販の会計システム（総勘定元帳）で、すべての取引に係る仕訳情報を作成することができるため、会計システムのデータを保存することで、すべての帳簿を保存できる傾向にあります。

解説

中小企業では、帳簿の作成を市販の会計システムで作成している場合が多く、取引ごとに作成が必要な仕訳情報が、会計システムにすべて記録できるため、一つのシステムで、すべての帳簿が作成できるという特徴があります。中小企業では、帳簿が仕訳帳と総勘定元帳だけの場合と、補助簿が作成される場合とに分かれますが、補助簿が作成される場合は、売上帳・仕入帳・給与台帳・固定資産台帳などといった汎用性の高い補助簿となる場合が多く、これらの補助簿は一つの会計システム内で作成される傾向にあります。また、売上や仕入など一部の補助簿は他の業務システム等で作成される場合もあります。

このように、一般的な中小企業では、次のような帳簿体系である場合が多く、いずれも市販のシステムで対応できるため、電帳法に対応したデータの保存が比較的容易に行える傾向にあります。

① 仕訳帳・総勘定元帳のみ
② 仕訳帳・総勘定元帳・特定の補助簿（会計システム内）
③ 仕訳帳・総勘定元帳・特定の補助簿（会計システム以外の業務システム）

①の仕訳帳と総勘定元帳だけで、すべての帳簿を作成する市販の会計シ

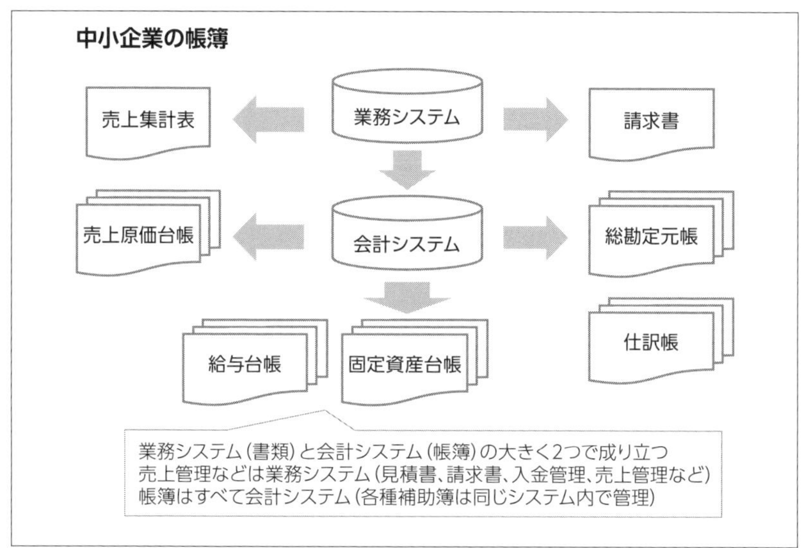

ステムの導入が、電帳法を適用するのに最も容易です。

②では売上や人件費、固定資産などの一部の取引明細を入力し、補助簿のデータとして管理できますが、仕訳情報はすべて総勘定元帳のデータと同じシステム内で作成されている場合があります。補助簿と総勘定元帳を出力する際のメニューは別々ですが、保存されたデータベースは同じものであるため、一つのシステムですべての帳簿（仕訳情報）を保存することができます。

③では売上や仕入など、主要な業務を会計とは別のシステムで行う場合があります。中小企業でも受発注管理システムや請求書発行システムなどの業務システムを導入することがあり、このようなシステムでは、単に業務関連の書類を作成するだけでなく、売上や仕入などの管理や仕訳情報のデータまで作成できるため、発行した請求書や納品書などの記録だけでなく、売上帳や仕入帳など帳簿のデータを作成することもできます。

中小企業ではこのような業務システムを標準のまま導入することができるため、電帳法への対応に必要な「運用ルールの策定」や「事務処理規程の作成」についても、汎用性のある方法で対応することが、比較的容易にできるという特徴があります。

中小企業の書類

Q7 中小企業では、どのような書類をデータで保存することになるのでしょうか。

A 電帳法の要件に従って、紙で受領した書類をスキャニングしてのデータ保存、あるいは自社が作成した決算書類のデータや自社が発行した取引書類（紙）の控えをデータ保存することが考えられます。

解説

税務関係書類には、帳簿と書類の保存が義務付けられていますが、この書類には、「決算書類」と「取引書類」の2種類があります。なお、「取引書類」は相手先から受け取った書類だけでなく、自ら発行した書類の写し（控え）を保存するよう定められています。取引書類を保存する方法は、紙かデータのいずれかの方法となりますが、相手先から紙で受け取った取引書類をデータで保存する場合は、「スキャナ」の方法に限られています。「スキャナ」の保存方法には、タイムスタンプを付すなど訂正削除を防止する措置が必要なため、受け取った書類を単にスキャンするだけではなく、電帳法に対応したシステムを導入することが必要になります。中小企業でも紙からスキャナ保存へ切り替えるには、専用のシステムを導入することが前提になります。

これに対し、相手先へ発行する見積書・注文書・請求書・領収書・納品書などの取引書類は、手書きではなくワードやエクセル、あるいは請求書などの発行システムなどを利用し、作成するケースが非常に多く、控えを保存する際は紙ではなく、発行元のデータの保存が極めて合理的な方法といえます。特に、インボイス制度が導入されると、適格請求書の発行控えは、消費税法で保存するよう定められたため、必ず保存する必要があります。

システムで作成した取引書類控えの取扱い

	機能	発行方法	所得税法 法人税法	消費税法	保存方法	データ保存の条件
1	請求書の発行	書類（紙）	控えがある場合は保存する義務	適格請求書控えの保存義務	紙が原則	「書類」（電帳法4②）の保存要件
2	見積書、納品書、領収書発行	書類（紙）	同上	適格請求書に該当する場合は控えの保存	同上	同上
3	請求書の発行	データ（電子メール）	電帳法7条「電子取引情報」の保存義務	適格請求書データの控えは消費税法による保存義務	データが原則	電帳法7の保存要件（適格請求書は紙出力可）
4	会計システムへデータ連携	連携データ	連携データが補助簿に該当する場合は保存義務	連携データが消費税の帳簿に該当する場合は保存義務	紙又はデータ	「帳簿」（電帳法4①）の保存要件 ＊優良な電子帳簿に該当する場合は別途

エクセルや発行システムなどを使用して請求書などを作成したものを、相手方に書面で交付した場合、発行した控えは、データか控えの書面を保存しなければなりません。これまでは、この発行控えを書面で保存することが原則で、データで保存する場合には、税務署の承認が必要でしたが、実際に税務署の承認を受けてから控えをデータで保存する事業者は極めて少ないと見られていました。令和3年度の電帳法改正により、データの保存手続きが簡素化されたため、現在は、何ら手続きをせずにデータ保存することが可能になっていますが、保存したデータが電帳法の保存要件に従って保存されているかは甚だ疑問が残ります。

そのため、相手先へ発行した見積書・注文書・請求書・領収書などの控えのデータについて、改めて電帳法の保存要件に従って保存しているか再確認する必要があります。特にインボイス制度の導入により、適格請求書の発行控えをデータで保存する場合が必要です。

中小企業の電子取引

Q8　中小企業が電子取引を行った際、どのような取引情報を保存しなければならないのでしょうか。

A　中小企業が行う電子取引には、①インターネット取引、②電子メール取引、③EDI取引、などが多いと思われます。多くの質問が、ネットショッピングの際の領収書データを保存することに集中していますが、電子メールやＥＤＩ取引などの取引データの扱いは、より注意が必要です。

解説

これまで多くの中小企業は、電子取引を行った場合、取引データの代わりに（出力した）書面を保存することが多く、取引データそのものを保存するという認識は薄いとみられています。令和3年度改正では電子取引を行った場合に（出力した）書面の保存が廃止され、令和6年からは必ず取引データを保存する必要があり、令和6年以降に行った電子取引については、すべての事業者が、取引情報に係るデータを保存しなければならないため、これまでデータの保存に対応してこなかった中小企業や個人事業者が大きく影響を受けることになります。影響を受ける中小企業や個人事業主などが保存しなければならない電子取引の取引情報とは、いったいどのようなものでしょうか。

電子取引とは、①いわゆるEDI取引、②インターネット等による取引、③電子メールにより取引情報を授受する取引、④インターネット上にサイトを設け、当該サイトを通じて取引情報を授受する取引、等をいうとされていますが、このうち中小企業にとって重要なのは、③電子メールにより取引情報を授受する取引、ではないでしょうか。電子メールはパソコンだけでなくスマートフォンをはじめ様々なアプリが含まれます。これらのアプリでやり取りしたメールの情報がすべて取引情報に該当するというわけ

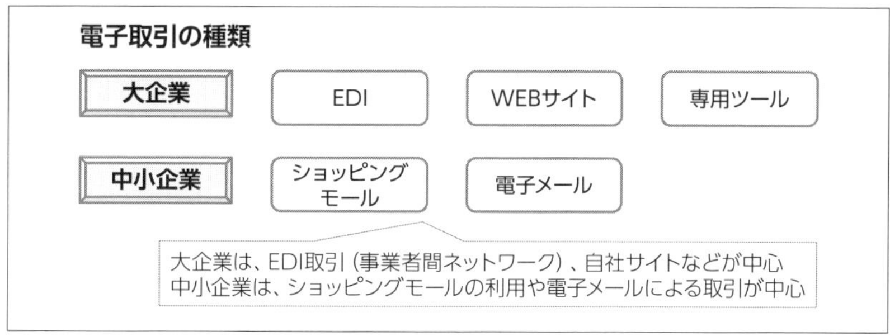

ではありませんが、該当する取引情報だけを保存することは簡単ではありません。日頃、事業者が利用する電子メールには、取引情報だけでなく該当しない情報も数多く含まれており、これらすべてのデータを、調査官に提示することを前提に保存しているわけではありません。取引情報として保存の対象となる電子メールや添付ファイルを定める内部規程などを整備する必要があります。

また、特に質問や疑問の多いネットによる備品・消耗品・サービスなどの購入については、必要経費や消費税の仕入税額控除を適用するために必要な請求書や領収書等のダウンロードと保存に関心が集中しています。これらの取引データは、通常、サイトからダウンロードするなど、事業者が自らデータを取得し保存することが必要です。これらの書類がないと、支払明細の書類だけでは支出した取引内容が確認できない場合が多く、必要経費や税額控除を行うには不十分な場合があります。そのため、購入したサイトから領収書などのデータをダウンロードした場合は、課税期間ごとにフォルダ等を作成し整理して保存することや課税期間ごとにデータの一覧を作成するなど、電帳法への対応が必要になります。また、電子取引の取引情報を保存する際には、法令で定める訂正削除を防止する措置も必要になりますので注意してください。

第2章

電子帳簿保存制度の特色

特例法とは

Q9 電帳法は税法の特例とされていますが、特例とはどのような意味でしょうか。

A 電帳法は、所得税法や法人税法など税法で保存が定められている帳簿や書類を、データで保存する場合の方法のみを定めた特例の法律です。そのため、作成する帳簿や保存する書類、保存場所、保存期限などは各税法で定められていて、電帳法には定められていません。

解 説

電帳法は、帳簿や書類を紙ではなく、データで保存する場合に適用される法令ですので、保存の対象となる帳簿や書類は、法人税法などの税法で定められています。そのため、電帳法の規定に従うだけでは、正しいデータを保存することはできません。正しいデータを保存するには、法人税法や消費税法などの各税法の規定に従う必要があるため、各税法と電帳法の双方の規定を考慮し保存しなければなりません。ただし、税法の保存義務の規定は、それぞれの法令で違いがあり、所得税法・法人税法・消費税法・印紙税法・酒税法などの法令における保存義務の規定を、幅広く理解する必要がありますが、そういった専門家はあまり多くいないため、電帳法の規定を理解することはなかなか難しいのかもしれません。事業者がどのような書類から帳簿を作成（記帳）し保存するかを正確に理解するには、所得税法や法人税法の規定だけでなく消費税法などの規定も併せて理解する必要があります。つまり、特例である電帳法は、通例である各税法で作成する帳簿や保存する書類の規定を、きちんと理解しておくことが重要であるといえます。

帳簿や書類を保存する規定は、税法だけでなく他の様々な法令にも規定がありますが、特に税法の規定に従って保存されている帳簿や書類を「国

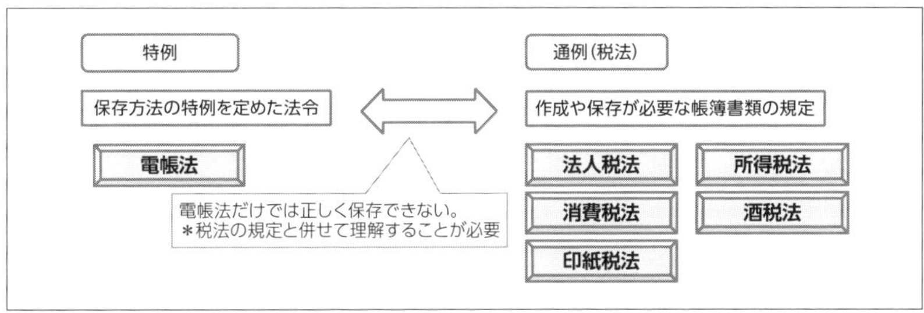

税関係帳簿」、又は「国税関係書類」といいます。逆に、税法や電帳法の規定に従って保存されていない場合は、国税関係帳簿、あるいは国税関係書類を保存していることになりません。また、このような国税関係帳簿書類の規定は、税務調査の際に、調査官が法令に従って保存している国税関係帳簿書類を提示（又は提出）するよう求める法令の根拠となっていますので、提示を求められた事業者は、国税関係帳簿書類について提示しなければなりません。

保存開始手続きと審査方法

Q10　帳簿書類等をデータで保存するには、どのような手続きが必要になりますか。

A　令和3年の電帳法改正により、データを保存するために必要な手続きは廃止されましたので、データを保存するために特別な手続きは必要ありません。ただし、過少申告加算税の減額を適用する場合や、遡って重要書類（過去分重要書類）をスキャナ保存する場合には、届出書の提出が必要です。

解　説

令和３年以前の旧制度では、帳簿書類をデータで保存するためには、事前に税務署長の「承認」を受ける必要があり、承認を受けないとデータを保存することができないため、承認を受けずに帳簿や書類をデータで保存

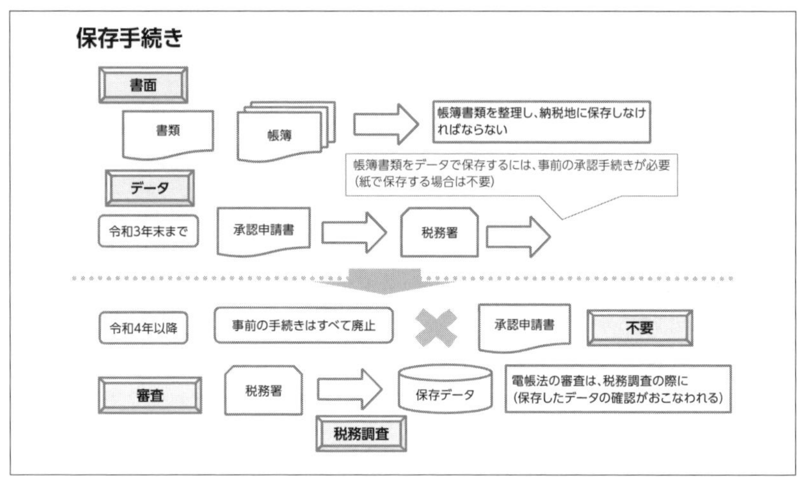

していても、国税関係帳簿書類を保存しているとはみなされないこととなっていました。

令和４年以降に開始された新制度では、事前の承認などは必要なくなりましたが、納税者がデータを保存する場合には電帳法に定める保存要件に、これまでどおり従うことが必要です。そのため、電帳法の保存要件に従って保存されていない場合には、国税関係帳簿書類を保存しているとはみなされません。今後は事前の承認がなくなるため、電帳法の保存要件に違反したままデータを保存するケースが急増すると見られていて、データの保存を行うには、電帳法の保存要件を検討した（チェック表などの）根拠を作成することも必要だと思われます。納税者が保存する帳簿や書類は、すでに紙とデータどちらかではなく、どちらも混在していることが多く、これからもずっと帳簿書類を紙だけで保存することは難しい状況にあるといえます。そのため、今後の税務調査では、保存した帳簿書類について、書面（紙）やデータの種類ごとに一覧表などを作成しておく必要があります。また、これらの一覧表には、保存要件の違う「帳簿」「書類」「スキャナ」「電子取引」などの種類も記載することが重要です。

電帳法違反に対する処分

Q11 帳簿や書類をデータで保存した場合、処分の対象となるのはどのような違反をした場合でしょうか。

A 保存したデータが、電帳法の保存要件に著しく違反している場合には、青色申告の承認取消し処分の対象となりますが、必要なデータが保存されていない場合や、保存したデータを改ざんし税負担を免れた場合には、重加算税の賦課や更正などの課税処分などの対象となると考えられます。

解　説

電帳法に違反したデータは、国税関係帳簿書類を保存しているとみなされませんが、それは保存義務や保存要件を満たして保存しているとみなされないのであって、すぐさま課税処分や行政処分の対象となるわけではありません。課税処分や行政処分には、処分の対象となる事実が明確である必要があり、保存要件の一部に違反しているだけでは十分とはいえません。そのため、違反の事実が著しく重大な場合には、処分の対象となりますが、軽微な場合には処分の対象とまではならないかもしれません。違反の事実が著しい場合とそうではない軽微な場合についての基準は明確とはいえませんが、税務調査の際に、様々な事実と合わせて総合勘案される可能性が高く、重大な違反かそうではないかの判断は、税務当局の判断に委ねられています。違反の事実を安易に考えることはできませんが、処分の対象となる事実から推測し、重大な違反とならないよう今後の参考にしていただければと思います。

＜青色申告の承認取消しの対象となる事実＞

帳簿や書類などのデータが、電帳法の保存要件に著しく違反している場合は、青色申告の承認取消しの対象となりますが、中でも最も可能性が高

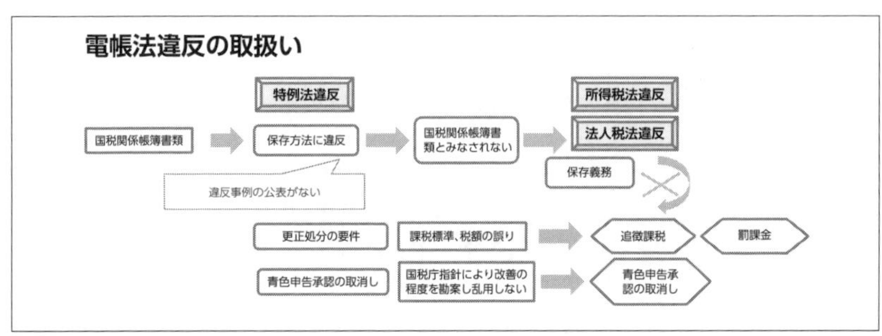

いのは、調査官にデータの提示、又は提出を理由もなく拒絶することです。税務調査において、税法で保存義務があるデータを正当な理由もなく調査官への提示、又は提出を拒むことは、調査忌避に当たる重大な違反行為と判断されるため、青色申告の承認取消しの対象となる可能性が最も高いと考えられます。

＜課税処分の対象となる事実＞

必要経費の算入や税額控除などを行う場合、その根拠となる書類やデータが保存されていなければなりませんので、該当するデータが保存されていない場合や保存が確認できない場合には、必要経費などの算入が認められない可能性があります。税務調査では、仕訳処理の根拠となる書類やデータが確認できない場合、必要経費に算入した金額や税額控除を行った金額の計上が認められないため、課税処分が行われる可能性があります。

なお、インボイス制度における適格請求書のデータについては、仕入税額控除の要件であり最も重要性が高いものであることは言うまでもありません。

保存しなければならない帳簿書類

Q12 保存しなければならない帳簿や書類とは、どのように決まっているのでしょうか。

A 所得税法や法人税法では、書類（取引書類、及び決算書類）、及び帳簿を納税者が保存するよう定めているほか、消費税法でも、適格請求書（書面、及びデータ）、及び帳簿を保存するよう定めています。また、電帳法では、電子取引の取引情報を保存するよう定めています。

解　説

帳簿は、所得税法・法人税法・消費税法・酒税法・印紙税法などの税法で、納税者が自分で作成し納税地に保存することと定められています。中でも、所得税法や法人税法で定められた帳簿は、納税者の保存する最も代表的で主要なものとなっていますので、他の法令の定める帳簿は、この主要な帳簿に含まれる場合がほとんどです。この主要な帳簿は、所得税法や法人税法で仕訳帳、総勘定元帳、その他必要な帳簿（補助簿）と定められていて、消費税法や酒税法など他の税法が定める帳簿は、これら主要な帳簿である総勘定元帳や補助簿に必要な事項を記載したものになります。帳簿の作成はこれら主要な帳簿となる仕訳帳、総勘定元帳、その他必要な帳簿（補助簿）を作成することになりますが、その他必要な帳簿は、納税者が必要な場合に作成すれば足りるものであって、どのような帳簿を作成するかは、納税者自身が判断するものになります。

＜仕訳帳、総勘定元帳のみの保存でよい場合＞

帳簿は、取引の発生順に記載することが原則であり、取引ごとにすべての仕訳情報（データ）を総勘定元帳に記録できる場合は、その他必要な帳簿となる補助簿は作成する必要がありません。規模の小さな企業において、

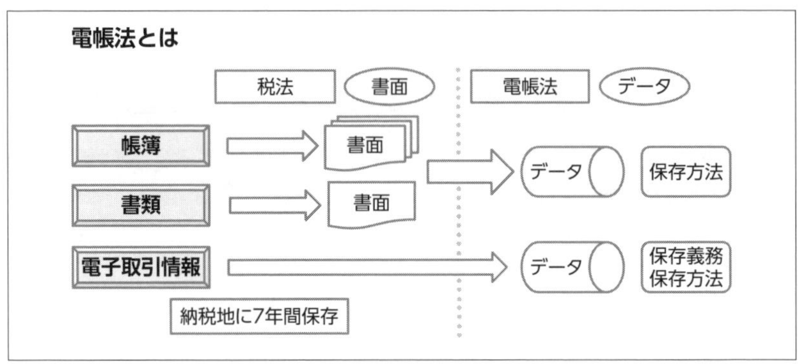

すべての取引についての仕訳情報を総勘定元帳の記録として作成している場合は、補助簿を作成する必要はありませんが、仕訳情報が取引ごとではなく、集約した記録となる場合は、取引ごとの明細が記録された補助簿を作成する必要があります。

＜その他必要な帳簿を作成する必要がある場合＞

その他必要な帳簿を作成するのは、総勘定元帳の仕訳情報が取引ごとではなく、複数の取引を集約するといった記録から作成するような場合になります。集約した金額から仕訳情報を作成する場合には、集約の元となる明細を記録した補助簿の作成が必要になります。売上や仕入などの仕訳情報を、業務システムのデータを月ごとに合計した金額から作成する場合、仕訳情報は、取引ごとではなく集約単位で作成されることになります。このようにして作成されたデータは、仕訳帳と総勘定元帳だけでは取引書類などと照合することができないため、取引ごとの明細を記録した補助簿を作成し、明細のデータを保存する必要があります。

帳簿の記載は、取引ごとに仕訳情報を作成することが原則ですが、その仕訳情報への記録には「取引年月日」「記載年月日」「勘定科目」「相手先勘定科目」「金額」「取引内容」だけでなく、消費税法に関する事項も必要になりますので、取引ごとに仮払消費税や仮受消費税などの事項も必要です。税務調査では、仕訳情報の確認は、請求書や領収書などの取引書類と仕訳情報を照合し、それぞれの内容が適切であるか、判断する必要がある

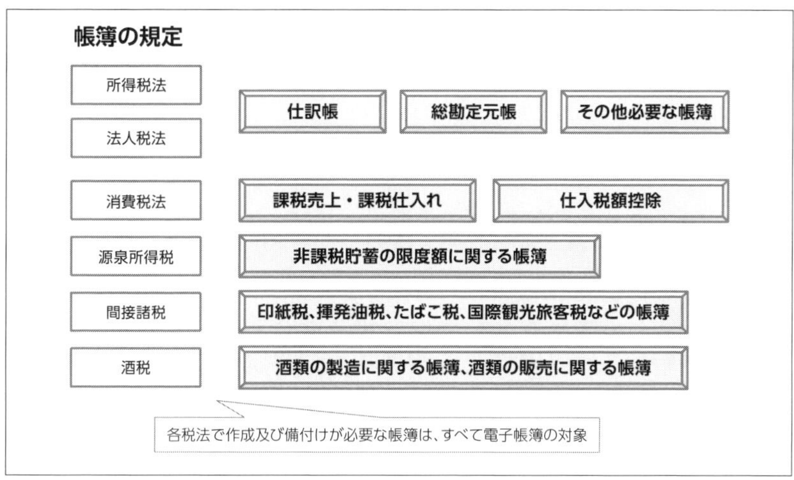
帳簿の規定
所得税法
法人税法
仕訳帳
総勘定元帳
その他必要な帳簿
消費税法
課税売上・課税仕入れ
仕入税額控除
源泉所得税
非課税貯蓄の限度額に関する帳簿
間接諸税
印紙税、揮発油税、たばこ税、国際観光旅客税などの帳簿
酒税
酒類の製造に関する帳簿、酒類の販売に関する帳簿
各税法で作成及び備付けが必要な帳簿は、すべて電子帳簿の対象

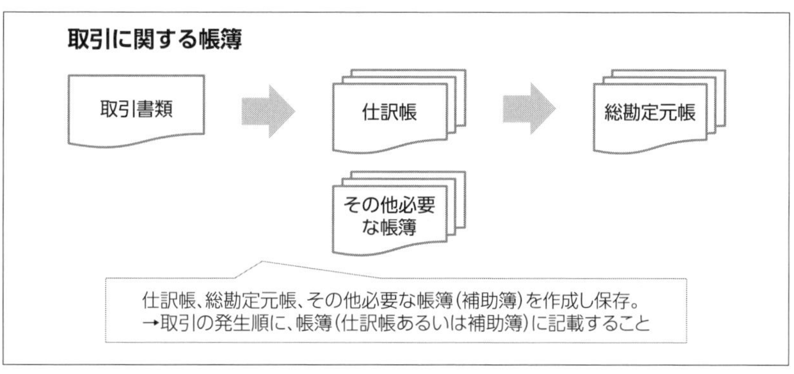
取引に関する帳簿
取引書類
仕訳帳
総勘定元帳
その他必要な帳簿
仕訳帳、総勘定元帳、その他必要な帳簿（補助簿）を作成し保存。
→取引の発生順に、帳簿（仕訳帳あるいは補助簿）に記載すること

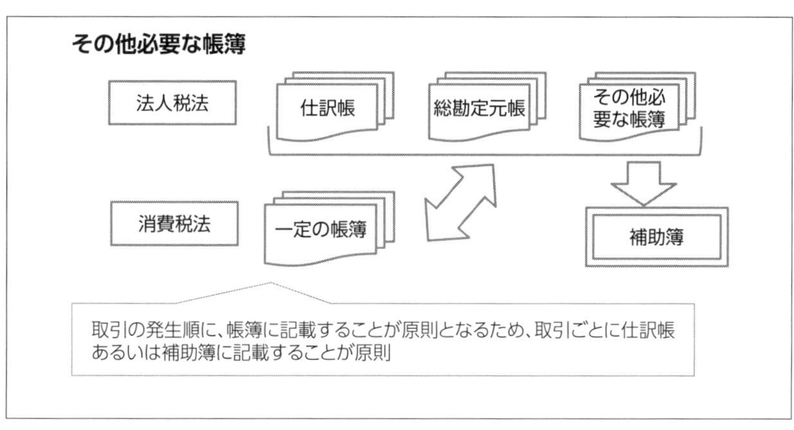
その他必要な帳簿
法人税法
仕訳帳
総勘定元帳
その他必要な帳簿
消費税法
一定の帳簿
補助簿
取引の発生順に、帳簿に記載することが原則となるため、取引ごとに仕訳帳あるいは補助簿に記載することが原則

ため、総勘定元帳の記録が集約だけの金額となっている場合、内容が適切か判断することはできないため、必ず取引明細が記録された補助補を作成する必要があります。

作成が必要な帳簿の種類と項目

Q13 帳簿をデータで保存する場合、保存しなければならない帳簿の種類やその記録項目などは、どのように定められているのでしょうか。

A データで作成する帳簿の種類や記録項目などは、電帳法に定めはなく、税法の規定に従って保存することになります。そのため、所得税法や法人税法、消費税法などに定められた記載事項が必要です。

解説

電帳法では、データの保存に必要な保存要件は定められていますが、作成する帳簿の種類や記録事項についての定めはありません。ただ、保存要件の一つである検索機能の要件では、「主要な記録項目」について、検索条件を設定できる必要があるため、この「主要な記録項目」は記録しなければならない項目になります。

各税法では、帳簿の記載事項についても定めていますが、帳簿をシステムで作成する場合には、法令で定められた記載事項を記録することが必要になります。所得税や法人税などで定める主要な帳簿では、取引ごとに、「取引年月日」「記載年月日」「勘定科目」「相手先勘定科目」「金額」「取引内容」などの事項を記録する必要がありますが、消費税の記載事項として仮払消費税や仮受消費税など、消費税固有の記録項目も保存する必要があります。なお、電帳法の保存要件である訂正削除履歴の確認ができるシステムには、訂正前と訂正後、あるいは削除済みデータなどを確認する必要があり、訂正データや削除データなどを特定する項目のほか、帳簿間の関連性を確保

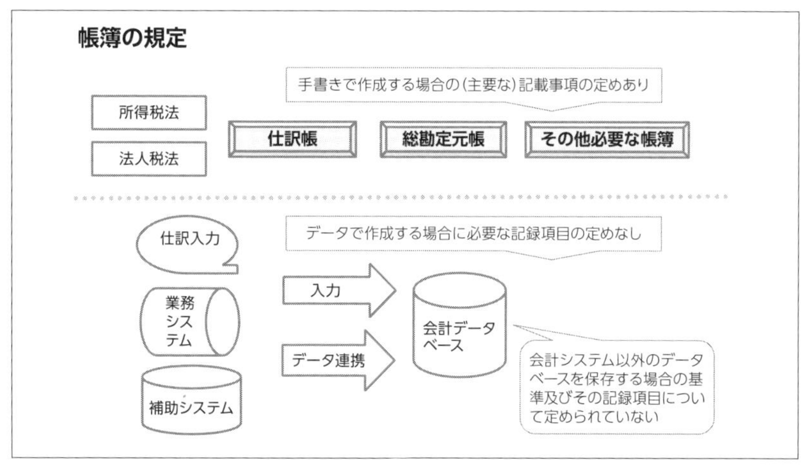

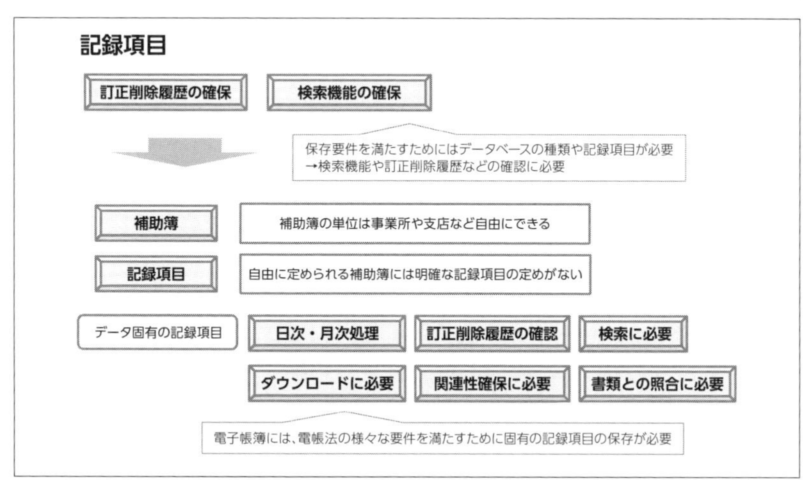

するために必要な項目についても記録する必要があります。

また、データで保存する際に必要性の高い項目には、仕訳情報と根拠書類（データ）の関連性を確保する記録が必要です。税務調査では、保存した帳簿の仕訳情報と根拠書類（又はデータ）とを照合する必要がありますので、確認の際に該当するデータが特定できない場合や探せない場合は、調査に大きな支障を及ぼすことになります。そのため、仕訳情報とその根拠書類やデータには、会計番号や証憑番号、あるいは伝票番号などといった固有の番号を記録しておく必要があります。

また、法人税法では、仕訳帳には取引年月日・総勘定元帳には記載年月日、などの日付を記録するよう求めていますが、会計システムで入力する日付は、記載年月日の代わりに計上年月日が使われることが多いようです。計上年月日は会計帳簿へ計上すべき年月日のことですので、税務上では、記載年月日とほぼ同じ取り扱いとなっています。

保存要件の種類

Q14 帳簿書類をデータで保存するには、どのような方法があるのでしょうか。

A 帳簿書類をデータで保存する場合、電帳法では4つ（帳簿・書類・スキャナ・電子取引）の規定があり、それぞれの種類ごとに保存要件が定められているため、これらの保存要件に従った方法で保存しなければなりません。

解説

電帳法では、データで保存する場合、法令が4つの規定に分かれているため、それぞれの種類（帳簿・書類・スキャナ・電子取引）ごとに定められている保存要件に従って保存する必要があります。データを保存する場合、この4つの規定のいずれかに整理しないと、適切な保存要件でデータを保存することができません。そのため、帳簿や書類、電子取引の取引情報などをデータで保存する場合、すべての種類のデータを同じ方法で保存することはできません。

旧制度では、「帳簿」「書類」「スキャナ」の種類ごとに承認申請書が異なる様式となっていましたが、これらの申請書の区分を誤って提出することも非常に多く、保存する帳簿や書類を適切な種類に分類することが、非常に難しいとされてきました。どれだけ高価なシステムであっても、保存

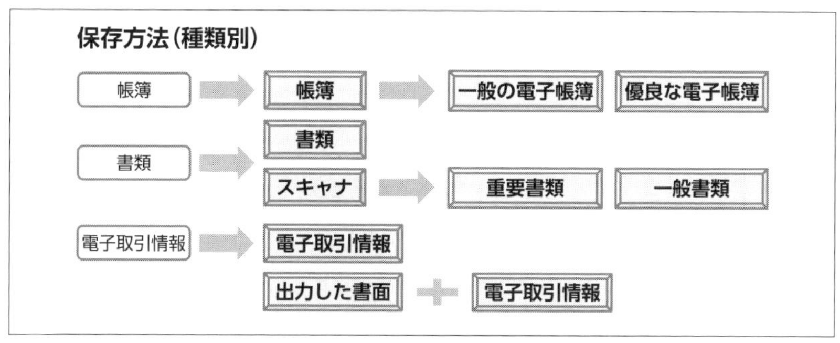

するデータを適切に分類できなければ、電帳法の保存要件を満たすことはできませんので、帳簿や書類などをデータで保存する際に、最も重要なのは、保存する対象を「帳簿」「書類」「スキャナ」「電子取引」の4つの種類に分類することとなります。

令和3年度改正により、事前の承認制度が廃止されたため、申請書を提出する際の分類誤りはなくなりましたが、新制度でデータ保存が開始されると、このような分類誤りはこれまで以上に増えると見込まれています。今後、税務調査で保存したデータを確認する際には、保存する種類の分類誤りがかなり増えていくでしょう。

また、今後、多くの事業者が、税務関係書類を書面、又はデータのどちらか一方ではなく、書類とデータのどちらも混在した状態で保存することも考えられますので、こういった保存要件の適用誤りは、益々増える傾向にあるでしょう。このようなデータの保存誤りを防ぐためには、事業者が自社で適切な事務処理規程を作成し運用するほかありません。適切なデータ保存を行うには、改めて保存すべき帳簿や書類を整理した事務処理規程を作成することが一番の近道といえます。作成した事務処理規程に従い、課税期間が終了したら保存する対象ごとに、整理した保存データの一覧表などを作成しておくことが必要ですが、保存を開始する際には、データの保存規程などを全社員に周知しておく必要があります。電帳法に従ってデータを保存するためには、事業者ごとに作成した事務処理規程が必要で、これらの手続きを経ずに電帳法に従って適切にデータを保存することはできないことになります。

保存要件以外の留意事項

Q15 帳簿や書類をデータで保存する際に、電帳法の保存要件以外に注意しなければならない事項はありますか。

A 保存したデータは、電帳法の保存要件に従って保存する必要がありますが、保存要件だけでなく、税務調査に支障を及ぼさないための注意も必要になります。保存要件に記載されていないものの、調査に支障を及ぼす重大な違反行為には、くれぐれも注意する必要があります。

解説

帳簿や書類をデータで保存する際に必要な保存要件を定めた電帳法は、税法の特例になりますので、通例である、所得税法や法人税法、消費税法などの規定に従うことが必要です。税務調査では、所得税や法人税、消費税などの申告書が適切に作成されたものか確認が行われますが、その主な目的は、電帳法の保存要件ではなく、課税標準、及び税額が正しく計算されているかの確認が中心です。そのため、データの保存要件以前に、税法に違反する重大な行為がないよう注意する必要があります。電帳法の保存要件以外に重大な違反となる行為はどのようなものがあるか理解しておくことが重要です。

帳簿や書類のデータは、申告書が正しく作成されたものか確認するために必要なものとなりますので、税務調査では、これらの帳簿や書類に関するデータが保存されているかが重要であるため、最初にデータの保存状況についての聴取が行われます。データの保存が確認されると、個々の記載事項や記録内容についての調査が行われることになります。そのため、個々のデータ内容を確認することができないような行為は、税務調査での確認に重大な支障を及ぼすことになり、どれだけ保存要件に従って保存したデータであっても、保存義務のある帳簿や書類のデータを、正当な理由もなく調査官への提出を拒むと調査忌避と判断され、重大な違反行為となるおそれがあります。災害など特別な理由がない場合に、調査官へこれらのデータの提示や提出を拒んだ場合、青色申告の承認取消しの対象となる可能性もあります。また、保存したデータを改ざんすることや、必要なデータを意図的に廃棄するなどの行為も、重大な違反として課税処分などの対象となるおそれがあります。

このようなデータの提示拒否や改ざんなどの行為は、導入するシステムの問題や保存要件に従う以前の問題となりますので、電帳法に対応したシステムを導入しても解決することはありません。特に、必要なデータが保存されないといった事象は、社内の事務処理規程の作成や運用の問題が原因と考えられるため、やはりシステムを導入することとは関係ありません。電帳法は、税務調査での確認がスムーズに行えるよう様々な保存要件が定められていますが、保存要件に違反することよりも、これらの重大な違反行為が行われないような対応が重要です。そのため、電帳法の要件の一つである「データの保存に関する手続書類」は、こういった重大な違反行為が行われないための社内ルールとして最も重要なものといえます。

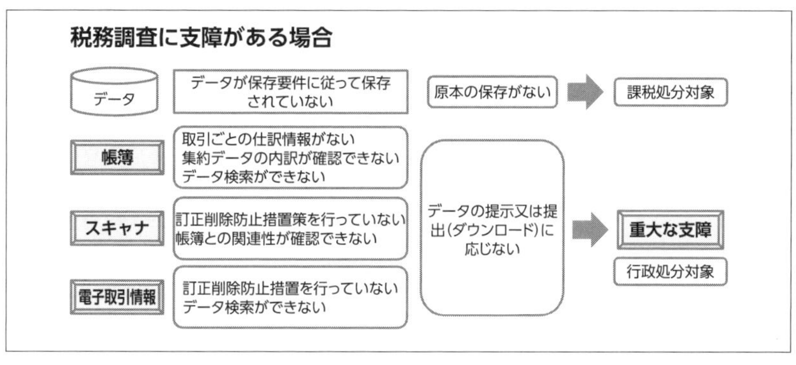

第3章

電帳法の目的と用語

電帳法の目的

Q16 電帳法は、どういう目的で定められた法令ですか。

A 電帳法の目的は、「納税者等の国税関係帳簿書類の保存に係る負担を軽減するため」と法令に記載されていますが、前段には「納税義務の適正な履行を確保しつつ」とあるように税務調査の確認に支障がないようデータの保存要件等が定められています。

解 説

電帳法は、「情報化社会に対応し、国税の納税義務の適正な履行を確保しつつ納税者等の国税関係帳簿書類の保存に係る負担を軽減する等のため」と法令に定められています。この法令の目的は、帳簿や書類を、紙からデータに代えて保存することで紙の使用を削減し、かつ、保管場所や管理などの負担を軽減することができるため、大量の書類や帳簿を保存しなければならない大規模事業者に向けて定められたものといえるでしょう。ただし、単にデータを保存するだけでは、税務行政の執行が適正に行われないおそれがあるため、税務調査での確認を前提とした保存要件（制限）が定められたものといえます。

帳簿や書類は、紙で保存することが税法の原則であり、データの保存は、税法の特例である電帳法の保存要件に従って保存しなければならないこととなっています。そのため、電帳法の施行当初から大量の帳簿や書類を保存しなければならない大企業などが積極的に利用し、負担軽減などの効果が薄い中小企業ではあまり利用されていない状況が続いていました。しかし、インボイス制度の導入や電子取引のデータ保存などの影響もあり、大企業でも負担軽減のメリットよりも、電子化とそれに伴う帳簿書類のデータ保存に対応しないと、事業存続や税務調査などへのリスクが増大するデメリットが生じる状況になってきました。

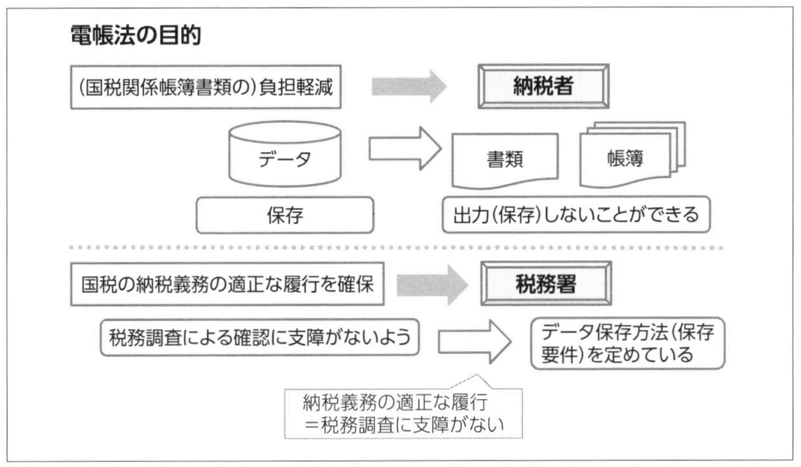

これまでの電帳法は、大企業を中心に広まりましたが、令和3年度の改正により、今後は中小企業を含むすべての事業者にとって必要な制度へと変わりつつあります。これまでは、データを保存する必要性が低かった中小企業においても、今後は、電帳法へ対応し保存要件に沿ったデータを保存することが必要です。特に、インボイス制度や電子取引のデータ保存など税務を取り巻く環境の変化により、中小企業にとって電帳法への対応は不可欠となり、電帳法に対応しなければ、将来の税務リスクにつながるおそれが高いと考えられます。

電帳法の特色

Q17 取引書類をデータで保存する場合と、電子取引の取引データを保存する場合では、どのような違いがあるのでしょうか。

A　所得税法や法人税法では、取引書類を保存するよう定めていますが、これは書類（紙）で保存することが前提の規定で、データでの保存は例外の方法になります。これに対し、電子取引の取引情報は、電帳法で保存するよう義務付けられたもので、取引データにより保存することが原則です。

解説

電帳法の正式名称は、「電子計算機を使用して作成する国税関係帳簿書類の保存方法等の特例に関する法律」であり、データで作成した帳簿や書類を、紙ではなく元のデータを保存することができる特例の法律になります。しかし、電子取引の規定は、税法で保存義務が定められていないため、電帳法で定められたものであり、それぞれ２つの異なる規定から成り立っている特殊な法令となっています。もし、電子帳簿保存法はどのような制度なのか、と問われたら、「帳簿書類をデータで保存する税法の特例の規定と、電子取引の取引情報を保存する義務と方法を定めた規定の２つのもの」というのが正しい答えです。電帳法第4条各項の規定は、税法で定められた帳簿書類をデータで保存する際に適用される規定ですが、電帳法第7条の規定は電子取引の保存義務と方法を定めたものであり、法令上はまったく異なる2つの規定といえます。電帳法第4条の帳簿書類は所得税法や法人税法、消費税法などで保存するよう定められた帳簿書類を、データで保存する場合に適用されますが、電子取引の取引情報は、税法で保存するよう定めらなかったため、電帳法で取引情報を保存する義務と方法を定めたという経緯があります。しかし、電子取引の規定は、所得税法、及

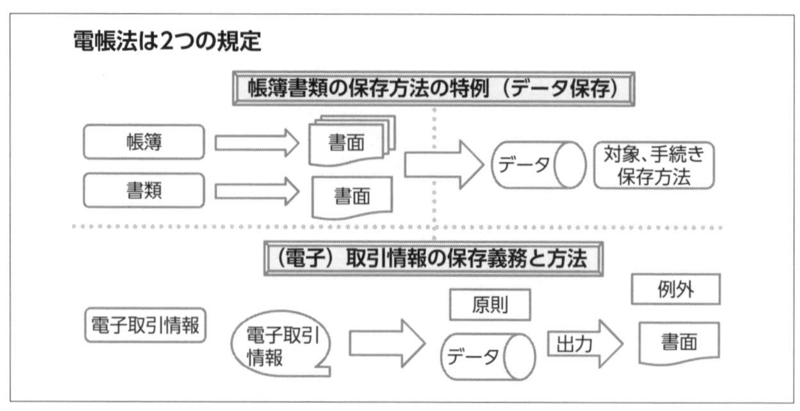

び法人税法の保存義務者に限定されたもので、令和5年10月以降に始まるインボイス制度において、消費税法における電子取引の取引情報（適格請求書の電磁的記録）は、電帳法の規定は適用されず、消費税法の規定が適用されることとなっています。

電帳法のルール

Q18 電帳法に関するルールは、法令以外にどのようなものがあるのでしょうか。

A 電帳法は「電子計算機を使用して作成する国税関係帳簿書類の保存方法等の特例に関する法律」です。法令（法律）、政令（法律施行令)、省令（法律施行規則）のほか法律関係告示から成り立っているほか、取扱通達、一問一答、各種パンフレットなどが国税庁から公表されています。

解説

電帳法の法令では、趣旨、定義、対象、電子取引の保存義務など全8条から構成されています。電帳法施行令では、法律を施行するためのルールが定められていて、新たに過少申告加算税の減額や重加算税の割増しなどの規定が整備されています。電帳法施行規則は、実際にデータを保存する

電子帳簿保存法の構成

改正電帳法（法律）	趣旨、対象、手続き、電子取引情報の規定、加算税規定（新規）
同上附則	改正前後の取扱い（法令の付随的な事項を定めたもの）
政令（法律施行令）	加算税規定の取扱い（法律を実施するためのルール）
省令（法律施行規則）	（法律、政令の委任に基づくルール）
同上附則	
法律関係告示	国税庁長官が処分などの事項を一般に公に知らせること
取扱通達	官庁が職員に対し命じ又は示すこと
一問一答	
パンフレット	

際に満たす必要があるデータの保存要件を定めていますので、実務上の取扱いは、施行規則が中心となります。より具体的な取扱いは、電帳法取扱通達で定められているほか、一問一答（Q＆A）や各種パンフレットなども国税庁から公表されています。

保存書類と提出書類

Q19 納税者が保存する書類と税務署へ提出する書類には、どのような違いがありますか。

A 税務署へ提出する書類は申告書や添付書類ですが、帳簿や決算書類、及び取引書類等は、納税者が保存するものと定められていて、定められた場所に定められた期間保存する義務があります。

解 説

帳簿や書類など納税者が保存する書類は、所得税や法人税、消費税などの各税法で定められていますが、所得税法や法人税法では、すべての取引書類と決算書類、そして主要な帳簿である仕訳帳、総勘定元帳、補助簿等を作成し保存するよう定められています。

法人税法では、取引の際、相手先へ様々な取引書類が発行されるため、受領した取引書類と発行した取引書類の控えを保存するよう定めています。具体的な取引書類として、見積書→契約書→注文書→送り状（納品書）→領収書、を例示しており、これら5つの書類と準ずる書類を含めて取引書類と定義していていますので、例示した書類だけでなく相手方と取り交わしたすべての取引書類を保存することになります。

取引書類からは、売上や仕入、あるいは経費などの仕訳処理を行う必要があり、勘定科目や計上年月日などの記載事項を記録した仕訳情報が帳簿の記録事項となります。業務システムや販売システムなどを導入している場合、請求書や納品書などのデータは、発行控えのデータになるだけでな

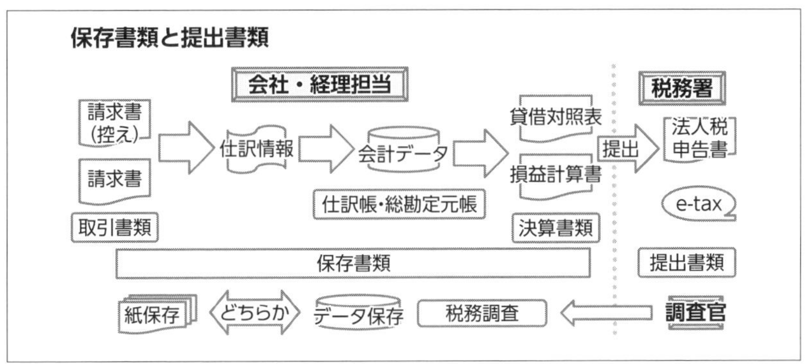

く、売上や仕入などの明細として帳簿（売上帳、売上明細など）へデータを連携することもあります。会計システムのデータからは、仕訳帳や総勘定元帳など帳簿のデータ及び決算書類を作成した後、法人税や消費税などの申告書、及び別表等を作成することになります。

法人税や消費税の申告書（各種別表、及び添付書類などを含む）は、税務署へ提出する書類となりますが、申告書を作成する元となった、取引書類・帳簿・決算書類などは、法令で納税者が自ら保存するよう定められた保存書類となります。保存書類は、税務調査が行われる期間、納税者が納税地等で適切に保存する必要があり、税務調査の際には保存書類である帳簿や書類（書面、又はデータ）等を調査官に提示（又は提出）する必要があります。

保存場所と保存期限

Q20　帳簿書類をデータで保存する際、どこにいつまで保存しなければならないのでしょうか。

A　帳簿書類をデータで保存する場所と期限は、電帳法ではなく各税法で規定されています。所得税法や法人税法、消費税法では、帳簿書類を納税地（＊書類は国内の事業所でもよい）に保存し、保存期限は申告期限から原則として7年間（＊欠損控除がある場合はその期間も含む）となっています。

解　説

所得税や法人税、消費税などの申告書は、所轄税務署へ提出する書類になりますが、これらの書類を作成する元となった取引書類、決算書類などの書類、及び仕訳帳や総勘定元帳などの帳簿は、納税者が保存するよう定められている保存書類となります。このような各税法の規定に従って保存している書類を「国税関係書類」、同様に税法の規定に従って保存している帳簿を「国税関係帳簿」といい、納税者が自ら納税地（本店所在地、書類は国内の事業所でもよい）等で保存するよう定められています。また、消費税法では（適格）請求書等、及び帳簿（一定の記載事項が記載されたもの）を保存しない場合、仕入税額控除を適用しないとも定められています。

税務署に提出された申告書は、記載内容に誤りがないか形式的に審査された後、実地調査が行われることになりますが、実地調査の際には、調査官から税法で保存義務の定められた国税関係書類、及び国税関係帳簿について、保存状況等の確認が行われてから、個々の仕訳情報や取引について個別の確認が行われることになっています。そのため、国税関係帳簿及び国税関係書類は、更正が可能な期間である申告期限から7年間（欠損控除

保存場所と保存期間

<table>
<tr><th>税法の種類</th><th>帳簿の種類</th><th>保存場所</th><th>保存期間</th></tr>
<tr><td rowspan="3">所得税法及び法人税法</td><td>帳簿
（仕訳帳、総勘定元帳等）</td><td>納税地</td><td rowspan="6">原則として申告
期限から7年</td></tr>
<tr><td>決算書類（損益計算書、
貸借対照表等）</td><td>納税地</td></tr>
<tr><td>取引書類</td><td>納税地
又は国内の事業所</td></tr>
<tr><td rowspan="2">消費税法</td><td>各種帳簿</td><td rowspan="2">納税地
又は国内の事業所</td></tr>
<tr><td>請求書（適格請求書及び
電磁的記録）</td></tr>
<tr><td>所得税
及び法人税の保存義務者</td><td>電子取引情報</td><td>納税地
又は国内の事業所</td></tr>
</table>

の期間がある場合は、その期間も含む)、納税地等で保存することと定められています。

所得税法や法人税法では、帳簿や書類の保存場所や保存期間が定められていますが、電子データを保存する場所は、少し特殊な取り扱いになっています。電子データの保存場所は、データを保管する物理的な場所ではなく、納税地にコンピュータやプログラムなどが備え付けられ、データの検索結果がディスプレイ、及びプリンタに整然かつ明瞭な状態で出力することができれば、納税地等に保存しているとみなされることになっています。

また、電子取引の取引情報については保存義務及び保存方法だけでなく、保存場所、及び保存期間も電帳法で定められていますが、取引書類と同様に、原則として申告期限から7年間、納税地等で保存することとされています。

電帳法で使われる用語

Q21 電帳法で使われる用語には、どのようなものがありますか。

電帳法で使用されている用語には、①国税関係帳簿、②国税関係書類、③電磁的記録、④保存義務者、⑤電子取引、⑥（電子取引の）

用語

用語	定義等
国税	国税通則法第2条（定義）に規定する国税
国税関係帳簿書類	国税関係帳簿
	国税関係書類
電磁的記録	電磁的方式で作られる記録であって、電子計算機による情報処理の用に供されるもの
保存義務者	国税に関する法律で、国税関係帳簿書類を保存しなければならないこととされている者
電子取引	取引情報の授受を電磁的方式により行う取引
電子計算機出力マイクロフィルム	電子計算機を用いて電磁的記録を出力することにより作成するマイクロフィルム

取引情報、⑦スキャナ、⑧タイムスタンプ、などがあります。

解説

電帳法では、国税関係帳簿・国税関係書類・電磁的記録・保存義務者・電子取引・(電子取引の) 取引情報・タイムスタンプ、などの用語が使われています。

国税関係帳簿は、国税の規定で作成、及び備え付けるよう定められていて、所得税法、及び法人税法では、仕訳帳、総勘定元帳、その他必要な帳簿 (補助簿)、を作成し保存するよう定められています。国税関係書類は、国税の規定で保存するよう定められている書類のことで、所得税法や法人税法では、取引書類 (受領した書類、及び発行した控え)、及び決算書類になりますが、消費税法では、適格請求書、本人確認書類等になります。

税法で保存する書類は、紙の書面のことであり、電磁的記録は、いわゆる電子データになりますので、実質的には紙以外のものになります。そのため、税法で定める書類は、書面 (紙) で保存するか、あるいは電帳法を適用し電磁的記録で保存することができることになります。

保存義務者は、各税法で帳簿や書類を保存するよう定められている者のことをいい、所得税法では居住者、法人税法では青色申告法人、などとなります。

国税関係帳簿書類

Q22 「国税関係帳簿書類」とは、どのような書類でしょうか。

A 国税関係帳簿は、国税に関する法律の規定により備付け、及び保存をしなければならない帳簿をいい、国税関係書類は、国税に関する法律の規定により保存をしなければならない書類をいいますが、国税関係帳簿と国税関係書類を合わせて国税関係帳簿書類といいます。

解　説

国税関係帳簿書類は、「国税関係帳簿」と「国税関係書類」を合わせたもので、通常はそれぞれ別々に使用されています。税法の規定に従い、帳簿や書類を適切に保存している場合、それぞれ国税関係帳簿及び国税関係書類を保存しているものとして扱われます。規模の小さな事業者では、作成している書類や帳簿のほとんどが、国税関係帳簿、あるいは国税関係書類に当たると思われますが、作成している帳簿や保存している書類が、すべて国税関係帳簿書類に当たるとは限りません。税法以外の法令、例えば、労働基準法では従業員名簿・賃金台帳・出勤簿、などの労働3帳簿を作成し保存するよう定められているほか、建設業法では、請負契約書・施工体制台帳、などを保存するよう定めています。これらの帳簿や書類は、他の法令で保存するよう定められている代表的な例になります。なお。税法で定められていない帳簿や書類は、電帳法の対象とはなりませんが、それぞれの法令に従ってデータで保存することができます。

また、所得税法や法人税法で保存するよう定められている帳簿や書類と、消費税法で保存するよう定められている帳簿や書類の規定は、それぞれ違いがあり、同じ帳簿や書類を対象としていても、それぞれの税法で定める

用語解説

用語	定義等	解説等
国税	国税通則法第2条（定義）に規定する国税	国が課する税のうち、関税、とん税、特別とん税、森林環境税、特別法人事業税以外のもの
国税関係帳簿書類	国税関係帳簿	国税に関する法律の規定により備付け及び保存をしなければならないこととされている帳簿
	国税関係書類	国税に関する法律の規定により保存をしなければならないこととされている書類

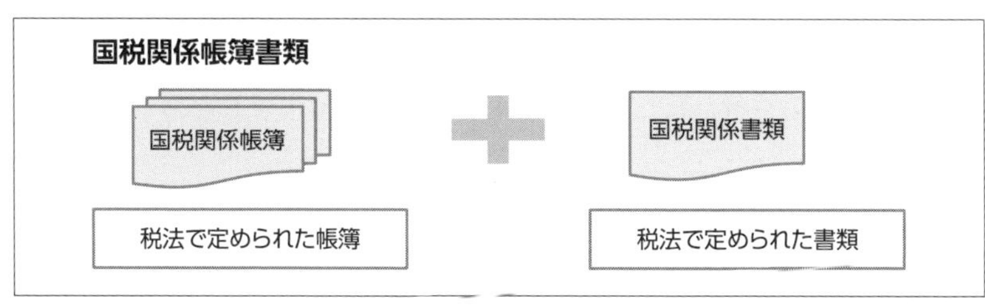

記載事項などが違うため、それぞれの税法で定める記載事項や要件に従って保存することが必要です。

消費税法で保存するよう定められている適格請求書は、その典型となる書類であり、消費税法で定める書類であるとともに、所得税法や法人税法で定める取引書類にも該当するため、データで保存する際には、それぞれの法令の規定や要件に沿って保存する必要があります。

国税関係帳簿書類以外のもの

Q23 国税関係帳簿書類以外にも、保存しなければならない帳簿や書類はありますか。

A 仕訳帳や総勘定元帳など帳簿を作成し保存する規定は、税法だけでなく他の法令にも保存する定めがあります。代表的な例に、労働基準法に定める労働3帳簿や建設業法に定める帳簿や書類などは、国税関係帳簿書類以外のものとしてあげられます。

解説

国税関係帳簿は、税法の規定で保存するよう定められている帳簿のことであり、所得税法や法人税法で定める仕訳帳や総勘定元帳、及び各種補助簿は、特に主要な帳簿となっています。これらの主要な帳簿は、税法以外の法令でも保存する規定があり、それぞれの法令に基づく調査や監査でも確認が行われる主要なものとなっています。

また、国税関係書類は、税法の規定で保存するよう定められている書類のことになりますが、税法で定める取引書類や決算書類以外の書類を、保存するよう定められた書類もあります。税法以外の法令で定められている

国税以外で定める帳簿書類の例

労働基準法	従業員名簿、賃金台帳、出勤簿
建設業法	請負契約の内容を記載した帳簿、施工体制台帳など

書類には、建設業法などで定める請負契約書や、安全管理に関する書類などが代表的な例になります。これらの帳簿や書類は電帳法の対象ではありませんので、それぞれの法令によりデータで保存することになります。

また、賃金台帳など労働基準法で定める帳簿は、所得税法や法人税法で定める給与台帳（補助簿）としてデータを保存する場合は、電帳法の保存要件に従って保存する必要があります。

なお、税法以外の法令で保存が義務付けられている帳簿や書類は、税務調査の際に確認の対象に含まれますので、調査官から求められた場合には、提示する必要があります。

電磁的記録

Q24 「電磁的記録」とは、どのような記録ですか。

A 「電磁的方式で作られる記録で電子計算機の用に供されるもの」と定められていて、電子データのことをいいます。帳簿や書類などで使用されるため、事実上、紙以外のものを指すことになります。

解説

法令では電子データのことを、「電磁的方式で作られる記録で電子計算機の用に供されるもの」といい、紙以外のもの全般を指しています。所得税法や法人税法で保存するよう定められた帳簿や書類は、すべて紙（書面）で保存することが原則ですので、電磁的記録（データ）の保存は含まれていません。帳簿や書類などの保存を電磁的記録で行う場合は、（税法で定める）紙以外のものであり、電帳法で定める電子データ全般の方法になり

用語解説

用語	定義等	解説等
電磁的記録	電磁的方式で作られる記録であって、電子計算機による情報処理の用に供されるもの	電磁的方式は、電子的方式、磁気的方式その他人の知覚によっては認識することができない方式

ます。

ただし、インボイス制度では、適格請求書を電子取引で行う場合の電磁的記録は、電帳法ではなく消費税法で定められています。

保存義務者

Q25 「保存義務者」とは、誰のことでしょうか。

A 各税法で定めている帳簿や書類を保存しなければならない者のことを、保存義務者といいます。所得税法では「居住者」、消費税法では「事業者」、法人税法では「青色申告法人」、などをいいます。

解説

所得税法や法人税法、消費税法などの各税法では、申告書を提出する義務がある者を定めています。これらの者は、所得税法では「居住者」、消費税法では「事業者」、法人税法では「青色申告法人」、などの法人と定義されています。これらの保存義務者は、申告書の提出と納税の義務だけでなく、申告書を作成した根拠の帳簿や書類についても法令で保存が義務付けられていて、電帳法では、これらの者を総称して保存義務者と定義しています。

そのため、電帳法で定められている保存義務者は、各税法で帳簿や書類の備付け、保存をしなければならない者のことになります。

電帳法で定める保存義務者は、税法で定める帳簿や書類、及び電子取引の取引情報をデータで保存する際、電帳法で定める保存要件に従って保存する必要がありますが、このような保存義務は、後に税務調査が行われた

用語解説

用語	定義等	解説等
保存義務者	国税に関する法律で、国税関係帳簿書類を保存しなければならないこととされている者	所得税…居住者 消費税…事業者（適格請求書発行事業者） 法人税…普通法人、青色申告法人、連結法人、協同組合、人格のない社団等

際、調査官から帳簿や書類などのデータについて提示（又は提出）するよう求められる根拠となる規定です。そのため、税務署から調査について連絡を受けた保存義務者は、法令で保存が義務付けられている帳簿や書類などの書面、及びデータを、提示できるよう事前に準備する必要があります。なお、通常、法人税と消費税の調査は同時に受けますので、保存義務者である法人、及び事業者は、それぞれの保存義務が生じることになります。そのため、調査の際には、法人税法だけでなく消費税法の規定に従って作成されている帳簿書類についても、書類又はデータを提示する必要があります。

電子取引

Q26 「電子取引の取引情報」とは、どのような情報のことでしょうか。

A　電子取引は電磁的方式により行う取引のことであり、取引情報は「取引に関し受領し、又は交付する注文書、契約書、送り状、領収書、見積書その他これらに準ずる書類」（取引書類）に記載される事項となります。

解説

電子取引は、電帳法が施行された1998年（平成10年）に初めて法令で保存するよう義務付けられたもので、「取引情報の授受を電磁的方式により行う取引」と定義されています。電子取引が行われる前までは、取引は取引書類（紙）を相手方と取り交わすことが原則であり、それまでの取引は、すべて書類（紙）が作成されることになっていました。しかし、Windowsなどパソコンが広く流行し本格的なネットワーク時代が到来すると、書面をまったく作成しない電子取引が急速に広がることになりました。

用語解説

用語	定義等	解説等
電子取引	取引情報の授受を電磁的方式により行う取引	取引情報は、取引に関し受領し又は交付する注文書、契約書、送り状、領収書、見積書その他これらに準ずる書類に記載される事項

電帳法が施行された当時、電子取引はＥＤＩ取引（企業間ネットワーク取引）が主流であり、現在のようにＷＥＢ取引や電子メールによる取引情報の授受は、それほど多く行われてはいませんでした。しかし、現在では企業だけでなく一般消費者においても、Web取引や電子メールを利用した取引情報の交換が行われていて、電子取引は急速かつ幅広く世の中に浸透しています。しかし、税法の基本となる取引は、紙で作成し受領した書類の保存が原則であり、紙以外の電子取引の取引情報は税法の保存対象ではありませんでした。そのため、電帳法の施行当初から、電子取引の取引情報について、税法ではなく電帳法で定められた経緯があります。また、電子取引は税法で定められていないため、「国税関係書類」ではなく、「国税関係書類以外の書類」という特殊な取扱いとなっています。電子取引を行った場合の取引情報は、原本が書面ではなくデータであるため、すべて電帳法の適用を受け、データで保存することが原則になります。また、電帳法では、取引情報をデータで保存する方法以外に、例外として出力した書面を保存する方法も認められてきましたが、この書類は国税関係書類ではなく国税関係書類以外の書類として扱われます（紙に出力して保存する例外の方法は、令和5年末までに終了しますので、令和6年以降は、取引データを保存しなければなりません）。

＊なお、電子取引の規定（電帳法7）は、所得税や法人税の保存義務者に限定されたものであり、消費税法の事業者は含まれていません。そのため、消費税の事業者が適格請求書の取引データについて送信、あるいは受信した場合は、消費税法に従って取引データを保存する必要があります（データでの保存方法は電帳法に準じています）。

税法の保存義務

Q27　帳簿や書類の保存について、税法ではどのように定められているのでしょうか。

A　所得税法や法人税法では、取引書類、及び決算書類などの主要な書類、及び仕訳帳、総勘定元帳、その他必要な帳簿などの、主要な帳簿を保存するよう定めています。また、消費税法やその他の税法でも帳簿や書類の規定がありますが、その多くがこの主要な帳簿や書類に含まれています。

解説

所得税法や法人税法では、すべての取引に関する書類を保存し、取引ごとに仕訳する帳簿を作成し、保存することが義務付けられています。そのため、すべての取引を取引ごとに作成した仕訳情報を記録する必要がありますが、個々の取引についての仕訳処理を記録できない場合は、総勘定元帳だけでなくその他必要な帳簿（補助簿）を作成することが必要です。具体的に作成する補助簿の名称や記載事項などは、法人税法施行規則に定められていますが、これらの補助簿は、必要な場合にのみ作成すればよいもので、必要がなければ作成する必要はありません。仕訳情報は取引ごとに記録することが税法の原則となっているため、総勘定元帳、又は補助簿には取引ごとの明細が必ず記録されなければなりません。

これに対し、消費税法で定める帳簿は、課税資産の譲渡、及び課税仕入れについて作成するもので、所得税法や法人税法で定める仕訳帳や総勘定元帳を作成する際に、消費税に必要な記載事項を記録することになります。そのため、消費税の記載事項を記録する必要のない補助簿については、消費税の補助簿とはなりませんが、所得税や法人税だけの補助簿となる場合があります。また、消費税法では、（適格）請求書、及び帳簿を備え付け

主な保存義務の規定

法令	条文等	規定	主な規定内容
所得税法	148条	青色申告者の帳簿書類	（事業を営む）居住者が、帳簿書類を備え付けて取引を記録し、帳簿書類を保存する義務
法人税法	150条の2	普通法人等（青色申告法人以外）	普通法人、協同組合等並びに収益事業を行う公益法人等及び人格なき社団等が「帳簿の備え付け、記録、作成」及び「受領書類、決算書類の作成」等を保存する義務
	126条	青色申告法人の帳簿書類	青色申告法人が、帳簿書類を備付け、取引の記録及び帳簿書類を保存する義務
消費税法	30条	仕入に係る消費税額の控除	事業者が仕入税額控除に係る帳簿及び請求書等を保存しない場合、仕入税額控除しない
	57条の4	適格請求書発行者の義務	適格請求書発行事業者は、交付した適格請求書の写し又は電磁的記録を保存する義務

て保存しないと、仕入税額控除を適用しないとなっていますので、消費税の帳簿を保存していない場合は、仕入税額控除が認められないおそれがあります。なお、インボイス制度が開始されると、これまでは必要のなかった適格請求書について、新たに発行義務と控えの保存義務が生じることになります。

承認された帳簿

Q28 過去に承認されている帳簿とは、どのようなものでしょうか。

A 帳簿は、所得税法や法人税法、消費税法など、税法ごとに承認されていて、「仕訳帳」「総勘定元帳」「補助簿」が中心となっています。ほかに「障害者等のマル優に関する帳簿」（源泉所得税法）や「課税文書の受払等に関する帳簿」（印紙税法）などの帳簿も承認されています。

解　説

これまで電帳法の承認を受けてきた帳簿は、所得税法や法人税法で定められた仕訳帳、総勘定元帳、その他必要な帳簿（補助簿）、などの主要な帳簿が中心となっています。

国税関係帳簿書類の例

<table>
<tr><td colspan="2">法人税・消費税関係</td><td>仕訳帳、総勘定元帳、補助簿</td></tr>
<tr><td colspan="2">源泉所得税関係</td><td>非課税貯蓄の限度額管理（障害者マル優）に関する帳簿</td></tr>
<tr><td colspan="2">所得税・消費税関係</td><td>仕訳帳、総勘定元帳、補助簿</td></tr>
<tr><td rowspan="2">間接諸税関係</td><td>印紙税</td><td>（書式表示による納付の特例）課税文書の受払等に関する帳簿</td></tr>
<tr><td>その他</td><td>揮発油税、たばこ税、国際観光旅客税などの帳簿</td></tr>
<tr><td rowspan="2">酒税関係</td><td>製造業者</td><td>酒類の製造に関する事実を記載した帳簿</td></tr>
<tr><td>販売業者</td><td>酒類の販売に関する事実を記載した帳簿</td></tr>
</table>

所得税や法人税法では、仕訳帳、総勘定元帳、その他必要な帳簿を備え付けて保存するよう定めていますので、すべての保存義務者が少なくとも仕訳帳、及び総勘定元帳だけは作成し保存する必要があります。これまで承認を受けている、所得税法や法人税法の帳簿も、大部分が仕訳帳、及び総勘定元帳とみられていて、その他必要な帳簿となる補助簿や補助記入帳については企業独自のものも数多く承認されていると思われます。データで保存する場合、仕訳帳と総勘定元帳の記録は、別々のデータではなく会計システムのデータである場合がほとんどで、出力するメニューが仕訳帳と総勘定元帳となっているに過ぎません。そのため、データで保存する場合は、会計システムのデータベースを記録すれば仕訳帳、及び総勘定元帳を保存できる場合がほとんどです。なお、仕訳情報はすべての取引について、取引ごとに記録する必要があるため、取引ごとの明細を記録した補助簿などのデータを併せて保存する必要があります。例えば、売上帳や販売管理台帳、仕入帳、給与台帳などのほか、売掛金元帳や買掛金元帳、貸付金台帳や契約台帳など損益だけでなく、貸借の明細まで電子帳簿として保存することができます。このような補助簿を作成する場合は、事業者が必要とする単位で作成することができますので、企業の任意で取引ごとの明細を記録した単位の補助簿のデータを、保存することができることになっています。例えば、販売管理システムなどで管理している情報から帳簿のデータに利用する場合、売上管理などのシステムで作成されたデータを、売上帳などにデータを連携して仕訳情報を作成することになりますが、集約した情報（合計金額）で連携する場合には集約する基になった取引ごと

の明細の情報は、必ず保存する必要があります。

また、これまで酒税法や印紙税法などで定めている帳簿も承認を受けてきましたが、これらの帳簿は特定の事業者に作成と保存が限定されているものになります。

第4章

電帳法の改正

旧制度と新制度

Q29 電子帳簿保存制度は、いつから新制度になったのでしょうか。

A 平成10年に施行された電帳法は、令和3年度の改正により大きく変わり、令和4年以降からデータ保存を開始する場合は、新制度での保存方法に変わっています。新制度では、特別な手続きをせずに帳簿や書類をデータで保存できるようになっています。

解 説

電帳法は平成10年に施行され、その後、平成17年の改正でスキャナ保存が認められるようになり、その後ほぼすべての帳簿書類をデータで保存できるようになっています。ただし、改正前の制度は、事前に税務署長の承認が必要であったため、承認を受けた事業者だけが対象になる制度となっていました。その後、令和3年度に電帳法が大きく改正され、これまであった事前の承認制度がすべて廃止され、さらにデータの保存要件についても大きく変更（緩和）されるなど大規模な改正が行われたもので、旧制度とは大きく違う制度となっています。この改正により、令和4年以降にデータ保存を開始する場合は、開始手続きや保存方法、税務調査での対応などがこれまでとまったく違うものになったといってよいと思います。新制度により、大企業を中心とした利用から、今後は中小企業などに利用が急拡大し、これまで電帳法の対象となっていなかった事業者が、新たな対象者になると見込まれており、税務調査も大きく影響を受けると考えられています。

現在の制度は、令和3年度の電帳法改正によって大きく変わりましたが、新制度の改正事項には、令和2年度の改正（電子取引情報に係るデータの保存方法の追加）も、現行制度に引き継がれているため、新制度は令和2

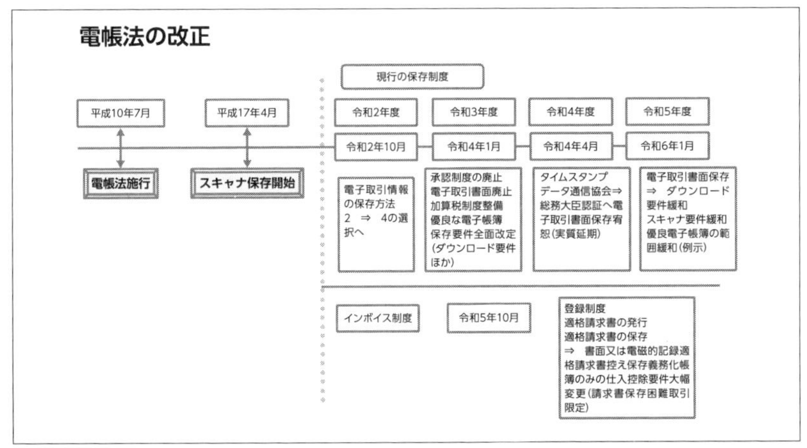

年度以降の改正事項からのものと扱うべきでしょう。また、令和5年10月から導入されたインボイス制度（改正された消費税法）では、適格請求書に係るデータの取扱いがこれまでと大きく変わるため、新制度は改正電帳法だけでなく、改正消費税法を含めて理解する必要があります。インボイス制度では、適格請求書の発行や控えの保存など、新たな書類やデータについての保存義務も整備されているため、データの保存にも大きな影響を及ぼすものと見られています。特に、電子取引による適格請求書のデータは、新しい取扱いとなっていますので、これまでの請求書の取扱いとの違いについても比較して対応する必要があります。

このように、新制度における電帳法へは、「令和2年度電帳法改正」「令和3年度電帳法改正」「令和4年度電帳法改正」「令和5年度電帳法改正」、及びインボイス制度（改正消費税法）を踏まえて対応する必要があるでしょう。

令和2年度改正の概要

Q30 令和2年度の電帳法改正では、どのような改正が行われたのでしょうか。

A 電子取引の取引データを保存する際の保存要件が改正され、これまでの、①タイムスタンプを付す、②訂正削除を防止する事務処理規程を定め運用する、に加えて新たに、③タイムスタンプ付きのデータを保存する、④訂正削除履歴の確認できるシステムで保存する、などの要件が追加されました。

解説

令和2年度の改正は、電子取引を行った場合のデータの保存要件が変更され、これまでの保存要件（方法）に加え、新たに2つの要件（方法）が加わったため、4つの方法から選択できるようになりました。

以前は、電子取引の取引情報をデータで保存する場合、次の2つ方法から選択することになっていました。

① 遅滞なくタイムスタンプを付すこと
② 訂正削除の防止に関する事務処理規程を策定し運用すること

令和2年度改正により、さらに次の2つの方法が追加され、現在は4つの方法から選択することができます。

③ タイムスタンプの付された電子取引の取引情報を保存すること
④ 訂正削除の履歴を確認できるシステムで取引情報の授受、及び保存すること（あるいは訂正削除できないシステムで取引情報の授受、及び保存すること）

令和2年度の改正は、令和2年10月以降に行った電子取引について適用されますので、それ以降に電子取引の取引情報をデータで保存する場合には、これら4つの方法から選択することができるようになっています。

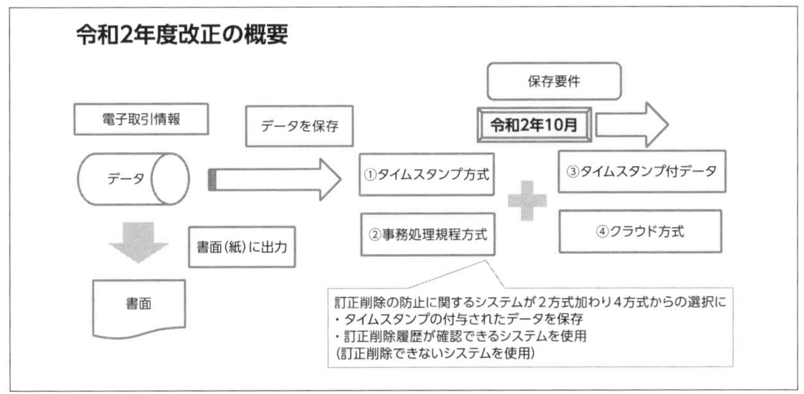

また、取引データから出力した書面を保存する方法は、条件付きながら認められていますので、この宥恕規定が終了する令和5年末までの電子取引については、データを保存する方法は紙の保存と合わせて5つの方法が選択できます。

＊なお、電子取引の取引情報をデータではなく、出力した書面（紙）で保存する方法は、令和3年度改正により一旦廃止されましたが、令和4年度改正によりやむを得ない事情がある場合に限り、令和5年末までの期間に限り宥恕されています。

令和3年度改正の概要

Q31 令和3年度の電帳法改正は、どのような改正が行われたのでしょうか。

A 令和3年度改正は、①承認制度の廃止、②電子取引の書面保存廃止、③過少申告加算税の減額制度、④重加算税の割増し制度、などの整備が行われています。また、「帳簿」「書類」「スキャナ」の保存要件が変更され、新たにダウンロード要件が加わるなど施行規則もすべて改正されています。

解 説

令和3年度改正では、電帳法が平成10年（1998年）に施行されて以来、最も大きな規模の改正が行われています。これまで最も大きな電帳法の改正は、平成17年に「スキャナ」保存（電帳法4③）が追加されたものになりますが、この当時に比べても、令和3年度改正は、比較にならない大規模で抜本的なものとなっています。中でも事前の承認制度の廃止により、電帳法第4条の一部の記載が削除され、関連する電帳法第6条から第9条（「申請」「変更」「承認の取消し」「マイクロフィルムへの準用」など）までの法令が、すべて廃止となっています。また、電帳法第7条（旧第10条）では、電子取引の取引情報について出力した書面の保存方法が廃止されたほか、電帳法第8条では新たに加算税規定（4項、5項）が整備されています。

旧電帳法では、帳簿書類をデータで保存する場合、事前に税務署長の承認が必要であったため、煩雑な承認手続きと審査により電帳法の利用がなかなか広がりませんでした。その結果、ほとんどの企業が会計システムを使用して帳簿を作成しているにもかかわらず、その大部分の企業が電帳法の承認を受けていない、といういびつな状況になっています。大多数の法人が、会計システムを使用し帳簿を作成していながら、その大多数が電帳法の承認を受けていないため、形式上は書面（紙）で帳簿を保存していることになっています。改正による新制度では、保存に必要な承認続きが廃止されるとともに保存要件も大きく緩和されたため、これまで承認を受けてこなかったこれらの帳簿も、データで保存することができるようになったため、これからは帳簿を紙に出力するか、あるいは出力元の会計データを保存するかを選択することになります。

なお、これまで電帳法の承認を受けてこなかった事業者は、仕訳帳や補助簿など帳簿を出力していないことも多く、今後の税務調査では、これまで納税者が紙で保存してこなかった会計システムのデータも、調査の対象となる可能性があります。このような場合、すべての帳簿を紙に出力することが法令の原則ですが、税務調査では調査に支障がなければデータを直接確認するか、あるいはデータのダウンロードなどを求められることになる可能性が高いでしょう。今後の税務調査では、こういったケースが増え、会計システムのデータについてダウンロードするよう求められることが、当たり前となっていくかもしれません。これまでも、税務調査でデータのダウンロードの要請は行われていますが、あくまでも任意のもので、納税者の了解を受けて行われています。しかし、改正後は、データのダウンロードの求めに応じることが電帳法の保存要件となっており、調査官から保存したデータについてダウンロードするよう求められたら、原則として拒むことはできません。もし、正当な理由もなくデータの提示や提出を拒むと、青色申告の承認取消しの対象となる可能性が高いでしょう。

また、今回の改正により、電子取引の取引情報を保存する場合に、これまでのように取引データを出力した書面のみを保存する方法が廃止されたため、今後は、必ず取引データを保存する必要があります。今後、税務調査では、電子取引の取引データを出力した書面だけでなくデータを確認するなど、確認方法が大きく変わる可能性が高いと考えられます。電子取引

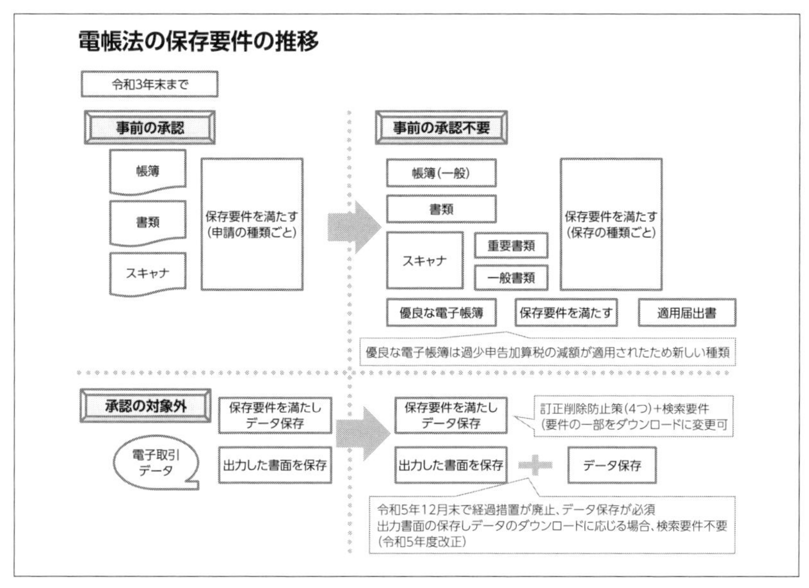

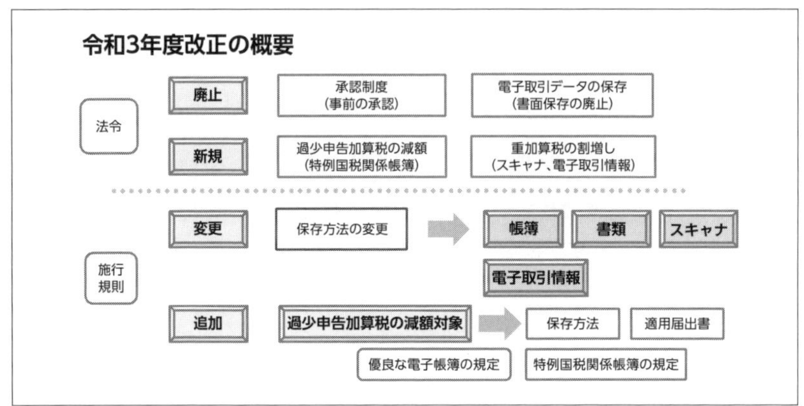

令和3年度法令改正

改正前	改正後	項目	改正内容等
第1条	第1条	趣旨	変更なし
第2条	第2条	定義	納税地等の規定が削除
第3条	第3条	他の国税に関する法律との関係	変更なし
第4条	第4条	電磁的記録による保存	一部変更
第5条	第5条	マイクロフィルムによる保存	一部変更
第6条		承認申請等の手続き	削除
第7条		取止め、変更の手続き	削除
第8条		承認の取消し	削除
第9条		第6条、第7条、第8条の規定のマイクロフィルムへの準用	削除
第9条の2	第6条	e-文書法の適用外の規定	変更なし
第10条	第7条	電子取引情報の規定	一部変更
第11条	第8条	他の法律の準用規定	一部追加（加算税規定）

は、保存の対象である取引データの範囲が広く、保存要件に従って保存する以前に、データの保存漏れが起きる可能性が極めて大きいと思われます。電子取引の確認をする際、必要な取引データが確認できないと、保存義務に違反するだけでなく、損金経理や税額控除などが認められない可能性があります。中小企業では、仕訳処理に必要な取引情報のみを、紙に出力して保存することが多い傾向にありますが、すべての取引データを保存することは、かなり難しいのではないかと考えられます。令和5年末までは宥恕規定により、出力した書面の保存が暫定的に認められていますが、令和

6年以降は、必ず取引データを保存する必要があるため、今後の税務調査では、電子取引の取引データをすべて保存するなどの対応が必要になると見られています。

　また、改正により、新たに過少申告加算税の減額や重加算税の割増しといった規定が整備されています。

承認制度の廃止

Q32　これまで電帳法の適用を受けるためには、事前に税務署長の承認を受ける必要がありましたが、今後はどのような手続きが必要になるのでしょうか。

A　令和3年末までに帳簿書類をデータで保存する場合は、事前に税務署長の承認が必要でしたが、改正によりこの手続きは廃止されたため、令和4年1月1日以降にデータ保存を開始する場合、特に必要な手続きはありません。

解説

　これまで、電帳法の承認手続きは「帳簿」「書類」「スキャナ」の種類ごとに申請書を提出する必要がありましたが、これらの申請書の種類を誤って提出することも多く、電帳法の承認手続きはとても煩雑で難しいという声が多くありました。特に、納税者が作成する補助簿や取引書類などは、納税者が自ら作成している固有の名称であることも多く、その名称だけでは帳簿か書類か判断できないこともあったため、申請書の作成と審査がより複雑で困難なものとなっていました。また、申請書に記載する帳簿の名称は、保存するデータの種類や名称ではなく、書面出力の保存からデータ保存に代える帳簿の名称（仕訳帳及び総勘定元帳など）を記載することから、より申請書の記載が難しいものとなっていました。

申請書に記載する保存要件についても、実際に税務調査で確認するものではなく、要件を満たしているかの事実だけを記載するよう求めていたため、調査の際に本当にこれらの保存要件を満たしているか、はなはだ疑問の余地があるものとなっていました。

このような問題もあった電帳法の承認申請手続きは、令和3年度改正によりすべて廃止され、令和4年1月1日からは、何ら手続きをせずに、データ保存を開始することができるようになりました。しかし、申請が無くなったことで、今後はこれまでとは逆に電帳法の要件に従っていないデータが増え、保存要件を検討しないままデータの保存を行う事業者も急増すると見られています。特に、電帳法の保存要件を十分理解しないままシステムを導入しデータを保存するような事業者には、大きな影響があると考えられています。中でも、デジタルコンテンツなどの事業を中心とする小規模事業者は、初めから（紙の）書類を作成しない形態であり、改正電帳法の影響を大きく受ける可能性が高いと思われます。

また、電帳法の保存要件では、対応するシステムを導入するだけでは不十分で、「運用ルールの策定」や「事務処理規程の作成」など、適切な運用が確保される必要があり、中でも「保存に関する事務手続き書類」は、課税期間ごとに保存（すべき）データの一覧などが必要になります。その

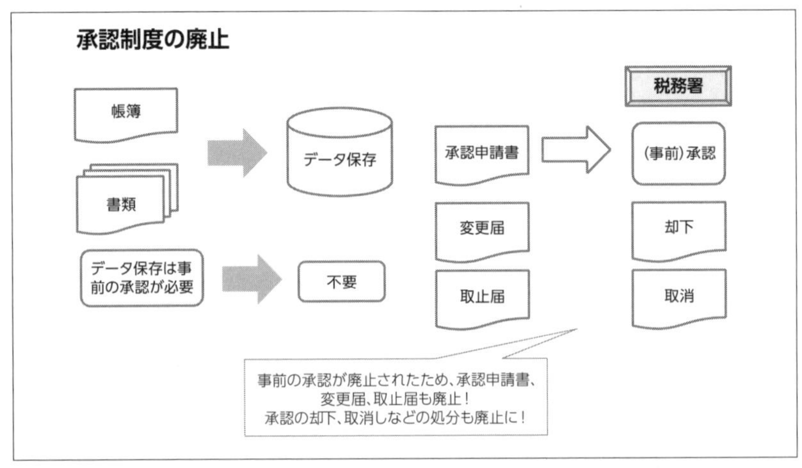

ため、税務調査が行われた際に、調査官へ帳簿や書類の保存状況を説明する際に、これらの規程や手続書類などを準備し、紙とデータの種類ごとに説明できるようにしておく必要があります。

電帳法の対象者

Q33　令和4年1月1日以降に電帳法の適用を受ける対象者は、これまでとどう変わりますか。

A　これまで、電帳法の適用を受ける対象者は、税務署長の承認を受けた事業者だけでしたが、令和4年以降に帳簿書類のデータ保存を開始する場合、保存する帳簿や書類をすべて書面に出力していない限り、データを保存する必要がある新たな電帳法の対象者になると見込まれています。

解　説

電帳法の適用を受ける対象者は、令和3年末までは、承認を受けた事業者だけでしたが、令和4年以降はすべての帳簿書類を書面で保存しない限り、元のデータを保存しなければならないため、これらの事業者はすべて適用を受けることになると見込まれます。また、電子取引の取引情報のやり取りを行う事業者は、すべて電帳法の適用を受けるため、電子取引の取引情報を出力書面で保存していたとしても、電帳法の適用を受ける対象者になります。

これまで電帳法は、税務署の承認を受けないと帳簿や書類をデータで保存することができなかったため、電帳法の対象者も承認を受けた者に限られましたが、令和4年から施行された新電帳法（改正電帳法）では、承認の有無にかかわらず帳簿や書類をシステムで作成する場合、帳簿や控えの書類をすべて紙に出力して保存しない限り、新電帳法の適用を受ける対象者になります。

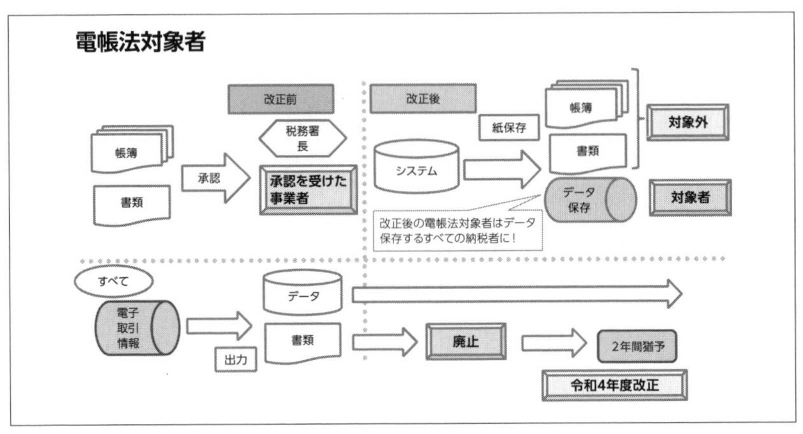

帳簿や書類は、承認を受けなくても書面（紙）に代えてデータの保存ができるため、システムで作成した帳簿や取引書類の発行控えなどは、紙で保存するか、あるいは出力元のデータを保存するかの違いでしかありません。そのため、帳簿や書類を紙かデータのどちらを保存しているかという事実だけで、電帳法の対象者かどうか判断される見込みです。ただし、取引書類をスキャナ保存する場合は、単にスキャナで読み取ったデータを保存しただけでは、電帳法の対象者とはみなされず、原本である取引書類を保存しているか、あるいは廃棄しているかによって、スキャナ保存の対象者かどうか判断されると見込まれます。スキャナ保存を行っている場合は、電帳法で定める保存要件に従っていないデータを保存しても、国税関係書類を保存しているとはみなされません。

また、電帳法では、電子取引を行った場合の取引情報の保存義務が定められていますので、電子取引を行った事業者は、データで保存するか紙で保存するかにかかわらず、すべての事業者が対象者となります。

＊ただし、消費税の事業者が電子取引を行っても電帳法の適用を受けず、消費税法が適用されます。

加算税規定の創設

Q34　令和3年度改正により、新たに整備された加算税の規定とは、どのようなものになりますか。

A　令和3年度改正により、新たに、①優良な電子帳簿を保存する場合の過少申告加算税の減額規定、及び、②「スキャナ保存」と「電子取引データ」に関する重加算税の割増し規定、という2つの加算税に関する規定が整備されたものになります。

解説

電帳法第8条に、新たに過少申告加算税の減額、及び重加算税の割増しの2つの規定が追加されました。

電帳法第8条第4項（過少申告加算税の減額規定）は、帳簿の保存について（改正前に承認された帳簿の保存要件と同程度の保存要件）、より厳しい保存要件である「優良な電子帳簿」の保存要件に従ってデータを保存する場合、税務調査により修正申告等を行った際に課せられる過少申告加算税の額が5％減額になる制度（規定）です。この規定の適用を受けるには、「過少申告加算税の特例の適用を受ける旨の届出書」をあらかじめ所轄税務署に提出すること、及び該当する特例国税関係帳簿をすべて「優良な電子帳簿」の保存要件に従って保存することが必要になります（令和5年度

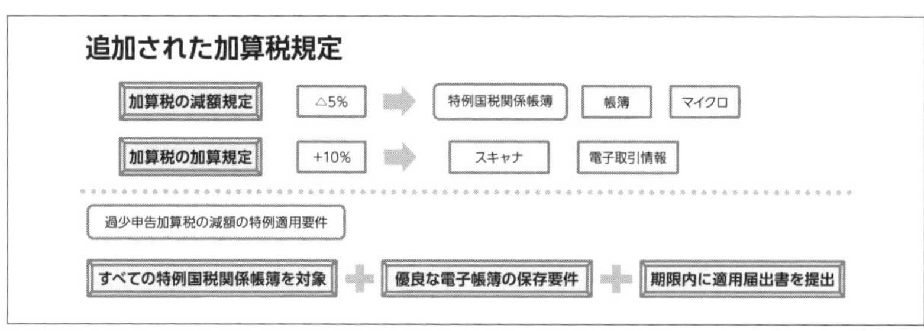

改正により、一部の補助簿が減額規定の対象から除かれています)。

次に、新たに整備された重加算税の割増し規定は、スキャナ保存のデータと電子取引の取引情報のデータを対象に、税務調査の際に隠ぺい仮装行為により重加算税が課される場合に、その額がさらに10%割増しされる規定になります。

過少申告加算税の減額規定

Q35 令和3年度の改正により、新たに整備された過少申告加算税の規定とは、どのような規定ですか。

A 税務調査を受けて修正申告等を行う際には、追徴税額に加え(隠ぺい仮装などの行為を除き)過少申告加算税が課税されますが、その額が5%減額される制度です。減額を受けるには、あらかじめ税務署への届出と該当する帳簿をすべて「優良な電子帳簿」の保存要件に従って保存する必要があります。

解　説

税務調査を受けて、税額計算に誤りがある場合は修正申告等(修正申告、及び更正)を行うことになりますが、その際、税額の追徴に加え通常10%(一部15%の場合あり)の過少申告加算税(罰課金)が課せられます。この過少申告加算税は、特別な理由がない限り、税務調査を受けた際に、修正申告等の税額に対し必ず課されるため、調査で指摘を受け修正申告を行うほとんどの納税者に課税されています。そのため、修正申告の際に課される過少申告加算税が5%減額される効果は極めて大きいといえます。

この規定の適用を受けるには、税法で保存が義務付けられている帳簿を、一定の要件を満たしたデータで保存することでその適用を受けることができます。一定の要件は、あらかじめ、①過少申告加算税の特例の適用を受ける旨の届出書を所轄税務署に提出すること、②該当する特例国税関係帳

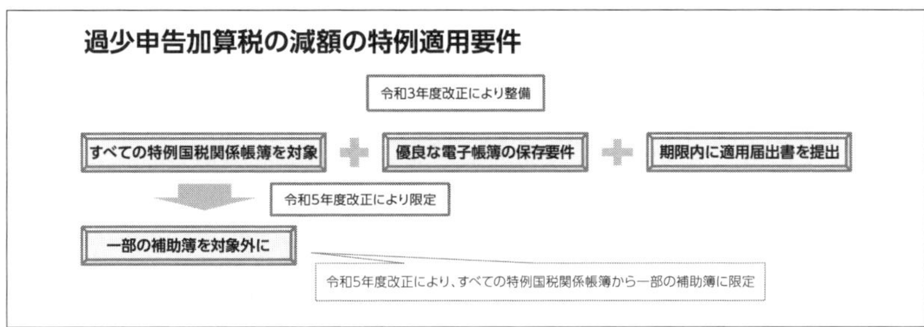

簿（令和5年以降、一部の補助簿を除く）を書面ではなくデータで保存すること、③データで保存する帳簿をすべて「優良な電子帳簿」の保存要件に従って保存すること、が必要です。そのため、電帳法の「帳簿」（電帳法4①）の要件ではなく、厳しい保存要件で保存することが必要です。

適用届出書

Q36　過少申告加算税の減額の適用を受けるには、どのような手続きが必要になるでしょうか。

A　過少申告加算税の適用を受けるためには、事前に税務署へ届出書を提出する必要があります。この届出書は、該当する特例国税関係帳簿をすべて記載し、優良な電子帳簿の保存要件に従って保存する必要があります。

解　説

過少申告加算税の減額の適用を受けるには、あらかじめ所轄税務署長へ「過少申告加算税の特例の適用を受ける旨の届出書」を提出する必要があります。提出期限の「あらかじめ」については、備付けを開始する前ではなく、適用を受けようとする課税期間の申告期限まででよいとされています。そのため、この規定の適用を受けようとする事業者は、必ず期限までに該当する届出書を提出する必要があります。

この届出書には、会社名（名称）、納税地（本店所在地）、法人番号などの記載に加え、該当する特例国税関係帳簿の種類（名称）、及び保存開始日の記載が必要です。新制度に基づき帳簿を紙からデータへ変更する場合は、課税期間の途中から保存方法を変更することはできませんので、課税期間単位での適用になります。

届出書の記載事項には、誤りがないように注意する必要がありますが、記載内容が誤っている場合は、税務調査を受けた際に過少申告加算税の減額を受けることができない場合もあります。また、税目ごとに帳簿の種類を記載する必要がありますので、仕訳帳及び総勘定元帳の記載は必ず必要

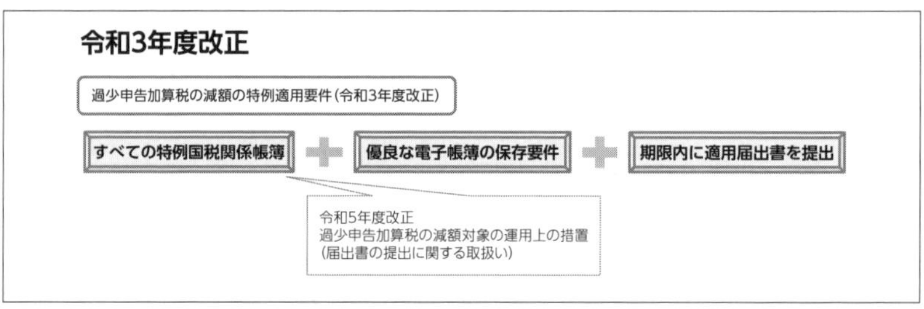

電帳法第8条第4項に該当する届出書（特例適用届出書）

記載事項

	電帳法第8条第4項の適用を受ける旨		
1	届出に係る特例関係帳簿の種類		
2	氏名（又は名称）	住所（又は居所又は本店所在地等）	法人番号＊
3	備付け及び保存に代える日		

電帳法第8条第4項の適用を受けることを止める届出書（記載事項）

	電帳法第8条第4項の適用を受けることを止める旨		
1	氏名（又は名称）	住所（又は居所又は本店所在地等）	法人番号＊
2	届出書の提出をした年月日		
3	その他参考となるべき事項		

電帳法第8条第4項の適用を受ける届出書の記載事項を変更する届出書（記載事項）

	電帳法第8条第4項の適用を受ける届出書の記載事項を変更する旨		
1	氏名（又は名称）	住所（又は居所又は本店所在地等）	法人番号＊
2	届出書の提出をした年月日		
3	変更をしようとする事項及び当該変更の内容		

ですが、補助簿については該当する帳簿をすべて対象として記載しなければなりません。また、消費税法の帳簿については、消費税の課税取引に関する事項を記録した帳簿は、すべて保存の対象とする必要がありますので、補助簿の種類や名称を届出書へ記載する場合は、所得税法や法人税法だけでなく消費税法の適用を受ける選択が必要です。なお、補助簿の記載に当たっては、納税者固有の名称ではなく汎用性のある補助簿の名称としないと適用を受けられないおそれがあります。適用を受けるには、該当する特例国税関係帳簿をすべて記載する必要がありますので、取引に関して作成した帳簿は、すべて対象として記載する必要があると考えるべきでしょう。

特例国税関係帳簿

Q37　特例国税関係帳簿とは、どのような帳簿をいいますか。

A　過少申告加算税の減額の適用を受けるために必要な帳簿を特例国税関係帳簿といい、取引に関して作成するすべての帳簿のことになります。具体的には、仕訳帳、総勘定元帳、その他必要な帳簿（補助簿）となりますが、補助簿は取引ごとの明細を記録した帳簿が必要です。

解　説

特例国税関係帳簿は、所得税法や法人税法、消費税法で定められている帳簿のうち、すべての取引に関して作成する帳簿になります。法人税法では、取引に関する帳簿だけでなく資本取引に関する帳簿を作成するよう定められていますが、特例国税関係帳簿は取引に関する帳簿ですべての取引を記録するものとなります。具体的には、所得税法や法人税法で定める取引に関して作成する仕訳帳、総勘定元帳、その他必要な帳簿が特例国税関係帳簿に該当しますが、消費税法では、課税取引に関する事項を記載した帳簿になるので、総勘定元帳や補助簿に相当することになります。

特例国税関係帳簿

	法令	根拠条文	種類
1	所得税法	施行規則第58条第1項	取引に関する帳簿及び記載事項
2	法人税法	施行規則第54条	取引に関する帳簿及び記載事項
3	消費税法	第30条第7項	仕入れに係る消費税額の控除
4	消費税法	第38条第2項	売上に係る対価の返還等をした場合の消費税額の控除
5	消費税法	第38条の2第2項	特定課税仕入れに係る対価の返還等を受けた場合の消費税額の控除
6	消費税法	第58条	帳簿の備付け等
7	消費税法	第58条	保税地域から引き取りに関する事項の記録に係るものに限る ＊所轄税関長への届出対象

主な補助簿としては、損益に係る明細を記録した売上帳・仕入帳・経費帳などのほか、資産負債の明細を記録した売掛帳・買掛帳・貸付帳・借入帳・固定資産台帳・繰延資産台帳などがあげられます。

電子取引の宥恕規定（書面保存）

Q38 **電子取引を行った場合、書面で保存する場合の宥恕規定が整備されたと聞きましたが、どのような内容になりますか。**

A 電帳法では、電子取引の取引情報を保存するよう定められていましたが、取引情報をデータではなく出力した書面で保存する規定が一旦廃止された後に、施行直前になって宥恕規定が整備され、令和5年末まで限定で出力した書面の保存が認められることになっています。

解　説

旧電帳法第10条の規定には、電子取引を行った場合は、取引情報に係る電磁的記録を保存しなければならないとしながらも、「ただし、当該電磁的記録を出力することにより作成した書面を保存する場合はこの限りではない。」という規定により、平成10年に電帳法が施行されて以来、出力

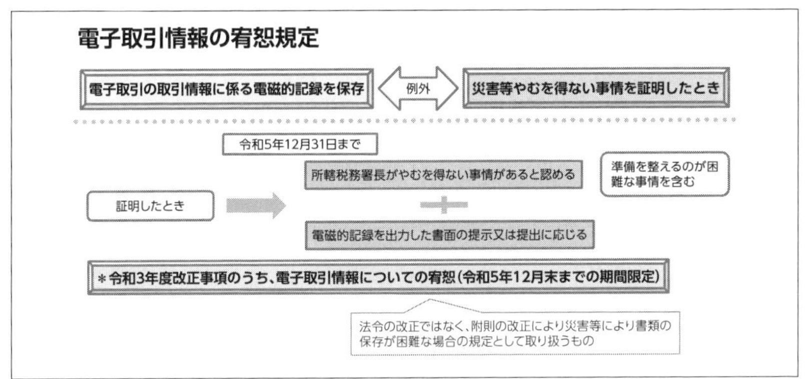

した書面の保存が認められてきました。しかし、令和3年度の改正により、この但し書き以下の記載はすべて削除され、電子取引を行った場合は取引情報をデータで保存する方法だけとなりました。

その後、この法令が施行される直前の令和3年12月末に附則が改正され（令和4年度改正）、条件付きながら電子取引の取引情報については、引き続き出力した書面を保存することができるようになっています（宥恕規定）。この規定では、出力した書面を保存すれば、税務調査において課税処分などの対象としないとされていますので、実質的な延期と捉えられています。ただし、この規定は令和5年末までの期間に限定されているため、令和6年以降に行った電子取引には適用されません。

また、所得税、及び法人税と違い、インボイス制度（改正消費税法）では、電子取引により適格請求書を受け取った場合、データの保存だけでなく出力した書面の保存が継続して認められています。

保存要件の変更（緩和）

Q39 令和3年度改正により、帳簿や書類のデータの保存に必要な要件は、これまでとどう変わりましたか。

A 令和3年度の改正によりデータの保存要件が改正され、「帳簿」「書類」「スキャナ」の保存要件はすべて変更されるなど大きく緩和しました。なお、これまでデータの検索に必要であった検索条件の設定は、設定の全部、又は一部をダウンロード要件に代えることができるようになっています。

解説

具体的なデータの保存要件は、電帳法の施行規則で定められていて、令和3年度の改正では、施行規則についても抜本的な改正が行われ、これまでの保存要件はすべて変更されています。法令では、「帳簿」「書類」「スキャナ」「電子取引情報」などの種類ごとにそれぞれ違う保存要件が定められていますが、これらすべての種類の保存要件が変更されています。

これまで「帳簿」の保存には、「訂正削除履歴の確保」、及び「相互関連性の確保」の2つの要件が必要となっていましたが、いずれも廃止され、帳簿をデータで保存する場合の保存要件は旧法に比べ大きく緩和されデータ保存が容易になっています。なお、この2つの要件は、新たに整備された過少申告加算税の減額を受けるために必要な「優良な電子帳簿」の要件として引き継がれていますので、旧法で承認された「帳簿」はそのまま「優良な電子帳簿」の保存要件を満たすものとして扱われます。そのため、新制度における「優良な電子帳簿」以外の「帳簿」は、著しく保存要件が緩和されたものとなります。

「スキャナ」保存の要件は、タイムスタンプを付与できるシステムが必

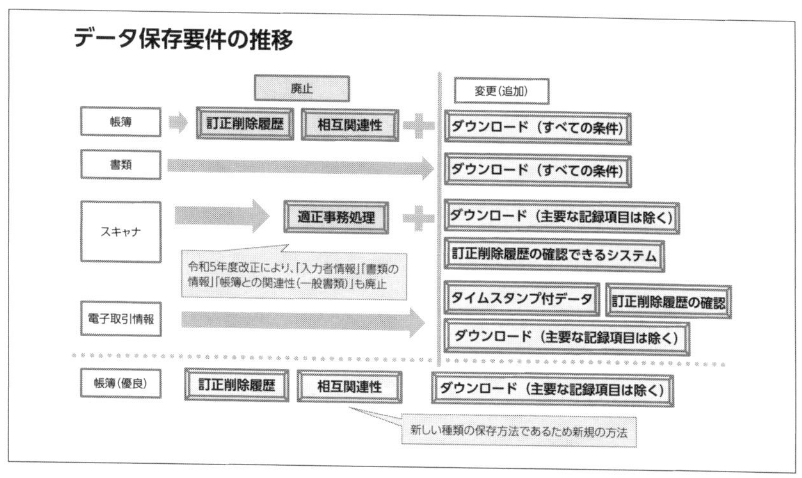

須ではなく任意となり、訂正削除の履歴が確認できる（あるいは訂正削除できない）システムも選択できるようになっています。また、スキャナ保存では適正事務処理の要件が廃止されるなど、保存要件が大幅に緩和されましたが、スキャナ保存の場合、緩和された保存要件に従っていないデータは国税関係書類を保存しているとみなさない、と法令に記載されたため、単にスキャナで読み取ったデータでは、電帳法上のスキャナ保存のデータとなりません。

新制度の適用時期

Q40　令和3年度改正による新電子帳簿保存制度は、いつから適用されますか。

A　新制度については令和4年1月1日施行です。ただし、帳簿は令和4年以降に開始する課税期間から、書類は令和4年以降いつからでもデータ保存を開始することができます。これに対し、電子取引の保存は令和4年以降に行われた取引から適用されます。

解説

新制度の適用時期は、帳簿や書類、電子取引情報などの種類によってデータ保存の開始時期が違います。また、インボイス制度（改正消費税法）では、新たに適格請求書の控えや電子取引情報データの保存規定が整備されていますので、これらの適用時期も併せて理解する必要があります。

改正電帳法は、令和4年1月1日に施行されましたが、すぐにデータの保存が開始できるわけではないので、帳簿書類を書面からデータの保存に切り替えるのはいつから可能になるか注意する必要があります。帳簿は、原則として課税期間（事業年度）単位でデータ保存に切り替えることになるので、所得税法や法人税法、消費税法で定める「帳簿」は、課税期間単位すなわち課税期間（事業年度）開始の日からデータ保存を開始することができます。3月決算の場合であれば、最も早く開始できるのは次の4月1日から開始する課税期間（事業年度）からデータ保存が開始できることになります。

次に、「書類」や「スキャナ」の対象である取引書類ですが、取引書類は帳簿のような開始日に制限はなく、法施行後、いつからでもデータ保存を開始することができます。そのため、令和4年1月1日以降に発行、あるいは受け取った取引書類は事業者が定めた日からデータ保存に切り替えることができます。

ただし、受領した取引書類は、仕訳処理の根拠として仕訳情報と併せて照合し確認が行われるため、帳簿と同じように課税期間（事業年度）単位で保存することが望ましいでしょう。

最後に電子取引ですが、取引情報（データ）の保存については、法施行後である令和4年1月1日以降に行った電子取引については、改正後の方法で取引情報を保存する必要があります。電子取引は、取引データを保存することが原則となっていますので、帳簿や書類のように、紙からデータの保存に切り替えるという考え方はありません。そのため、電子取引を行った場合は、施行後に行われる電子取引から取引情報を保存することになり

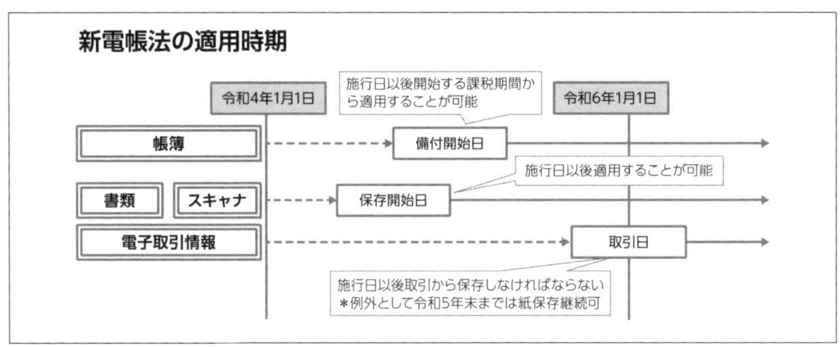

ます。電子取引については、データの代わりに出力した書面を保存する方法もありますが、あくまでも例外の方法であり、出力した書面は取引書類にはなりません。改正により令和4年1月1日からは、取引データを保存することになっていますが、令和5年末までは、宥恕規定により取引情報から出力した書面の保存も認められています。そのため、令和5年末までは、出力した書面だけの保存であっても、税務調査で課税処分が行われることはありませんが、令和6年1月1日以後に行う電子取引からはその取扱いはなくなります。

＊なお、電帳法の規定は所得税や法人税の保存義務者に限定されているため、消費税の事業者は対象外となることから、消費税の仕入税額控除の要件となる適格請求書の保存に関しては、引き続き出力した書面の保存が認められています。

加算税制度の適用時期

Q41　新しく整備された過少申告加算税の減額、及び重加算税の加算の規定は、いつから適用されますか。

新たに整備された過少申告加算税の減額、及び重加算税の割増し制度については、令和4年以降に申告期限の到来する所得税や法人

税、消費税の課税期間から適用されます。

解説

過少申告加算税の減額、及び重加算税の割増しの両規定は、令和4年1月1日以降に申告期限の到来する課税期間（事業年度）から適用されますので、すでにこれから行われる税務調査には適用されています。

過少申告加算税の減額規定の適用は、令和4年1月1日以降に到来する所得税や法人税、消費税の申告期限までに「過少申告加算税の特例の適用を受ける旨の届出書」を提出すれば、届出の課税期間から適用を受けることができます。

重加算税の割増しについては、令和4年1月1日以降に到来する課税期間から割増し規定が適用されていますので、これからの税務調査では適用されていることになりますが、対象が「スキャナ」保存、及び電子取引の取引データに限られているため、実際に適用される事例は少なく、今後、徐々に増える可能性があります。

＊なお、届出書の提出期限である「あらかじめ」はデータ保存を開始する前ではなく、所得税や法人税、消費税の申告期限まででよいとされています。

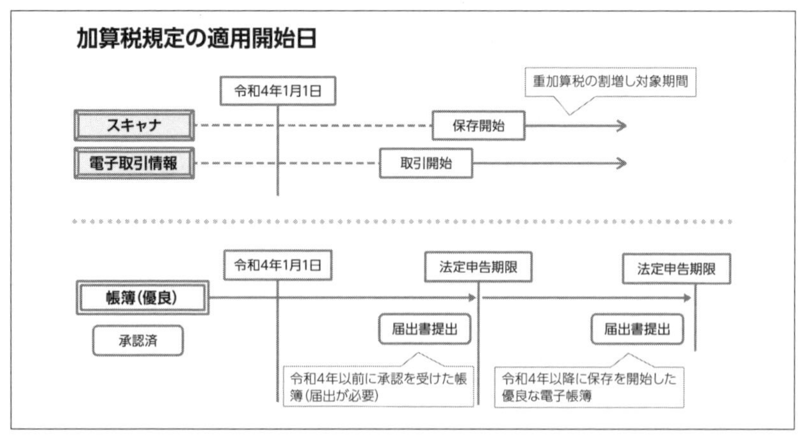

承認済みの帳簿書類の取扱い

Q42 旧制度で（令和3年末まで）承認されている電子帳簿（帳簿書類の）は、どのように保存すればよいのでしょうか。

A 旧法の承認を受けた帳簿や書類は旧法の規定が適用されるため、旧法の保存要件を継続する必要があります。ただし、新法の保存要件への変更も可能で、変更する場合は、一旦取りやめてから新しく保存を開始するか、あるいは保存方法だけを変更する簡易な方法が認められています。

解説

すでに承認を受けている「帳簿」「書類」「スキャナ」は、旧電帳法の規定がそのまま継続されますので、改正後の新要件に変更されることはありません。

また、承認された「帳簿」「書類」「スキャナ」を改正後の保存要件に変更して保存する場合、承認された帳簿や書類を一旦、取り止めた（取止届を提出）後、新たに新法の適用を受けて保存することが原則となります。ただし、電子帳簿そのものを取り止めるのではなく、単に保存要件だけを変更する場合は、簡易な方法でも認められます。それは、対象となる帳簿書類の種類、及び保存方法を変更する日（一般的には、次の事業年度開始の日）を記載した社内規程（事務書類規定等）を作成し、納税地に保存することが必要で、税務調査を受けた際にこれらの書類を調査官に提示し、保存方法を変更した旨を伝え、税務調査に支障を及ぼさなければよいとされています。

なお、改正前に承認を受けた帳簿は、改正後の「優良な電子帳簿」の保存要件に従っているものとみなされますので、（該当する特例国税関係帳

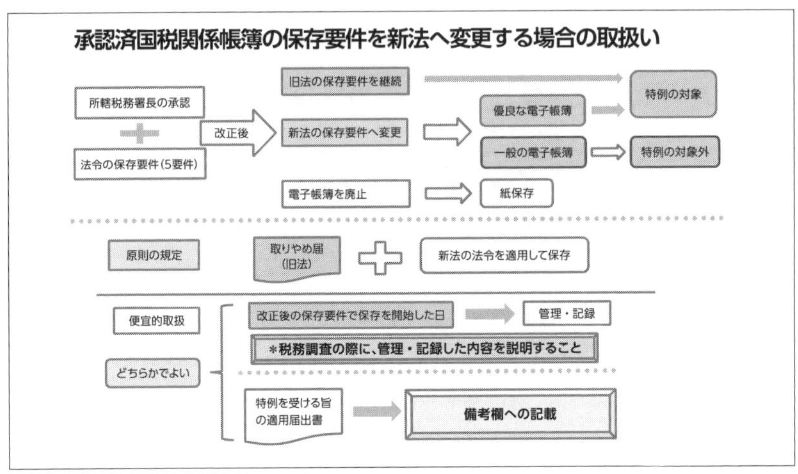

簿の承認を受けている場合は）期日までに「過少申告加算税の特例を受ける旨の適用届出書」の提出を行えば過少申告加算税の減額の適用を受けることが可能です。

令和4年度電帳法改正の概要

Q43 令和4年度の電帳法は、どのような点について改正が行われたのでしょうか。

A 令和4年度改正事項は、①保存要件にあるタイムスタンプが「一般財団法人日本データ通信協会が認定するタイムスタンプ」から「総務大臣が認定する時刻認証業務に係るタイムスタンプ」へ変更されたこと、及び、②電子取引の取引情報の保存に関して書面での保存が継続できる宥恕規定、の2つです。

解 説

令和4年度に行われた電帳法の改正は、以下の2点になります。

1つ目は、「スキャナ保存」、及び「電子取引情報」のデータ保存の要件

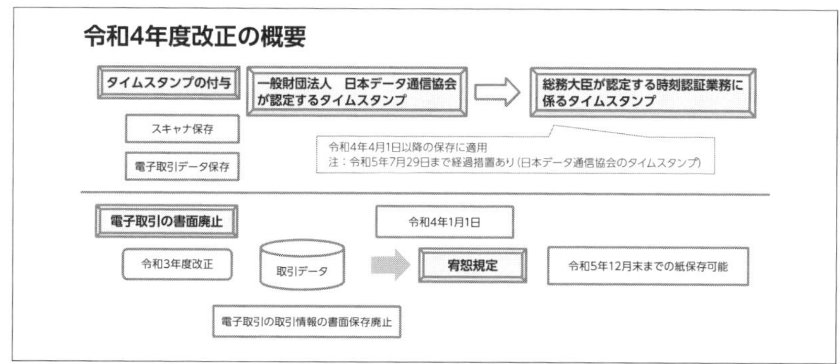

である「タイムスタンプ」が、「一般財団法人日本データ通信協会が認定するタイムスタンプ」となっていましたが、令和4年4月1日以降は、「総務大臣が認定する時刻認証業務に係るタイムスタンプ」へ変更された事項になります。

2つ目は、令和3年度改正により電子取引の取引情報の保存について、出力した書面の保存方法が廃止されましたが、条件付きですが令和5年末まで実質的な延期を認める宥恕規定の整備になります。

電子取引の宥恕規定

Q44　令和4年度に改正が行われた電子取引の宥恕規定とは何でしょうか。

A　令和3年度の改正により、電子取引の取引情報の保存方法のうち、出力した書面を保存する方法が廃止されたものの、取引データを保存するための環境整備が間に合わないという意見を受けて、令和5年末までは条件付きで出力した書面の保存が認められる規定となります。

解　説

電子取引を行った場合の取引情報を書面に出力して保存する方法は、令和3年度の電帳法改正により一旦廃止されましたが、施行直前に宥恕規定

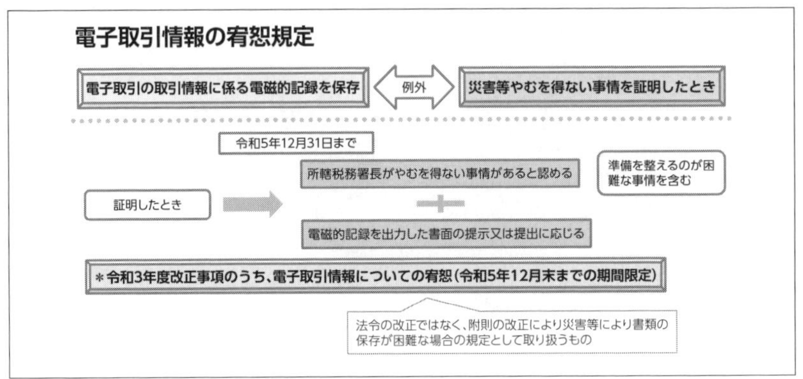

が整備され、令和5年12月末までは出力した書面の保存が認められることになっています。令和3年度の改正により出力した書面を保存できる規定は、施行直前の令和3年12月27日に附則が改正されたため、出力した書面の保存は廃止ではなく2年間継続して認められることになっています。

電子取引については、災害等その他やむを得ない事情により（電帳法の保存要件に従って）電磁的記録を保存できないことを証明したときは、保存要件に従っていなくても認められる規定が定められていますが、宥恕規定はこの規定に準じた取扱いになります。宥恕規定では、「やむを得ない事情を証明したとき」とありますが、これは、「税務署長がやむを得ない事情があると認め、かつ、取引情報から出力した書面を保存し、調査官に提示することができる場合」とされています。また、やむを得ない事情には、その時点まで要件に従って電磁的記録の保存を行うための準備を整えることが困難な事情等も含まれるとされています。

令和5年度電帳法改正の概要

Q45 令和5年度の電帳法の改正事項は何でしょうか。

A 令和5年度の電帳法改正は、①電子取引情報の保存に係る猶予措置、②スキャナ保存要件の一部緩和、③過少申告加算税の減額規定の対象帳簿（特例国税関係帳簿）の一部緩和、の3つになります。

解説

令和5年度の電帳法の改正事項は次の3つになります。

①電子取引の取引情報のデータ保存要件の緩和

- 電子取引を行った場合、取引情報から出力した書面の保存が令和5年12月末日で廃止されため、引き続き取引情報から出力した書面を保存する場合の猶予規定を整備するもので、出力した書面を保存する場合、取引データのダウンロードに応じることで検索要件のすべてを不要とする
- これまで、売上高1千万円以下の小規模事業者についてダウンロードに応じることを条件に、すべての検索機能の要件を不要としていた売上高の基準を5千万円以下に引き下げる

②スキャナ保存要件の緩和

- スキャナ保存のデータ作成を行う入力者情報の確認要件を廃止する
- スキャナ保存のデータに解像度、階調、大きさの情報を記録する規定を廃止する
- 帳簿との関連性の確保を「重要書類」に限定する

③過少申告加算税の減額対象となる特例国税関係帳簿の一部緩和

- 対象となるすべての特例国税関係帳簿を優良な電子帳簿の保存要件で保存するものが、すべてのではなく一部の特例国税関係帳簿へ（一部

の補助簿が対象外に）

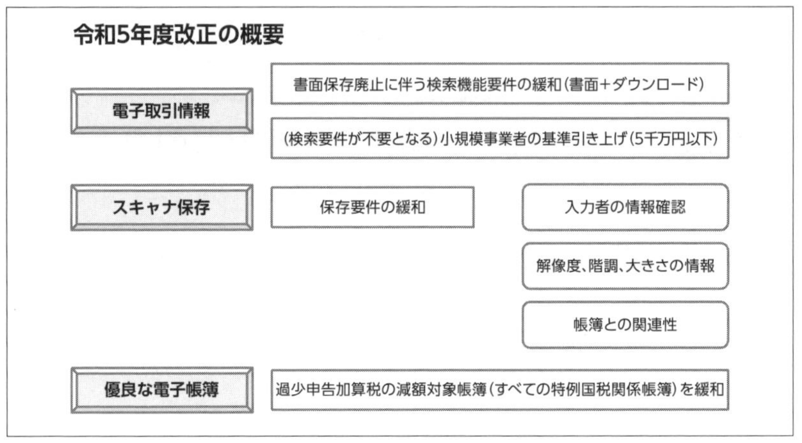

電子取引情報の猶予措置（令和5年度改正①）

Q46 令和5年度改正で整備された電子取引に係る猶予措置とは何ですか。

A 令和4年度改正で整備された電子取引の宥恕措置（出力した書面を保存できる規定）が、令和5年末で廃止されることから、令和6年以降は新たな猶予措置として、出力した書面を保存する場合、データのダウンロードに応じることができれば、データの保存要件を緩和するというものです。

解説

電子取引情報の改正点は、①書面保存を継続する場合の猶予規定、②検索機能の条件の一部緩和、の2点になります。

①書面保存継続の猶予規定

電子取引の取引情報を書面（紙）に出力して保存する（宥恕）規定は、令和5年12月末で終了するため、令和6年1月1日から行った電子取引については、取引情報を電磁的記録（データ）で保存する必要があります。電子取引の範囲は非常に広く取引情報の種類やデータの形式も複雑であり、電帳法の保存要件に従って取引データを保存するには、保存するシステムの導入が欠かせません。しかしながら、令和5年末までにすべての事業者が、これらのシステムを導入することは難しく、令和6年以降に取引データを保存要件に従って保存することは困難だとみられています。そのため、システムの導入をしなくてもデータの保存が可能な方法とするよう、データの保存要件を緩和する規定が整備されることになりました。

この猶予規定は、電子取引の取引データから出力した書面をこれまでのように保存する場合、今後は、取引データの保存に必要な電帳法の保存要件に従わなくてもデータの保存が認められるもので、税務調査の際には保存したデータについてダウンロードの求めに応じることが条件になります。この規定により、当面の間、保存システムを導入しなくても、取引データを削除せず保存していれば保存要件に違反しないことになります。

＊電帳法で定める保存要件に従ってデータを保存できなかったことについて、相当な理由があると所轄税務署長が認める必要があるとされています。

②検索要件の一部条件緩和

電子取引の取引情報は、基準期間の売上高1千万円以下の事業者に限り、

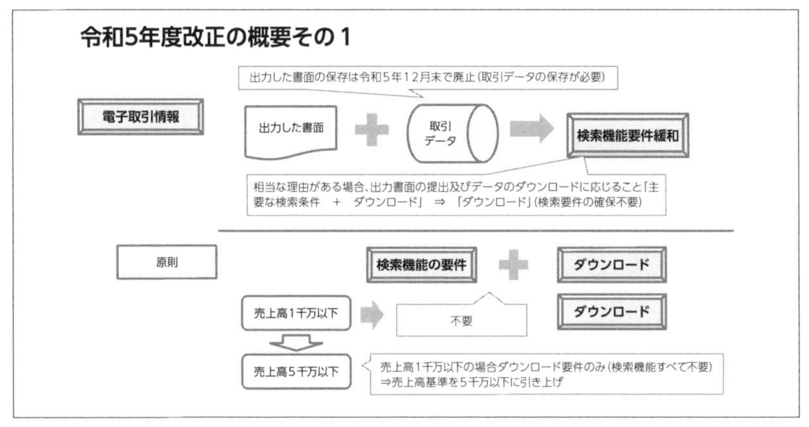

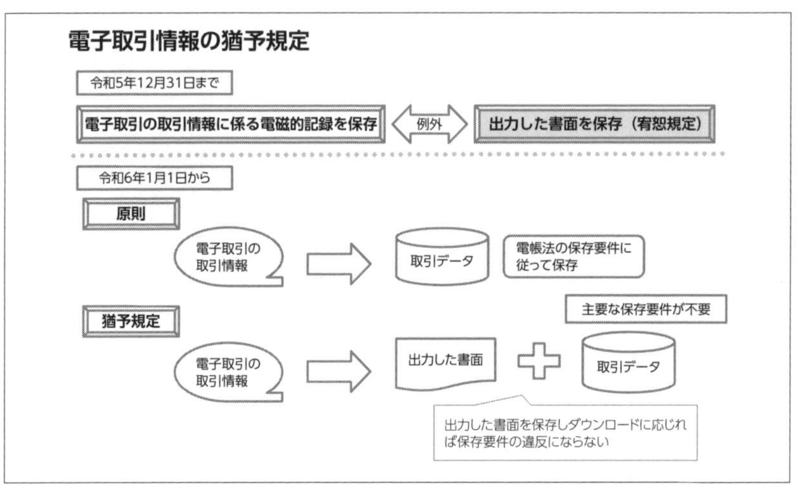

ダウンロードの求めに応じること（ダウンロード要件）ができれば、すべての検索要件（検索条件の設定）が不要となっていましたが、改正によりこの事業者の基準を基準期間の売上高5千万円以下に引き上げることになりました。これにより、改正後は基準期間の売上高5千万円超の事業者に限り「主要な記録項目の検索ができること」と「ダウンロードの要求に応じること」が検索の要件となります。

スキャナ保存要件の緩和（令和5年度改正②）

Q47 令和5年度改正により「スキャナ」の保存要件は、どのように変わったのでしょうか。

A 令和5年度改正によるスキャナの保存要件の変更点は、①（解像度、諧調、書類の大きさなどの）読取り情報の記録の廃止、②入力者情報の記録の廃止、③帳簿との関連性の確保は重要書類のみに削減、となっています。

解　説

スキャナ保存の要件は以下のように廃止、あるいは緩和されています。

①読取情報の記録

これまでスキャナ保存のデータを作成する際には、「解像度」「階調」「書類の大きさ」の情報を記録することとされていましたが、改正によりすべて不要となります。

②入力者への確認

スキャナ保存の入力を行った直接の責任者に対し、後の税務調査で確認できるよう入力者の情報を記録することが必要となっていましたが、改正により入力者への確認が不要となります。

③帳簿との関連性

スキャナ保存のデータは、仕訳情報などの関連帳簿との関連性を確保するよう固有の番号（会計伝票番号、証憑番号など）などの手当てが必要でしたが、今後は、スキャナ保存の対象が「重要書類」に場合のみ必要とされ、「一般書類」の場合は不要となります。

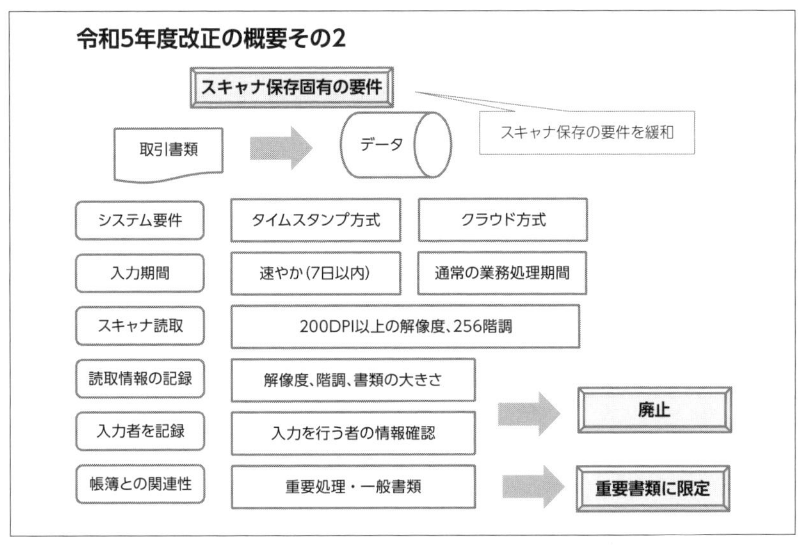

過少申告加算税の減額対象補助簿（令和5年度改正③）

Q48 令和3年改正により過少申告加算税の減額規定について、どのような変更が行われたのでしょうか。

A 令和3年度に整備された過少申告加算税の減額を受けるには、すべての特例国税関係帳簿を保存する必要がありましたが、一部の補助簿についてその対象から除外されました。その補助簿は、現金出納帳、当座預金元帳、一部の資産台帳、などとなっています。

解　説

令和4年から開始された過少申告加算税の減額規定の適用を受けるためには、すべての特例国税関係帳簿を優良な電子帳簿の保存要件に従って保存することが必要とされていましたが、一部の補助簿が特例国税関係帳簿

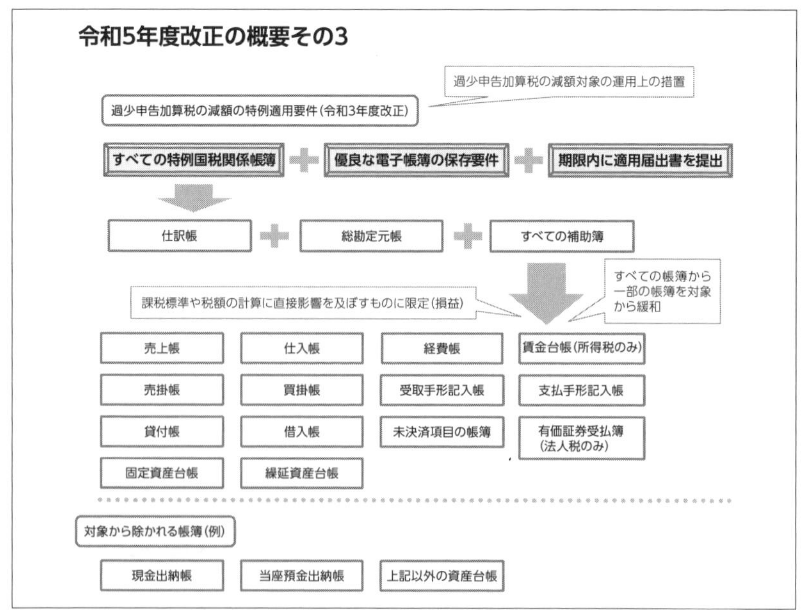

の対象外となり、減額の規定が緩和されることになります（適用届出書の提出は必要）。

特例国税関係帳簿は、原則として取引に関する事項を記載したすべての帳簿とされていることから、（資本取引などを除く）取引に関するすべての帳簿を対象として保存する必要がありました。そのため、仕訳帳、総勘定元帳だけでなく、すべての補助簿も対象にする必要がありましたが、補助簿には課税標準や税額の計算に影響のないものもあり、過少申告加算税の減額規定の適用を受けることは難しいとされてきました。今回の改正では、これまで企業などが作成するすべての補助簿のうち、税額計算に影響のない一部の補助簿について過少申告加算税の減額適用の対象外となりました。対象外となった補助簿は、現金出納帳、当座預金出納帳、一部を除く資産台帳などのほか、法人では賃金台帳も対象外となります。

第5章

データ保存の対象（帳簿書類）

保存が必要な帳簿書類

Q49 納税者が作成し保存しなければならない帳簿や書類は、どのようなものになるのでしょうか。

A 所得税法や法人税法では、「すべての取引を借方、及び貸方に記載する帳簿」、及び「資産・負債・資本に影響を及ぼす取引に関して作成されたその他の帳簿」を作成し保存するよう定められています。

解説

帳簿は、所得税法・法人税法・消費税法・酒税法・印紙税法などの法令で、作成と保存が義務付けられています。このうち、所得税法や法人税法で定める帳簿は、納税者が作成する帳簿では最も基本的なものであり、一般的な帳簿となっています。消費税の帳簿は、取引に関する帳簿に必要な事項を記載すればよいものとなるため、所得税法や法人税法で作成する帳簿（仕訳帳・総勘定元帳・その他必要な帳簿）に含まれることになります。消費税法では、法人税法と同じように、取引全般について帳簿を作成し保存するよう定めているほか、仕入税額控除に必要な帳簿の規定もありますが、これらの帳簿はいずれも所得税法や法人税法で定める総勘定元帳や補助簿に、消費税の記載事項を追記すれば足りることになります。

法人税法で定める帳簿には、「取引に関する帳簿」と「資産、負債、及び資本に影響を及ぼす帳簿」の2つの規定がありますが、これは損益取引だけでなく貸借取引についても、帳簿の作成が必要であるという意味ですが、仕訳情報は損益取引と貸借取引についてもすべて入力されるため、これらの帳簿を別々に作成することはありません。一般的な会計システムで作成する帳簿は、損益取引だけでなく貸借取引についても同じように仕訳情報を記録するため、所得税法や法人税法で定める帳簿が保存できることになります。

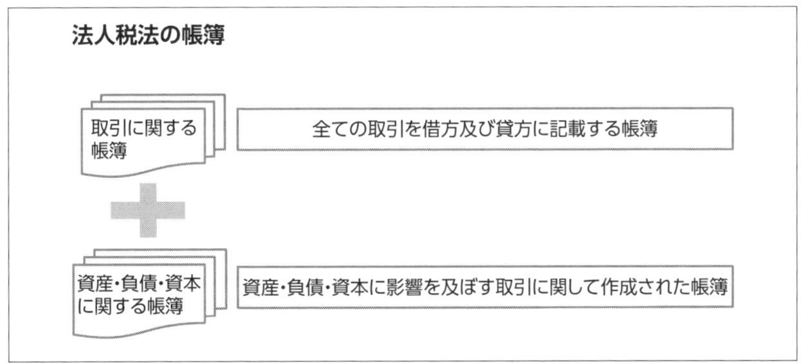

また、その他の税法で定める帳簿は、該当する事業者や記載事項が限定されているものになります。

データ保存の対象となる帳簿書類

Q50 **納税者が作成する帳簿や書類のうち、データで保存できるものには、どのような帳簿や書類がありますか。**

A 納税者が作成する帳簿のうち、データで保存できるのは、システムを使用しデータから作成した帳簿、及び書類、紙で受け取った（作成された）取引書類になりますので、紙で作成された帳簿や決算書類などは、データで保存することはできません。

解　説

電帳法では、帳簿書類を紙からデータに代えて保存することができますが、すべての帳簿書類を保存することはできません。

所得税法や法人税法、消費税法では、帳簿の作成や書類の保存を定めていますが、このうち電帳法の対象としてデータで保存できるのは、一部の条件を満たす帳簿や書類であって、すべてがデータ保存の対象となるわけではありません。帳簿は記録の最初の段階から電子計算機を使用している

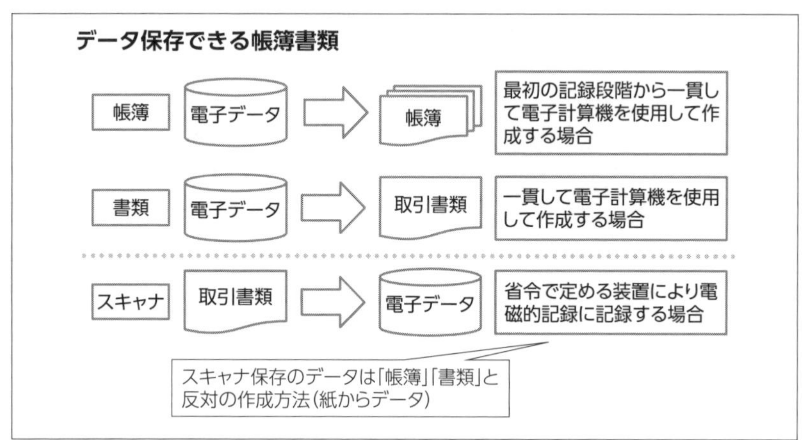

電帳法第4条の規定　電磁的記録の保存等

対象	1項	2項	3項
国税関係帳簿書類の全部又は一部	自己が最初の記録段階から一貫して電子計算機を使用して作成する場合	自己が一貫して電子計算機を使用して作成する場合	当該国税関係書類に記載されている事項を財務省令で定める装置により電磁的記録に記録する場合

		対象	条件	例外
帳簿	1項	国税関係帳簿の全部又は一部	自己が最初の記録段階から一貫して電子計算機を使用して作成する場合	財務省令で定めるものを除く（正規の簿記の原則によらない帳簿）
書類	2項	国税関係書類の全部又は一部	自己が一貫して電子計算機を使用して作成する場合	
スキャナ	3項	国税関係書類の全部又は一部	当該国税関係書類に記載されている事項を財務省令で定める装置により電磁的記録に記録する場合	財務省令で定めるものを除く（決算書類） 財務省令に定める要件に従っていない場合（当該国税関係書類の保存が行われている場合を除く）財務省令の要件に従って保存
電子取引情報	所得税、法人税の保存義務者（源泉徴収に係る所得税を除く）	電子取引を行った場合には、電子取引の取引情報に係る電磁的記録を保存しなければならない	ただし書き規定の削除 ＊ただし、当該電磁的記録を出力した書面（マイクロフィルム含む）を保存する場合はこの限りではない	

場合と定められていますので、会計システムなどを使用して仕訳情報を入力している場合に、データの保存を行うことができます。そのため、手書きで作成された帳簿や紙に出力した帳簿などは、電帳法の対象外であり、データで保存する対象になりません。

国税関係書類については、電子計算機を使用して作成する「書類」と装置（スキャナ）によりデータに記録する「スキャナ」の保存方法がありますので、ほぼすべての取引書類を電帳法の対象としてデータ保存することができます。「書類」は、電子計算機を使用して作成する書類が対象となるため、会計システムから作成した「決算書類」、及び業務システムやパソコンなどから出力した請求書や領収書などの発行した取引書類の写し（控え）がデータ保存の対象となります。

「スキャナ」保存は紙の取引書類が対象となるため、取引先から受領した取引書類のほか発行した取引書類の控えの書面をデータで保存することができます。

なお、電子取引の取引情報は税法で定める帳簿書類ではありませんので、データ保存の対象というよりは、そもそもデータで保存しなければならないものとなります。

データで保存できない帳簿

Q51　データで保存することができない帳簿とは、どのようなものになりますか。

A　データで保存できる帳簿は、システムを使用し一貫して作成されたものが対象となりますので、紙で作成された帳簿からデータを作成（スキャナ保存）することはできません。また、正規の簿記の原則に従っていない帳簿もデータ保存することはできません。

解説

帳簿は、記録の最初の段階から電子計算機を使用して作成したものでなければ、データ保存の対象とすることができませんので、手書きの帳簿や紙に出力された帳簿はデータで保存することができません。また、スキャナ保存の対象は取引書類のみとなりますので、帳簿や決算書類などは保存の対象とすることができません。

そのほか、取引明細のない集約値を仕訳情報とした帳簿や、帳簿といえない集計用のメモなどのような正規の簿記の原則（複式簿記の原則）に従っていないものは、電帳法の対象にすることはできません。

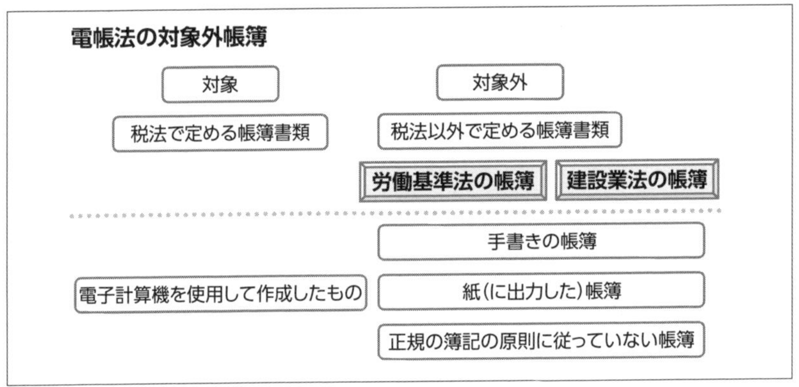

主要な帳簿

Q52 データ保存の対象となる主要な帳簿とはどのような帳簿ですか。

A 主要な帳簿は、所得税法や法人税法で定める取引に関する帳簿で、具体的には仕訳帳、総勘定元帳、その他必要な帳簿になります。消費税法で定める帳簿は、これらの主要な帳簿に消費税で定める必要な事項を追記したもので保存する場合は、主要な帳簿に含まれます。

解 説

所得税法や法人税法で定める帳簿は、仕訳帳、総勘定元帳、その他必要な帳簿（補助簿）であり、最も基本的な帳簿になります。中でも仕訳帳及び総勘定元帳は、すべての事業者に作成するよう義務付けられているもので、必ず作成する必要があります。これに対し、売上帳・仕入帳・売上原価台帳・固定資産台帳・賃金台帳・経費帳などといった補助簿は、その他必要な帳簿ですので事業者が必要な場合に作成するもので、必ずしもすべての事業者が作成する必要はありません。

帳簿は、取引の発生順に仕訳処理することとされているため、仕訳情報は取引ごとに作成することが原則になりますので、すべての取引を仕訳帳及び総勘定元帳に記録することができない場合、取引ごとの明細を記録した補助簿を作成し保存する必要があります。

一般的な会計システムでは、仕訳処理の入力を行う場合、入力するデータには、取引年月日、及び計上年月日（記載年月日に相当します）が必要となりますが、補助簿の場合、取引年月日だけで計上年月日（記載年月日）は必ずしも記録されることはありませんので、総勘定元帳などへ仕訳情報を連携する際に計上年月日を記録することもできます。

なお、補助簿は、事業者が必要な場合に作成するため、名称や種類、作成単位などに制限はなく任意で決めることができますので、売上などを一つの補助簿ではなく、複数の補助簿として作成することもできます。また、

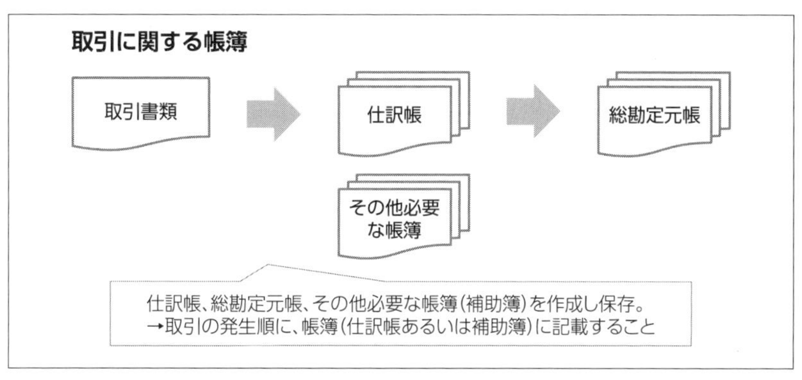

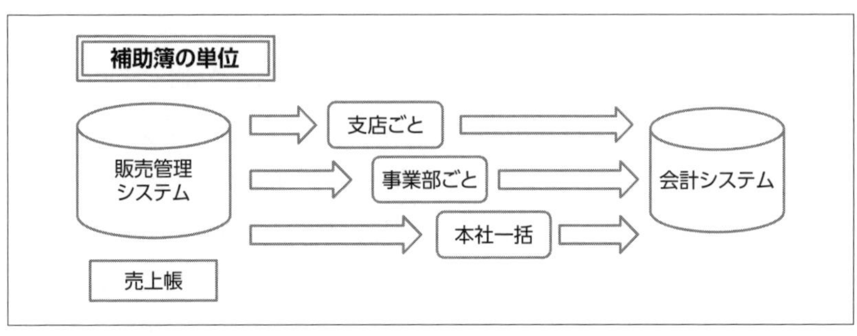

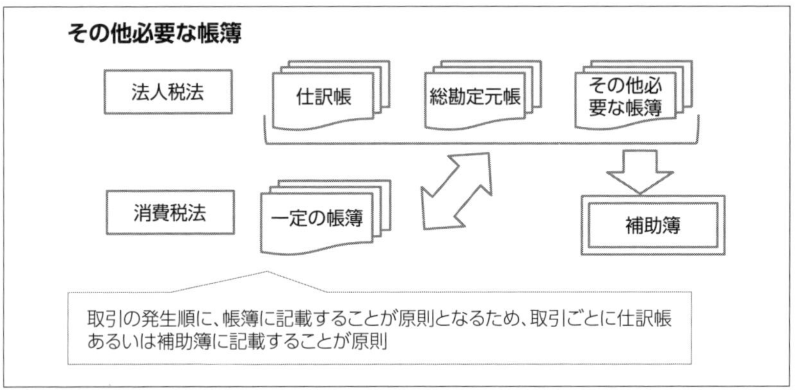

補助簿、補助記入帳の例

種類	記載する事項	記録事項							留意事項
現金出納帳	現金の出納に関する事項	取引年月日	事由	出納先			金額	残高	
当座預金元帳	当座預金の預入れ及び引き出し	取引年月日	事由	支払先			金額		預金の口座ごと
手形帳	手形の債権債務	取引年月日	事由	相手方			金額		手形の種類ごと
売掛金元帳	売掛金の発生、回収	取引年月日	品名等		数量	単価	金額		売上先ごと
買掛金元帳	買掛金の発生、支払	取引年月日	品名等		数量	単価	金額		仕入先ごと
他の債権債務元帳	債権債務の発生ごと	取引年月日	事由	相手方			金額		種類ごと
有価証券台帳	有価証券の購入、譲渡	取引年月日	事由	相手方	数量	単価	金額	銘柄	
原価償却資産台帳	減価償却資産の取得、稼働、譲渡	取引年月日	事由	相手方	数量		金額		用途、細目、耐用年数ごと
繰延資産台帳	繰延資産の取得、使用、廃棄	取引年月日	事由				金額		
他の資産台帳	資産の種類ごと	取引年月日	事由	相手方	数量		金額		
売上帳	売上の発生、返還、割り戻し	取引年月日	品名等	売上先	数量	単価	金額	総額	小売業の例外（総額）あり
雑収入元帳	その他の収入の発生	取引年月日	事由	相手方			金額		収入の種類ごと
仕入帳	仕入の発生、返還、割り戻し	取引年月日	品目等	仕入先	数量	単価	金額	総額	
経費帳	経費の発生	取引年月日	事由	支払先			金額		勘定科目の種類ごと

補助簿の単位は、帳簿の種類だけでなく支店や事業所などの単位でも作成することができます。

消費税の帳簿

Q53 消費税法で作成するよう定められている帳簿とは、どのような帳簿ですか。

A 消費税法では、資産の譲渡等、又は課税仕入れについて、帳簿に記録し保存するよう定めていますが、これとは別に、課税仕入に係る帳簿を保存しないと、仕入税額控除を適用しないと定められています。

解説

消費税の帳簿は、資産の譲渡や課税仕入れについて作成し保存する義務のある帳簿と、仕入税額控除の要件として必要な帳簿の規定があります。

消費税法第58条で定められている帳簿は、資産の譲渡、及び課税仕入れについて記載するよう定められたもので、消費税に関するすべての取引を記載する帳簿になりますので、法人税法でいう総勘定元帳や補助簿に相当するものです。消費税の帳簿は、（消費税固有の事業者でない限り）単独の帳簿ではなく、所得税や法人税の主要な帳簿に消費税固有の事項を記載したものになります。そのため、所得税や法人税の保存義務者が取引に関する仕訳帳、総勘定元帳、補助簿を作成する際に、消費税に必要な事項を記載したものが、消費税の帳簿になります。

これに対し、仕入税額控除の要件として定められている消費税の帳簿は、保存しないと仕入税額控除を行うことができないと定められています。この仕入税額控除に必要な帳簿は、課税仕入れ（課税貨物等含む）に係る事項を、すべて記載した帳簿になります。また、対価の返還に関する帳簿については、売上に係る対価の返還等に係る帳簿、及び特定課税仕入れに係る対価の返還等に係る帳簿などがあり、これらの帳簿は事実発生の課税期

消費税帳簿の規定

<table>
<tr><th>根拠条文</th><th>名称</th><th>対象者</th><th>帳簿の種類</th><th>義務等</th><th></th></tr>
<tr><td rowspan="2">58条</td><td rowspan="2">帳簿の備付け等</td><td rowspan="2">事業者又は特例輸入者</td><td>資産の譲渡等又は課税仕入れ</td><td rowspan="2">帳簿に記録し保存しなければならない</td><td rowspan="2">保存義務</td></tr>
<tr><td>課税貨物の保税地域からの引き取りに関する事項</td></tr>
<tr><td rowspan="3">30条</td><td rowspan="3">仕入に係る消費税額の控除</td><td rowspan="3">事業者</td><td>課税仕入れ</td><td rowspan="3">課税仕入れの税額の控除に係る帳簿及び請求書等を保存しない場合、（税額の控除を）適用しない</td><td rowspan="6">控除要件</td></tr>
<tr><td>特定課税仕入れ</td></tr>
<tr><td>保税地域から引き取る課税貨物</td></tr>
<tr><td rowspan="2">38条</td><td rowspan="2">売上に係る対価の返還等をした場合の消費税額の控除</td><td rowspan="2">事業者</td><td>課税資産の譲渡等に係る返品、値引き、割り戻し等</td><td rowspan="2">売上げに係る対価の返還等をした金額の明細を記録した帳簿を保存しない場合、（税額の控除を）適用しない</td></tr>
<tr><td>税込価格の売掛債権について減額をした場合</td></tr>
<tr><td>38条の2</td><td>特定課税仕入れに係る対価の返還等の帳簿</td><td>事業者</td><td>特定課税仕入れに係る対価の返還等を受けた場合</td><td>特定課税仕入れに係る対価の返還等を受けた金額の明細を記録した帳簿を保存し、（税額の控除を）適用しない</td></tr>
</table>

間で仕入税額控除を行うために必要なものとなります。

この消費税に関する取引をすべて記録する帳簿と、仕入税額控除に必要なこれらの帳簿は、それぞれ別々に作成することはなく、実際には同じ帳簿に記載するものとなります。

なお、これらの消費税の帳簿は、消費税法上必要な事項を記載するものとなりますので、法人税の主要な帳簿（総勘定元帳、又は補助簿）に必要な事項を記録したものとなります。

仕入税額控除に必要な帳簿

Q54　消費税法では、仕入税額控除に必要な帳簿が定められていると聞きましたが、どのような帳簿ですか。

A　消費税の仕入税額控除を受けるために必要な帳簿は、①相手先氏名、②課税仕入れの年月日、③資産、又は役務の内容、④支払対価の額、を記載した帳簿を保存する必要がありますが、帳簿のみで仕入税額控除を行う場合は、さらに、⑤支払先の名称、⑥取引内容、などを記載する必要があります。

解　説

消費税の事業者が資産の譲渡、及び課税仕入れを行った場合は、消費税の帳簿を作成する必要がありますが、課税仕入れに関する帳簿を保存しないと、仕入税額控除の適用を受けることができないため、必ず作成する必要があります。消費税法では、（適格）請求書と帳簿を保存しないと、仕入税額控除を適用しないと定められていますので、所得税法や法人税法の帳簿よりも厳しい取扱いとなっています。

消費税の帳簿は、資産の譲渡、及び課税仕入れについて記載する帳簿と、仕入税額控除に必要な帳簿がありますが、双方とも課税仕入れに必要な事項を記載するもので、それぞれが違う帳簿ではありません。一方が作成、及び保存義務がある帳簿であるのに対し、一方は仕入税額控除の要件として課税仕入れの事実を記載する帳簿であるため、これを作成しない場合には、税額控除を認めないことを明確にしたものになります。

なお、インボイス（適格請求書）制度が開始されると、消費税の帳簿を作成する事業者はこれまで以上に増えることから、消費税の帳簿を作成する対象者も増えることになります。

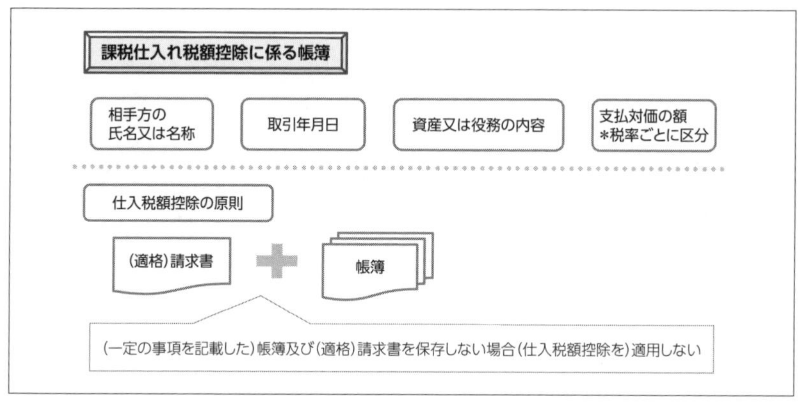

保存が必要な書類

Q55 税法で保存しなければならない書類とは、どのような書類ですか。

A 税法で保存が義務付けられている書類は、所得税法や法人税法で定められた「取引書類」、及び「決算書類」が最も代表的な書類になります。また、消費税法では適格請求書等や本人確認書類などの書類についても保存するよう定められています。

解　説

所得税法や法人税法で保存するよう定められている書類を、国税関係書類といいますが、具体的には「決算書類」、及び「取引書類」になります。また、消費税法では仕入税額控除の要件として（適格）請求書を保存する必要があります。

<取引書類>

国税関係書類の中で最も種類や量が多く、重要性が高いのは「取引書類」になります。保存する「取引書類」は、相手方から受け取ったもの（相手方発行書類）と自社が発行した控え（自社発行の写し）について、それぞ

れ保存するよう定められています。

取引には、次のような一連の流れがあります。

見積り→契約→注文→納品→請求→決済

このような取引では、それぞれのタイミングで取引書類が発行され、相手方が受領することで取引が成立します。

「見積書」→「契約書」→「注文書」→「送り状」→「請求書」→「領収書」

所得税法や法人税法では、これらの書類のうち、請求書を除く書類を代表的な書類として例示し、相手先から受領したこれらの書類、及び準ずる書類について保存するよう定めています（請求書は準ずる書類の扱い）。

また、発行者にはこれらの書類を発行した控えについても、控えを作成している場合は保存するよう定めています。

<決算書類>

法人税法では、事業年度ごとに決算を行い、「棚卸表」「貸借対照表」「損益計算書」などの決算書類を作成し保存するよう定めていますが、決算書類はこれらの書類、及びその他決算の際に作成された書類であり、納税者が保存するよう定められています。

また、消費税法では、（適格）請求書等を保存しない場合は仕入税額控

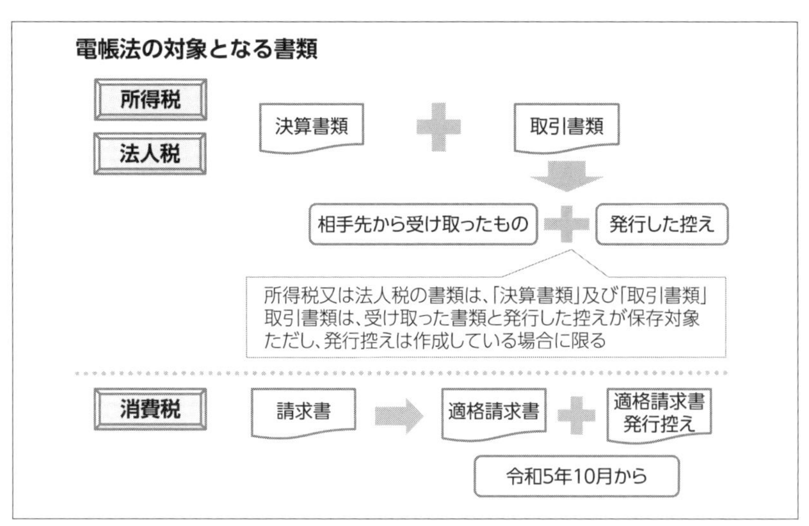

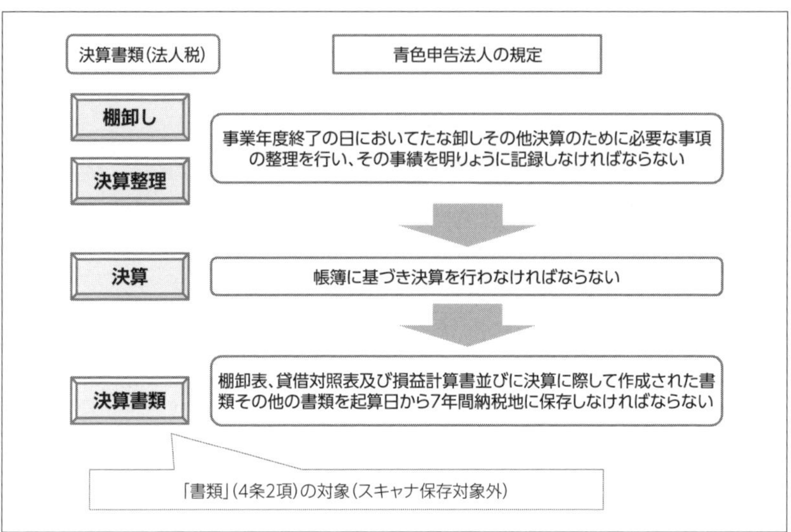

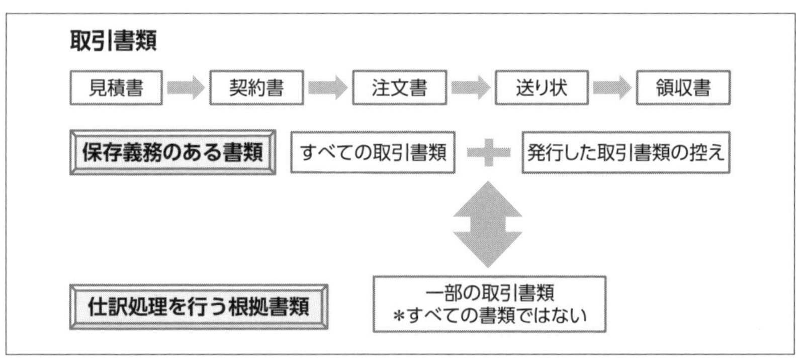

種類	内訳	書類	スキャナ
決算書類	棚卸表、貸借対照表、損益計算書	○	×
	決算に関して作成されたその他の書類	○	×
取引書類	取引に関して相手方から受け取った注文書、契約書、送り状、領収書、見積書その他これらに準ずる書類	×	○
	自己の作成した注文書、契約書、送り状、領収書、見積書、その他これらに準ずる書類でその写しのあるもの	○	△

除を適用しないと定められています。

必要経費の算入や消費税の仕入税額控除を行うには、根拠となる領収書や請求書、納品書といった取引書類を保存し、帳簿を作成する必要がありますので、これらの帳簿や書類は整理して保存することが必要になります。

消費税の請求書

Q56 消費税の仕入税額控除に必要な請求書とは、どのような書類をいいますか。

A 仕入税額控除を行うために必要な請求書は、①発行者の氏名、②取引年月日、③取引内容、④対価の額、⑤受領者の氏名、が記載された書類になります。また、適格請求書には、登録番号や税率区分ごとの税額や金額も必要ですが、特定の書式はなく領収書や請求書、又は納品書などの書類が該当します。

解説

消費税の仕入税額控除を行うためには、（適格）請求書を保存する必要がありますが、この（適格）請求書は特定の様式が定められているものではなく、一定の事項が記載されたものと定められています。請求書は、軽減税率が導入された令和元年からは区分記載請求書、インボイス制度が開始される令和5年10月からは適格請求書となりますが、いずれの書類も特定の書式や様式の定めはなく、必要な事項を記載した書類でよいとされています。

消費税の適格請求書に必要な事項は、一般的に流通する請求書、領収書、納品書などに記載されることが多いため、実際にはこれらの書類が（適格）請求書になる可能性が高いと思われます。

所得税法や法人税法では、すべての取引書類を保存することが必要と定められています。消費税の（適格）請求書もこれに含まれますが、所得税法や法人税法では取引書類の保存が義務であるのに対し、消費税法では保存義務だけでなく税額控除の要件としても必要になると定められています。

消費税の請求書に必要な記載事項は、「発行者」「取引年月日」「取引内容」「対価の金額（税込み）」「受領者」の5つになりますが、令和元年10月に軽減税率制度が導入されてからは、取引内容の「軽減対象資産の譲渡である旨」「対価の額」は、「税率ごとに区分した対価の額」へと変更されています。また、令和5年10月からのインボイス制度では、「発行者」の名称に加え適格請求書発行事業者である「登録番号」が必要になります。また、「税率ごとに区分した対価の額（税込み）」は「税抜価額、又は税込価額」

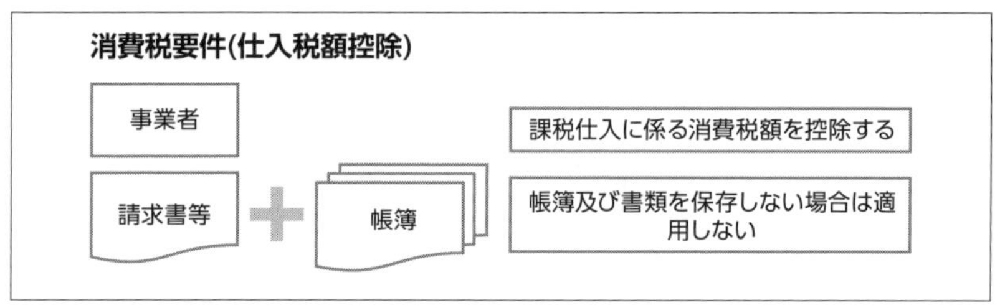

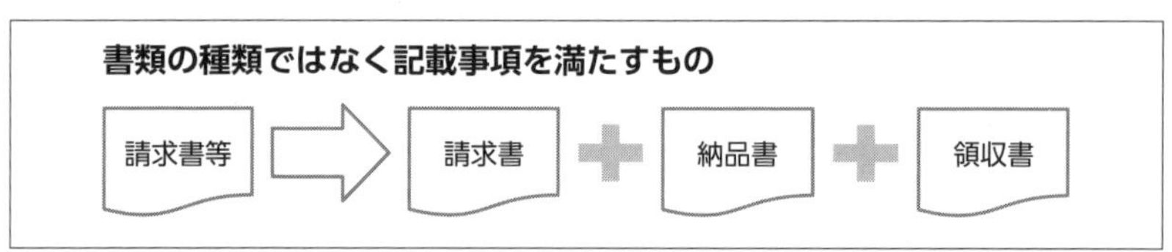

請求書の記載事項

請求書等	区分記載請求書等	適格請求書等
～令和元年9月	令和元年10月～	令和5年10月～
発行者の氏名又は名称	⇒	⇒
		登録番号
取引年月日	⇒	⇒
取引の内容	⇒	⇒
	軽減対象資産の譲渡である旨	⇒
対価の額（税込み）	⇒	⇒
	税率ごとに区分して合計した課税資産の譲渡等の対価の額（税込み）	⇒ 税抜価額又は税込価額
		税率ごとの消費税額及び適用税率
受領者の氏名又は名称	⇒	⇒

へ変更され、「税率ごとの消費税額、及び適用税率」の記載も必要となります。

適格請求書等には“等”が含まれていますが、請求書にはすべての事項が記載されない簡易な請求書が含まれることから請求書等となっています。簡易な請求書は、小売業、飲食店業、タクシー等不特定多数の者に対するサービスや販売を行う場合に発行するもので、「受領者」の記載を省略することができます。なお、スーパーやコンビニなどから発行される領収書は、相手先を記載することができますが、取引の内容は確認できない場合が多く、レシートは相手方の名称を記載できませんが、取引の内訳は記載されています。

また、消費税法で保存するよう定められている書類には、適格請求書等のほか本人確認書類などがあります。

第6章

電子取引

電子取引の保存義務

Q57 電子取引を行った場合、なぜ取引情報（データ）を保存しなければならないのでしょうか。

A 所得税法や法人税法では、書面で行った取引書類の保存が義務付けられていますが、電子取引に関しては、電帳法で取引情報に係る電磁的記録を保存するよう定めています。電子取引の取引情報は、書面ではなくデータによる取引になるため、原本であるデータを保存することが原則になります。

解説

所得税法や法人税法には、取引書類の保存義務はありますが、電帳法が制定されるまで電子取引に関して保存する義務の規定はどこにもありませんでした。電帳法は立法趣旨のとおり、帳簿書類をデータで保存するための特例になりますが、同時に電子取引の取引情報についての規定も整備しています。電帳法では、「所得税及び法人税に係る保存義務者は、電子取引を行った場合には、電子取引の取引情報に係る電磁的記録を保存しなければならない」（電帳法７）と定められていて、電子取引を行った場合の取引情報を保存する根拠は、電帳法の規定になります。

所得税法や法人税法で保存するよう定められている取引書類は、「受け取った取引書類」、及び「発行した書類の控え」であり、あくまでも書面（紙）で発行するもので、電子取引の取引情報（データ）は対象になりません。書面取引と電子取引の違いは、取引の方法が紙かデータによる違いだけで、取引書類と取引データの記載（記録）事項や内容などに違いはありません。ただし、書面取引では受領する書類と発行控えの書類が分かれるため、受領した正本と発行した控えには明確な違いがありますが、取引データには、受領データと発行データに違いはなく、控えという概念はありません。取

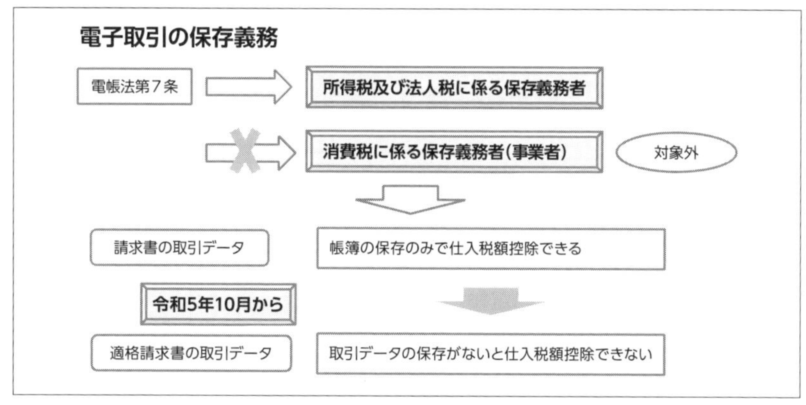

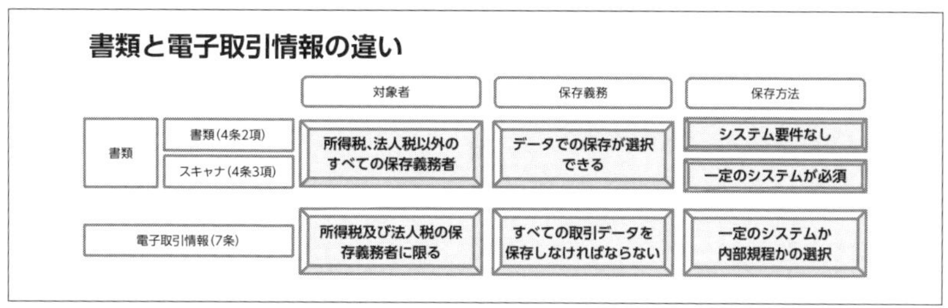

引データを送信する場合も受信する場合も、いずれも発信者、及び送信者双方に取引データの正本が保存されることになります。

このように電子取引の取引情報は、取引書類と同じ内容のものであり取引書類と同じように保存する必要があるため、電帳法で電子取引の取引情報として保存義務が定められていることになります。取引データは、取引書類と同じように必要経費や税額控除の根拠となる場合もあり、課税標準や税額の計算に影響を及ぼす重要なデータの場合は、税務調査の際に、調査官から取引データ（正本）の提示を求められることになりますので、電帳法で定める保存要件に従って適切にデータを保存する必要があります。

保存が必要な取引情報

Q58 保存が必要な電子取引の取引情報とは、具体的にどのようなデータですか。

A 保存が必要な取引情報は、所得税法や法人税法で定められた取引書類と同じ内容のデータになりますので、取引先と送受信を行った取引書類（注文書・請求書・契約書・領収書・納品書・見積書など）に記載されたものと同じ内容のデータです。

解説

保存が必要な電子取引の取引情報は、所得税法や法人税法で定められている取引書類と同じ事項が記録されたものになります。そのため、注文書や請求書などの取引書類をデータ化したものをはじめ、注文書や請求書に記載された事項と同じ内容を記録したデータまで、様式や形式は関係ありません。したがって、取引書類に記載された内容と同じ記録であれば、書面以外の方法で行う取引は、ほぼ電子取引に該当するものといえます。

電子取引の取引データは、必要経費や仕入税額控除に必要な領収書や納品書、契約書、請求書といった重要なデータだけでなく、課税標準や税額の計算に影響しない取引情報も含まれています。電子取引の取引データには、注文データや請求データといった情報だけでなく、受注確認や出荷連絡など取引に関する様々なデータがあり、これらのデータがすべて仕訳処理に必要となる重要な取引情報とは限りませんが、保存対象のデータに含まれることは間違いありません。保存義務の対象となる取引データは、税務調査の際に、調査官から提示を求められたら、正当な理由がない限り提示しないという選択はできません。電子取引を行った場合には、重要な取引情報だけでなく、すべての取引情報を保存する義務がありますので、WEB取引による備品や消耗品などの購入により、サイトなどに掲載された領収書データだけを保存すればよいということにはなりません。WEB取引では、購入の際に取り交わした注文メールや請求メール、納品メールなどといった取引データは、すべて保存する義務のあるデータに含まれます。

また、領収書のデータではなくクレジット明細や振込明細などの支払情報だけを保存している場合、これらの明細だけで仕訳処理の根拠とするには不十分となることもありますので、支払先や支払内容などが確認できる取引データを保存する必要があります。

このように電子取引の取引情報は、書面取引の場合以上に取引データが提供されることが多く、保存しなければならない取引情報を確実に保存するには、保存する取引情報の範囲を定めた規程などを作成して運用することが必要です。

なお、電子決済などのデータは、決済を行う金融機関等が管理する暗号化されたものであり、金融機関等でなければ確認できないものとなってい

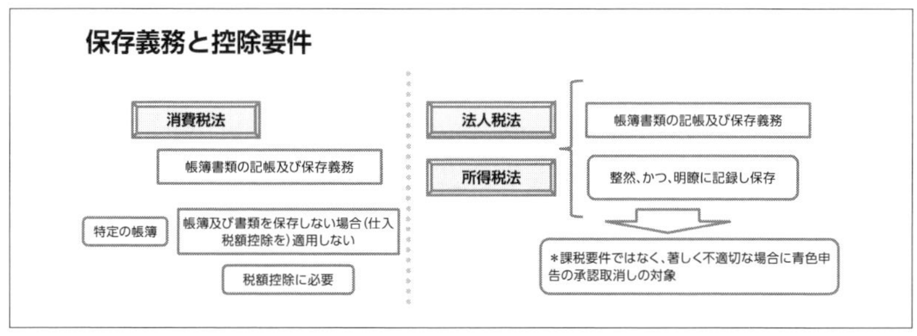

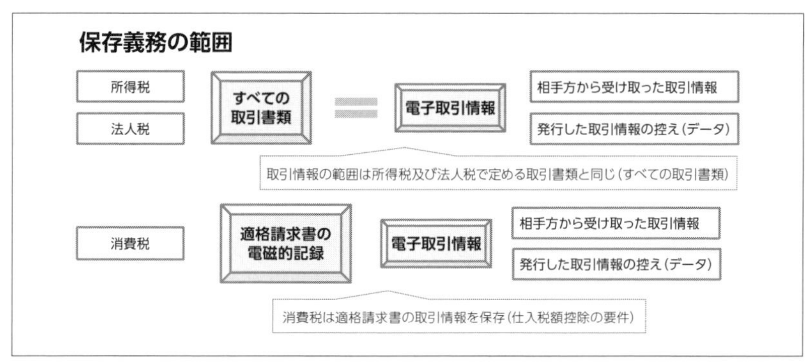

るものであり、通常、取引書類に記載される事項を記録したデータには該当しないため取引情報には当たりません。ただし、金融機関等から送られる取引明細などのデータは取引情報に該当するため保存する必要があります。

保存しなくてもよい取引情報

Q59 取引先と電子メールで送信や受信したデータがある場合、保存しなくてもよいデータもあるのでしょうか。

A 取引先と電子メールによる情報を交換しても、これらの情報がすべて取引情報に該当するとは限りません。取引情報に該当しないメールには、挨拶や広告宣伝などのメールがありますが、取引先以外とのメールも取引情報に該当しません。

解説

電子メールは通信手段であって、相手先と取り交わす情報は、取引情報だけに限られているわけではありません。また、電子メールの相手方は、取引先だけでなく取引先以外や一般消費者、社内の従業員などとなる場合もあります。

取引先と取り交わす電子メールに限ると、本文だけの場合とファイルなどが添付されている場合では、取引情報の判定に違いがあります。

＜添付ファイルがある場合＞

添付されるファイルは、次のように分類し判断することができます。

①取引書類のデータ…取引情報に該当

②プログラムなど納品成果物のデータ…メール本文が取引情報に該当

③地図やパンフレットなどの広告宣伝物…取引情報に該当しない

①は、取引書類のデータが添付されていますので取引情報に該当します。

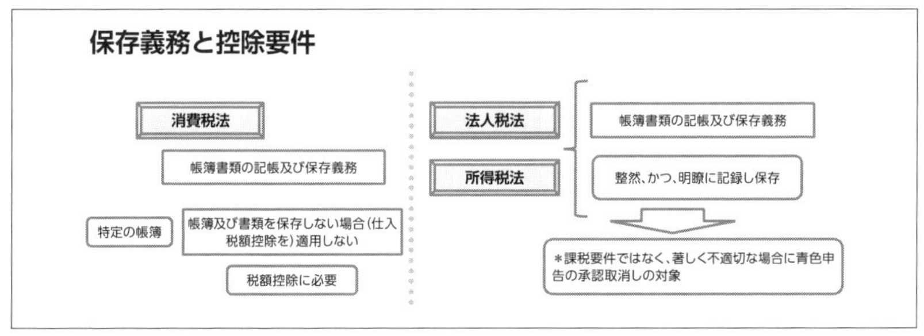

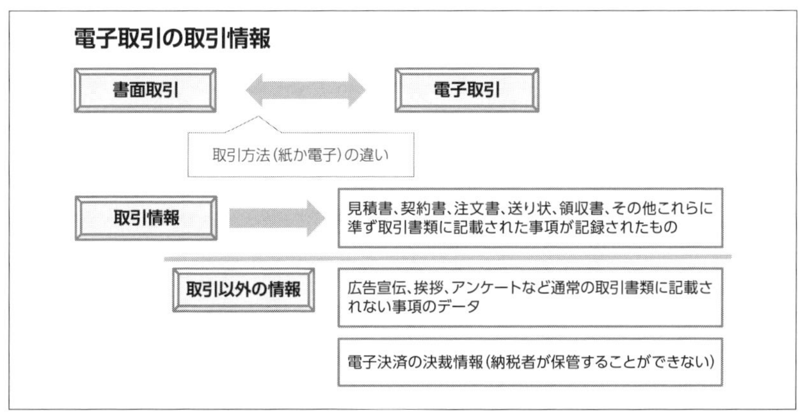

②は、納品成果物のデータが添付されていますので、電子メール本文が送り状となり取引情報に該当します。③は、取引情報が添付されていないため、取引情報に該当せず、メール本文も含めて保存する必要はありません。

このように電子メールの場合、取引先と取り交わしたメールであってもすべてのメールが取引情報に該当することはありません。そのため、電子メールで取り扱うデータは、保存する対象の範囲を明確にした規程などを作成する対応などが必要になります。

消費税の取引情報

Q60 消費税に関する（適格）請求書などの取引情報は、所得税や法人税などと同じように保存する必要がありますか。

A 適格請求書のデータは、消費税法により保存するよう義務付けられていますので、取引データ、又は出力した書面を保存することが必要です。ただし、このデータは、所得税や法人税の保存義務者が行った電子取引の取引情報にも当たるため、取引情報をデータで保存する必要があります。

解 説

電帳法の電子取引についての規定は、所得税や法人税の保存義務者に限定されたもので、消費税の事業者には適用されません。そのため、電子取引により請求書情報の送（受）信を行っても、消費税法の規定は適用されませんが、保存しなくてよいというわけではありません。

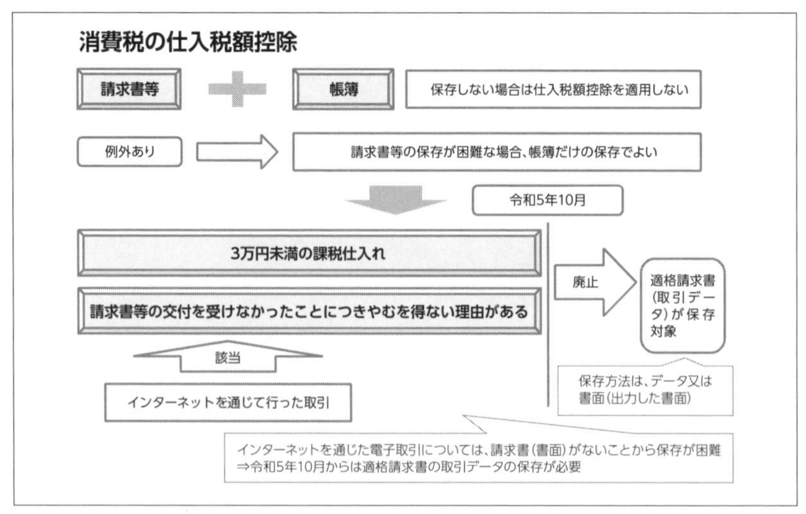

電磁的記録の規定

仕入に係る消費税額の控除	事業者が課税仕入れ等の税額の控除に係る**帳簿及び請求書等**（請求書等の交付を受けることが困難である場合、特定課税仕入れに係るものである場合その他政令で定める場合は帳簿）**を保存しない場合は適用しない**	電帳法30①七

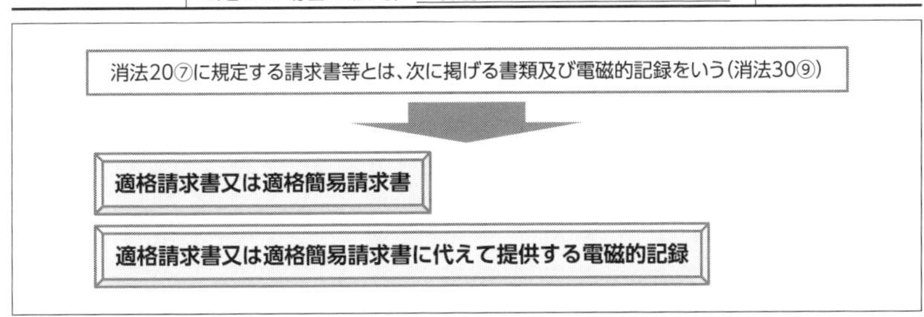

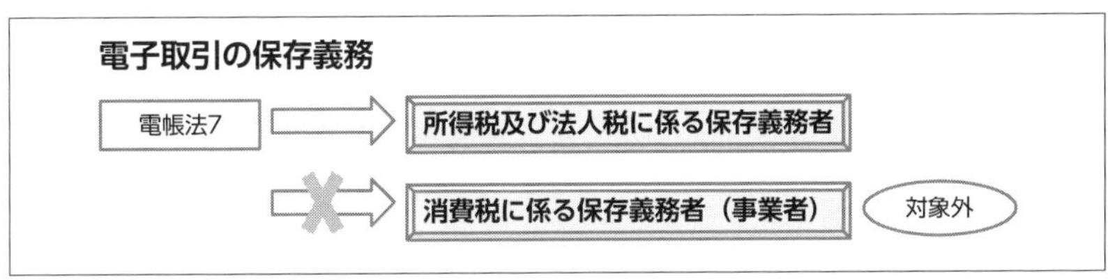

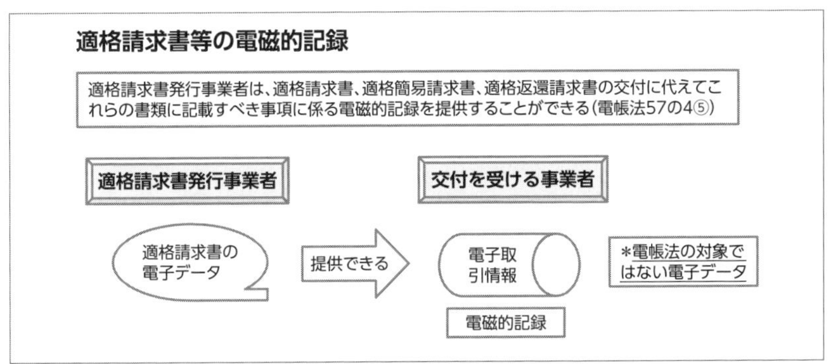

消費税の請求書の情報は、所得税や法人税で定める電子取引の取引情報にも含まれるため、取引データは保存する義務があることに変わりありません。

インボイス制度が開始されると、適格請求書は書類及び電磁的記録に改正されるため、書面とデータは同じ取扱いとなります。適格請求書の取引データは、保存しない場合は仕入税額控除を適用しないと定められていますので、従前の請求書の取引データと違い最も重要な取引データとなります。

電子取引の種類

Q61 電子取引の取引情報には、どのような種類がありますか。

A 一般的な電子取引は、①EDI取引、②インターネット等による取引、③電子メール、による取引情報の授受、などの形態がありますが、保存すべき取引情報は取引に関する情報ですので、注文・請求・納品などのほか支払明細や利用明細など紙以外で交換する取引情報になります。

解　説

電子取引の取引情報は、「取引情報の授受を電磁的方式により行う取引」と定められていて、以下の４つが例示されています。

①いわゆるEDI取引
②インターネット等による取引
③電子メールにより取引情報を授受する取引
④インターネット上のサイトを通じて取引情報を授受する取引

電子取引の種類には様々な種類がありますが、どのような種類であっても必要な取引情報を保存することに変わりはありません。取引データを書面に置き換えた場合に「取引書類」に該当する場合は、保存が必要な取引情報に該当し、税務調査では、調査官から取引情報を提示するよう求められる場合があるので、必ず保存する必要があります。

EDI取引は、企業など事業者間で取引を行うために作られた仕組みであり、取り交わされる情報は、すべて電子取引の取引情報に該当することになります。ただし、EDI取引の情報は一連の取引（契約）について、見積・注文・注文請け・納品・納品確認・検収・検収確認・請求、などといった様々な情報が取り交わされるため、これらの情報を取引情報の単位ではなく、取引単位で整理して保存することもできます。EDI取引は、システムを管理し運営する事業者が、すべての情報をデータベースとして管理していますので、利用者が取引ごとのデータを保存する必要はありません。取引情報を保存する場合は、運営管理者と相談（契約）するなどの方法で、保存に必要な取引情報を保存することになります。

<インターネット等による取引情報>

電子取引は専用回線を除き、一般的な電子取引はほとんどがインターネットを利用したものであり、日々様々な取引情報が取り交わされていま

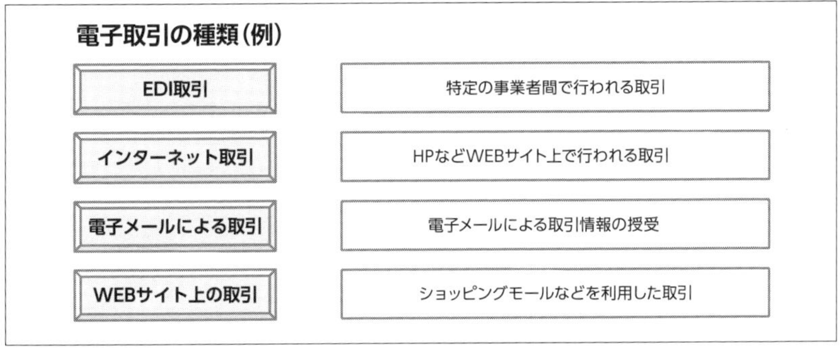

電子取引の種類（例）

EDI取引	特定の事業者間で行われる取引
インターネット取引	HPなどWEBサイト上で行われる取引
電子メールによる取引	電子メールによる取引情報の授受
WEBサイト上の取引	ショッピングモールなどを利用した取引

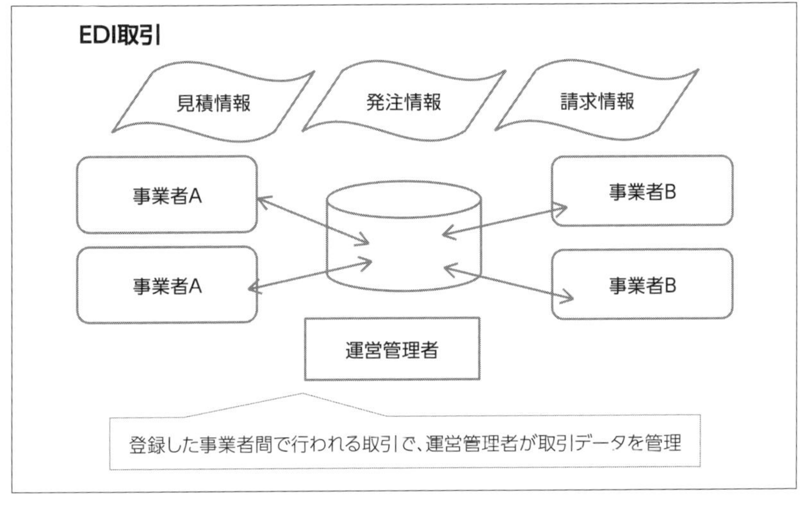

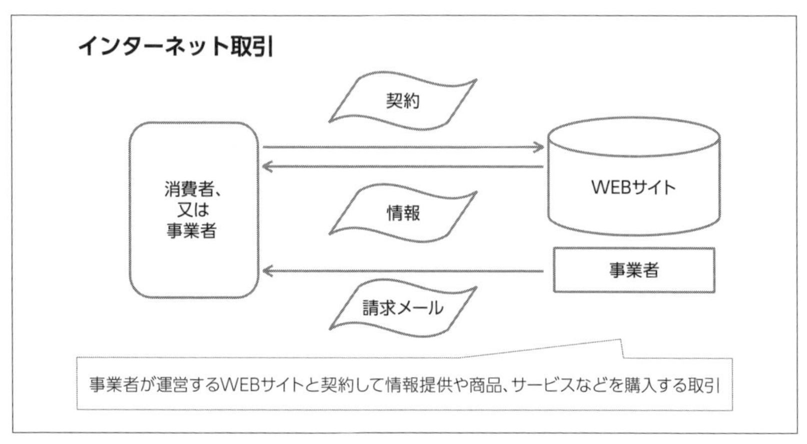

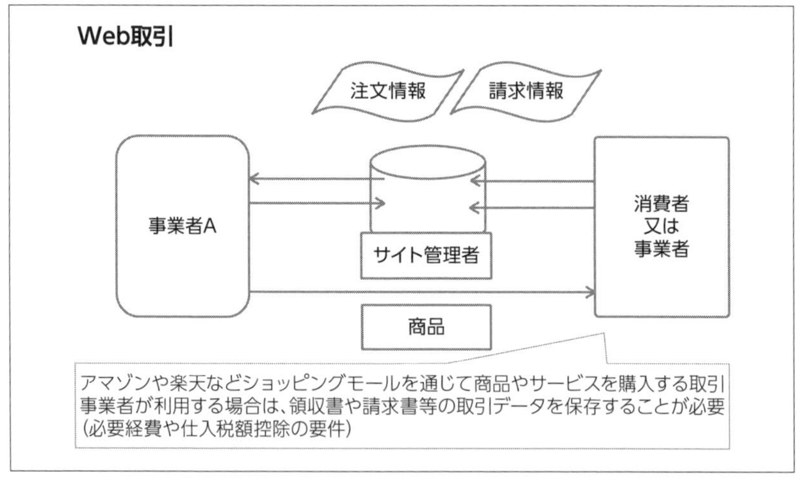

す。ショッピングサイトを利用し商品やサービスを購入し、領収書や請求書などの取引情報をWEBサイトからダウンロードする場合や、クレジットカードやICカードなどの利用明細をデータで取得する場合など、インターネットを利用してあらゆる取引情報が取り交わされています。パソコンだけでなく、スマホからアプリ決済の利用明細を受領する場合や、インターネットバンキングの振込から電子契約などの情報も、すべて電子取引の取引情報に該当します。なお、店舗などで受領する電子マネーなどの決

済データは、暗号化された決済情報であり、事業者が保存するのは、受領した際に利用者に発行した領収書などの明細のデータになります。

<電子メールによる取引情報>

電子メールにより授受する情報は、取引情報以外の情報のやり取りや、取引先以外との間での情報のやり取りなど、保存する対象とならない場合があります。インターネットも電子メールも同じように通信手段ですので、取引情報だけでなく様々な情報の提供を受けることがあり、（添付書類も含めて）取引情報か取引情報以外を区分して保存の判断をする必要があります。

電子メールの取引情報

Q62　電子メールの情報は、すべて保存しなければならないのでしょうか。

A　電子メールは、本文、及び添付ファイルも含めて、取引ごとに保存すべき取引情報に該当するか判断することになりますが、取引の相手方と取引情報を交換した場合は、保存義務がありますが、取引先とのやり取りでないメールや取引情報に当たらないメールは、保存する必要はありません。

解　説

電子メールは、書面の取引と違い、受領したデータだけでなく送信した側のデータも保存の対象であり、また、パソコンだけでなくスマホなども含めて取引情報をやり取りする機能のあるアプリでの情報は、保存しなければならない場合があります。また、対象となる電子メールは、本文、又は添付ファイルのどちらかとなる場合や、本文と添付ファイルの両方が保存対象となる場合もあり、保存データは個々の判断が必要になります。

電子メールや添付ファイルの保存には、個々のメールごとに判断する必要があるため、保存する対象か否かを判断するには「取引情報に該当するデータ」に該当するか、あるいは「取引情報に該当しないデータ」なのかを判断する必要があります。個別の判断は、取引書類を添付したメールなどの場合は、容易に判断することができますが、「取引情報に当たらない情報」に該当するか判断することは予想以上に難しいと思います。所得税法や法人税法で定められている取引書類は、「取引の相手方から受け取った書類及び取引の相手方へ発行した取引書類の控え」となっているように、電子取引も取引の相手方との授受となるため、相手方が取引先ではない場合は、取引情報に該当しないと判断することはできますが、事業者が扱う電子メールの相手先が、明らかに取引の相手方でないケースは少なく判断の基準には注意が必要です。

また、送付（受領）先が取引先であっても、「取引情報」に該当しない場合は、取引情報を保存する必要はありません。また、相手先が消費者のように不特定多数に送付するメールは、アンケートや広告宣伝などの場合は取引情報に該当しません。取引情報に該当する電子メールかどうか判断して保存することはかなり難しいといえます。

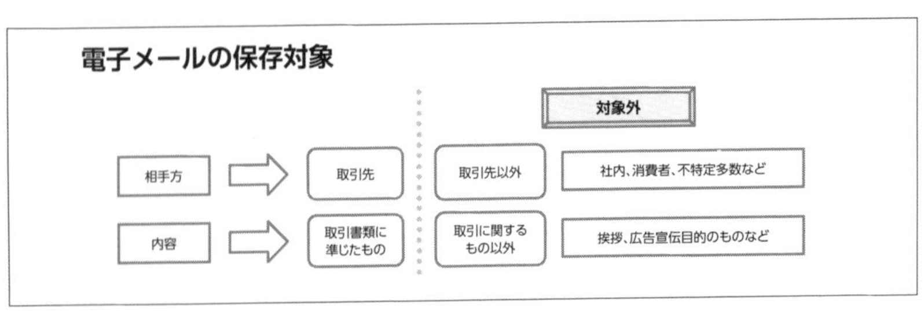

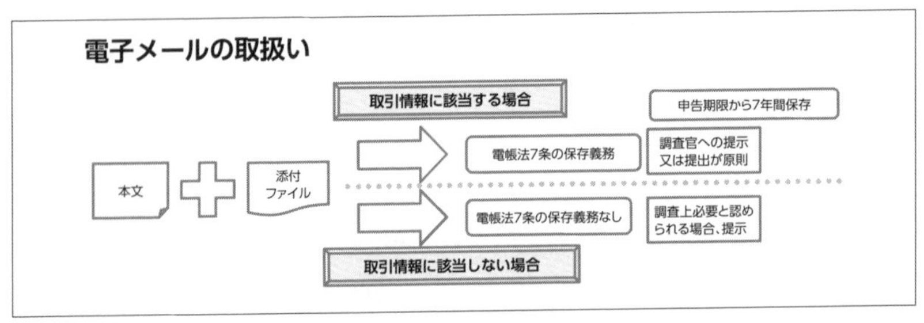

第7章

データの保存手続き

データ保存の開始手続き

Q63 電帳法の改正により、新制度で帳簿や書類をデータで保存するには、どのような手続きが必要ですか。

A 令和4年以降に、データ保存を開始する場合に特別な手続きはありませんが、帳簿や書類の保存をいつからデータ保存に切り替えたか分かるように、対象の帳簿や書類ごとにデータ保存開始日を記載した書類を作成しておくことが望ましいでしょう。

解説

電帳法が改正され、令和4年1月1日以降から新制度になっていますので、帳簿や書類をデータで保存するために必要な手続きは特にありません。ただ、データ保存した後に税務調査を受けた場合、保存義務のある帳簿書類についてどのように保存しているか保存状況を調査官に説明する必要があるので、説明に必要な書類を作成しておくことが望ましいでしょう。新たに帳簿書類を書面からデータに代えて保存しようとする場合、できれば対象となる帳簿書類の種類や名称、及びデータ保存に代える日等を記載した（内部）書類等を作成し保存するようにしてください。

所得税法や法人税法では、帳簿や書類は書面（紙）で保存することが原則ですので、書面からデータに代えて保存する場合は、保存方法の特例である電帳法が適用されます。令和3年12月末までの旧制度では、事前に税務署長の承認を受けてからはじめてデータの保存が開始できましたが、令和3年度改正によりこれまでの承認手続きが廃止され、ほとんどの手続きが廃止されています。承認手続きが廃止されたため「却下」「変更」「取止め」などの関連する手続きも併せて廃止になっています。

電帳法が新制度に代わったことで、新たに帳簿書類を保存する場合は、紙かデータのどちらかを選択することになりますが、どちらでもよいというわけではないので、保存する帳簿や書類ごとに保存方法が紙かデータか整理し、データで保存する際には電帳法で定める保存要件に従って保存する必要があります。

帳簿や書類を保存する場合、紙かデータを選択することになりますが、すべての帳簿ではなく一部の帳簿だけをデータで保存することもできます。また、書類についても帳簿と同じようにすべての書類ではなく一部の書類（例えば、書類の種類ごと）をデータで保存することもできますが、同じ種類（又は単位）の帳簿や書類を保存する際は、紙とデータを混在して保存することはできません。そのため、帳簿や書類をデータで保存する場合は、対象とする帳簿や書類について内部規程などを作成し整理しておくことが必要です。保存の対象とする帳簿は、帳簿の種類や名称ごとに整

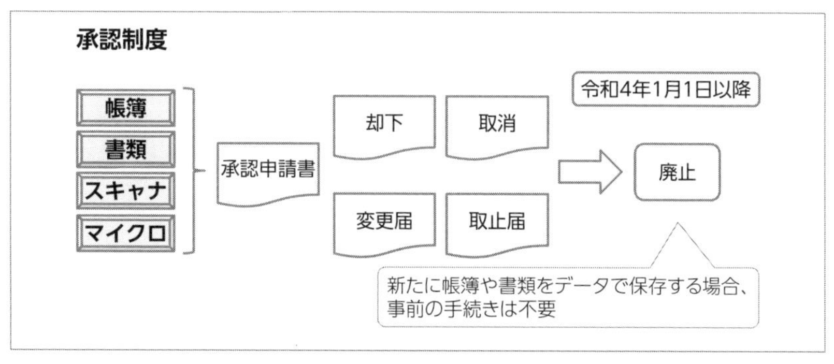

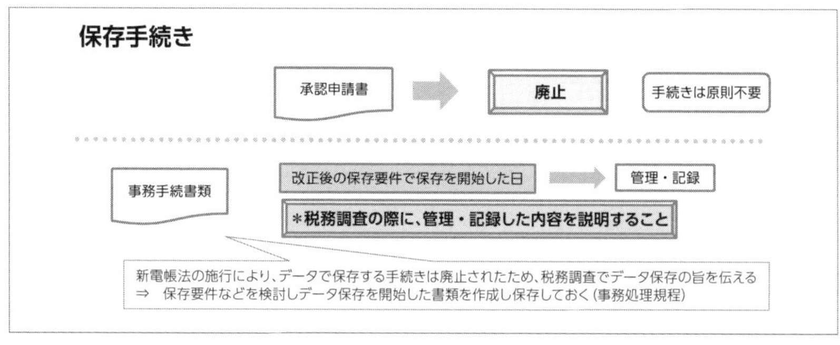

理し、データ保存開始日を記載した事務処理規程などを作成し保存しておく必要があります。また、書類についても書類の種類や名称ごとに整理し、帳簿と同じように規程等を整備する必要があります。

今後、税務調査を受けた際に、帳簿や書類をデータで保存していても事務処理規程などが整備されていないと、帳簿や書類の確認がスムーズに行えない可能性があります。また、保存したデータの明細を記載した事務処理規程などが作成されていないと、保存したデータが電帳法の保存要件を満たさないことになり、税務調査の際に保存したデータの帳簿書類が、電帳法違反であるとの指摘を受ける可能性もあります。電帳法に違反している場合、違反の程度によっては、調査の進捗に影響を与えるだけでなく、必要経費の算入や消費税の仕入税額控除などの税額計算にも影響があるので注意してください。

過去の書類のデータ保存

Q64 令和4年以降、帳簿書類をデータで保存する場合、過去の書類についても遡って保存することはできますか。

A 令和4年以降に帳簿書類をデータで保存する場合、令和4年以降に保存を開始する帳簿や書類に限られるため、旧制度の対象期間に遡って適用することはできません。ただし、スキャナ保存については、例外として過去の書類を遡って保存することができる場合があります。

解説

令和3年度改正の新制度に従い、新たに帳簿や書類をデータで保存できるのは、令和4年以降に保存を開始する帳簿や書類が対象です。そのため、改正前に保存している帳簿や書類について遡って新制度を適用することはできません。ただし、「スキャナ保存」は過去の取引書類について遡って

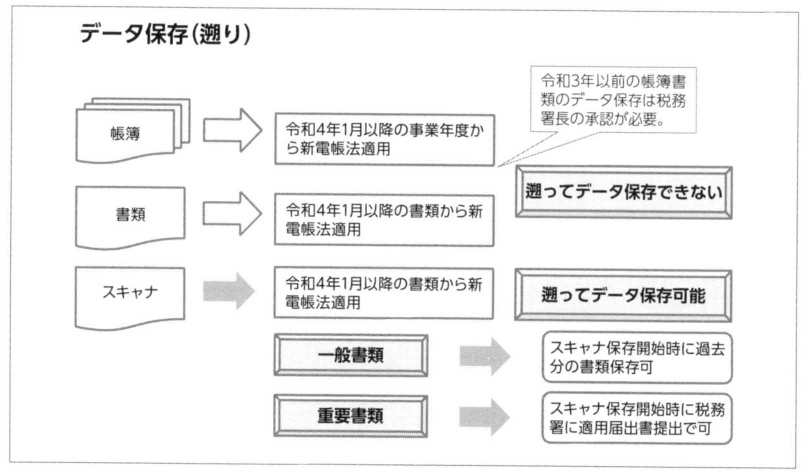

保存することができる例外の方法があるため、過去の取引書類をデータ保存することも可能です。

これに対し、「帳簿」や「書類」は、「一貫して電子計算機を使用して作成する場合」(「帳簿」電帳法4①、及び「書類」電帳法4②）に限り保存が開始できるもので、過去に遡ってデータ保存を開始することはできません。また、旧制度の期間に、承認を受けずに帳簿や書類（の控え）をデータで保存している事業者をたびたび見かけることがありましたが、これは電帳法違反になります。

ただし、「スキャナ」の保存方法は、データから書面を作成するのではなく、紙の取引書類をスキャナで読み取りデータとして保存するもので、書面からデータを作成するため、過去の取引書類についてもスキャナで読み取ることが可能です。ただし、スキャナ保存は入力期間が制限されているため、取引書類を取得してから入力期間内（通常の業務処理の期間＋7（営業）日以内）にデータを作成する必要があり、過去に遡って保存することは入力期間の制限に違反することになります。そのため、「スキャナ保存」は、過去の書類について例外として税務署に「適用届出書」を提出することで遡って保存できるようになっています。この「適用届出書」は、過去の「重要書類」について保存する場合に提出する必要がありますが、「一般書類」を保存する場合は、入力期間の制限がないため「適用届出書」を提出せずに過去の書類を遡ってデータで保存することができます。

データの保存方法

Q65 帳簿書類や電子取引情報をデータで保存するには、どのような方法がありますか。

A データの保存は、電帳法の保存要件に従って行う必要がありますが、法令の規定は「帳簿」「書類」「スキャナ」「電子取引情報」の種類に分かれていて、それぞれの種類ごとに保存要件が異なるため、これらの種類に従って適切な保存要件で保存する必要があります。

解 説

帳簿や書類、及び電子取引の取引情報をデータで保存する場合、電帳法の規定は「帳簿」「書類」「スキャナ」「電子取引情報」の種類ごとに異なる保存要件が定められているため、すべて同じ方法でデータを保存するこ

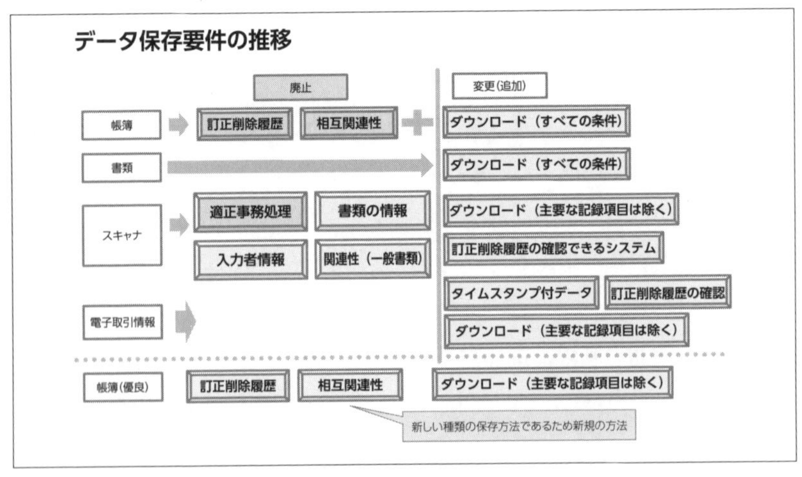

とはできません。また、「帳簿」は「(一般の電子）帳簿」だけでなく「優良な電子帳簿」の規定も整備されているため、2つの保存要件に分かれています（「スキャナ」保存についても「重要書類」と「一般書類」では保存方法が若干異なります)。

以上のように、電帳法の保存要件は、「帳簿」「書類」「スキャナ」「電子取引情報」の4つだけでなく「優良な電子帳簿」の規定や、「スキャナ」も「重要書類」と「一般書類」で異なる保存要件が定められているため、厳密にいうと6つの種類に分かれています。保存要件は、すべてのデータに共通する保存要件と、それぞれの種類に応じた固有の保存要件から成り立っています。共通の保存要件には、①「システム関連書類の備付け」（保存のための事務手続書類)、②「見読可能装置の確保」（データが確認できる環境の整備)、③「検索機能の確保」（データの検索条件設定を設定できること)」の3つがあります。ただし、検索機能の要件は、保存するデータの種類によって検索条件が異なるため完全に共通するものではありません。なお、検索機能の要件は、令和3年度の改正により、検索条件のうち、一部（又は全部）を新たに整備された「ダウンロード要件」に代えることができるようになっています。すべてのデータに共通する3つの保存要件に違反すると、税務調査の際にデータの確認が行えないことになり、調査に重大な支障を及ぼすおそれがあります。また、種類ごとの固有の保存要件には、データの訂正や削除を防止するためのシステム等を定めた要件などがあります。

保存要件の種類

Q66 データを保存する際に電帳法で定められている保存要件には、どのようなものがありますか。

A 電帳法の保存要件は、すべてのデータに共通する保存要件と、「帳簿」「書類」「スキャナ」「電子取引情報」の種類ごとに定められた固有の保存要件から成り立っています。なお、共通の保存要件のうち、検索機能の要件は種類によって、設定する検索条件に違いがあります。

解　説

令和2年度、及び令和3年度の税制改正において、「電子取引の取引情報」(令和2年改正)、及び「帳簿」「書類」「スキャナ」(令和3年度改正) の改正が行われ、旧制度の保存要件はすべて変更されています。また、「帳簿」は「(一般の電子) 帳簿」に加え、新たに「優良な電子帳簿」の保存要件が定められています。

データの保存要件は、「帳簿」「優良な電子帳簿」「書類」「スキャナ (重要書類・一般書類)」「電子取引情報」の種類ごとにそれぞれ異なる保存要件が定められているため、これらの種類ごとの保存要件に従ってデータを保存する必要があります。

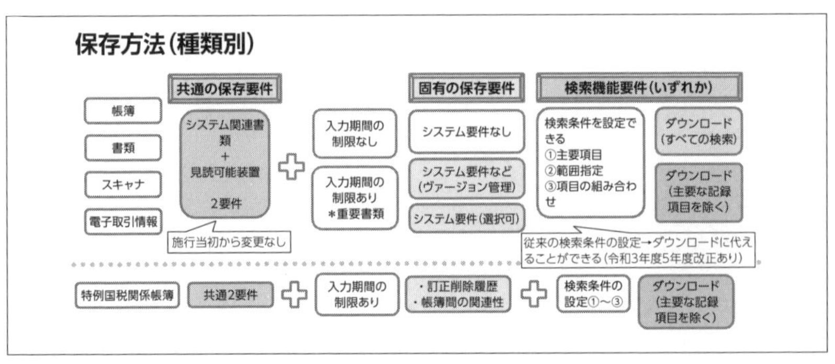

この保存要件は、すべてのデータに「共通の保存要件」、及び対象の種類ごとに定められた「固有の保存要件」から成り立っていますが、「共通の保存要件」にある「検索機能の確保」では、対象の種類ごとに求められる検索条件が異なるため、すべて同じ条件ではありません。この検索機能の要件は、令和3年度の改正により新たに追加された「データの提示、又は提出に応じること」（ダウンロード要件）に代えることができるようになっています。ただし、検索機能には、保存するデータの種類によって必要な検索条件が異なるため、検索機能のすべてをダウンロードに代えられる場合と、一部しか代えることができない場合があります。この検索機能の要件は、これまで税務調査の際に電帳法違反として問題を指摘される傾向にありましたが、ダウンロード要件が追加されたことで、これまでのような問題点を指摘されなくなるのではと考えられます。

共通の保存要件

Q67　すべてのデータに共通する保存要件は、どのようなものがありますか。

A　すべてのデータに共通する保存要件は、「システム関連書類の備え付け」「見読可能装置の確保」「検索機能の確保（検索条件の設定）」になりますが、このうち「検索機能の確保」は、保存対象の種類によって必要な検索条件は異なるため、すべて同じではありません。

解説

データの保存は、「帳簿」（一般の電子帳簿）「優良な電子帳簿」「書類」「スキャナ」（重要書類・一般書類）「電子取引の取引情報」の種類ごとにそれぞれ必要な保存要件が定められていますが、すべての種類に共通する保存要件は、「システム関連書類の備付け」、及び「見読可能装置の確保」になります。また、「検索機能の要件」もすべての種類に共通する要件ですが、

共通の保存要件

システム関連書類の備付け ＋ 見読む可能装置の確保

		要件	帳簿	書類	スキャナ		電子取引情報	特例国税関係帳簿	備考
					重要	一般			
		根拠法令	4条1項	4条2項	4条3項		7条	8条4項	
共通の保存要件	1	電子計算機処理システムの開発関係書類等の備付け ①概要書②開発関係書類③操作説明書④保存に関する事務手続書類	○	○	○	○	○	○	変更なし
	2	見読可能装置の備付け(画面及び書面に整然、明瞭に出力) 電子計算機、プログラム、ディスプレイ、プリンタ、操作説明書	○	○	○	○	○	○	変更なし

種類によって求められる条件が異なるため、まったく同じ条件となるわけではありません。

データの保存は、厳密にいうと6つの種類に分かれていて、これらの種類ごとにそれぞれ異なる保存要件が定められています。これらの保存要件は、すべてのデータに共通する「共通の保存要件」（「検索機能の確保」を含む）とそれぞれの種類ごとに必要な「固有の保存要件」から成り立っています。

すべてのデータに「共通の保存要件」は、システムの作成とデータの保存に必要な事務手続きを記した書類が必要な「システム関連書類の備付け」、及び税務調査におけるデータの確認環境の整備を定めた「見読可能装置の確保」とデータの確認に必要な検索条件の設定を必要とする「検索機能の確保」です。ただし、「検索機能の確保」は、すべてのデータ保存に共通して必要な要件ですが、検索条件は保存の種類ごとに異なる場合があります。この共通の保存要件が確保されていないと、税務調査の際にデータの確認ができないなど調査に支障を及ぼす可能性があります。また、この「共通の保存要件」は、「固有の保存要件」と違い、データの確認に最低限必要な環境や書類などを定めたもので、特別なシステムや作業等はほとんど必要ありません。

また、令和3年度の改正により、「検索機能の確保」の要件に代えて「ダウンロードの確保」の要件が追加されたため、検索条件がすべて設定できなくてもダウンロードに応じること（ダウンロード要件）で保存要件を満たすことができるようになっています。なお､「帳簿」や「書類」の保存は、検索条件のすべてをダウンロード要件に代えることができますが､「スキャナ」「電子取引情報」「優良な電子帳簿」は検索条件のすべてではなく一部をダウンロード要件に代えることができます。

システム関連書類

Q68　データの保存要件にある「システム関係書類の備付け」とは、どのような要件ですか。

A　データの保存には、システムに関連する書類を備え付けることと定められていて、このシステムに関連する書類には、①システム概要書類、②開発に関する書類、③システムの操作説明書、④保存に関する事務手続き、とされていますので、これらの書類を納税地に備え付ける必要があります。

解　説

帳簿や書類をデータで保存する際には、システムに関連する書類を備え付けることと定められていますが、具体的にはシステムの概要、開発、運用などの書類に加えデータの保存に関する事務手続きの書類とされています。

これらの書類は､システムの設計や製造を行う際に必要な書類ですので、現在、これらの書類はシステムの設計や製造を行うベンダー（ソフトメーカー）が作成するもので、利用者である納税者がこれらの書類をすべて作

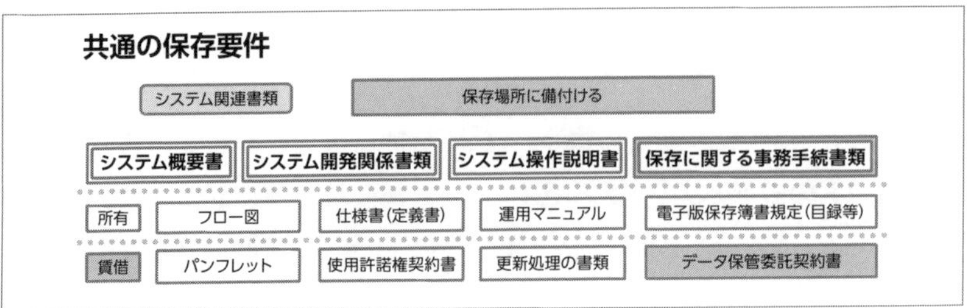

システム関連書類の備付け

	書類の種類（内容）	解説	例	留意事項
1	電子計算処理システムの概要を記載した書類	システム全体の構成及び各システム間のデータの流れなど処理過程を総括的に記載したもの	システム基本設計書、システム概要書、フロー図、システム変更履歴などの書類	他社が開発したプログラムを（ライセンス）使用している場合は不要
2	システムの開発に際して作成した書類	システムの開発に際して作成した目的、処理内容などを記載したもの	システム仕様書、システム設計書、ファイル定義書、プログラム仕様書、プログラムリストなど	
3	システムの操作説明書	入出力要領などの具体的な操作方法を記載したもの	操作マニュアル、運用マニュアル	第三者に処理を委託している場合は不要
4	電子計算機処理並びに電磁的記録の備付け及び保存に関する事務手続きを明らかにした書類	入出力処理の手順、日程及び担当部署並びに電磁的記録を保存等の手順及び担当部署などを明らかにした書類	日次、月次、年次などの仕様書、スケジュール表（第三者へ委託している場合の委託契約書）	第三者へ処理を委託している場合の契約書及び備付け及び保存の事務手続き書類

成する必要はありません。なお、システムを自作するのではなく市販のソフトやシステムを使用許諾（ライセンス使用）する場合、システムの開発や運用に関する書類を作成する必要はなく、パンフレットやライセンス契約書、委託契約書などの書類を保存すればよいことになっています。なお、運用マニュアルは、データの更新（日次、月次、年次などの運用）に関する書類のことで操作マニュアルのことではありません（操作マニュアルは「見読可能装置の確保」で定める書類です）。例えば、会計事務所やベンダーなどにデータ更新や保存などの業務を委託している場合は、業務委託契約書、及び（年次の）バックアップ手順書などを保存することになります。

市販のシステムを標準のまま使用することが多い中小企業では、作成が必要な書類はそれほど多くありませんが、「保存に関する事務手続きの書類」は、すべての保存義務者に作成が必要な書類です。この書類は、保存する対象の帳簿や書類ごとに保存するデータの種類、名称、保管場所、保存期間などを記載するものでいわゆる保存データの一覧表になるため、データ保存の際には必ず作成してください。なお、この書類は、書面でいう保存簿書目録に相当するデータ版となりますので、保存データ（データベース、及びファイルなど）の一覧表などになります。

この保存データの一覧等が作成されていない場合、税務調査の際に保存されたデータが確認できないため、調査に支障を及ぼす場合があります。また、データが確認できない場合は保存が確認できないだけなのか、あるいは廃棄しているのかを判断する際に最終的に必要な書類になるので、大変重要な書類です。なお、この一覧表等の書類は、書面（紙）でなくてもデータで保存することもできます。

見読可能装置

Q69　データの保存要件のうち「見読可能性の確保」とは、どのような要件ですか。

A　税務調査の際、調査官がデータを確認できる環境を整備するよう定められた要件です。そのため、データを確認できるよう電子計算機、プログラム、ディスプレイ、プリンタ、そしてこれらの操作説明書を納税地に備え付けることが必要です。

解　説

税務調査の際、帳簿や書類など（の一部）がデータで保存されている場合、調査官が書面と同じようにデータを確認する必要があり、保存したデータを確認するためには、納税地に見読可能装置の確保が必要です。そのため、

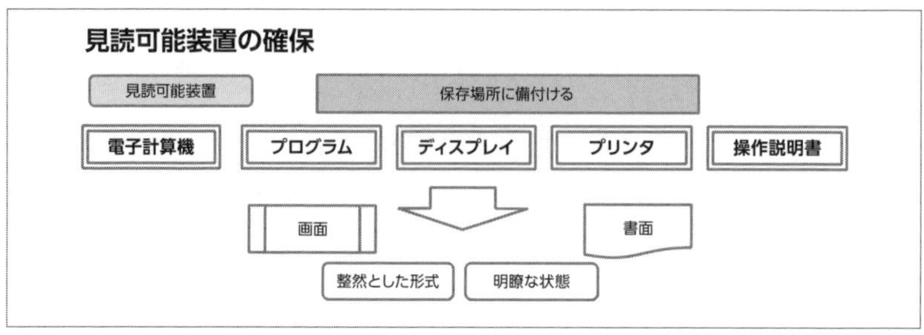

電帳法では、保存したデータを確認するために、納税地に電子計算機、（検索）プログラム、ディスプレイ、プリンタ、操作説明書を備え付けておくよう定めています。なお､スキャナ保存（重要書類を保存する場合）を行っている場合は、カラーディスプレイ、及びカラープリンタが必要になります。

税務調査で、データを確認する環境が整っていないと内容を確認することができず、大きな影響を与えますので、データを保存している場合は、必ずこれらの装置を備え付けなければなりません。また、データの検索結果については、ディスプレイ、及び書面に整然かつ明瞭な状態で出力することが必要とされていて、特に出力した書面は課税処分などを行う際の判断根拠（証拠）となりますので、誰もが視認できる状態で出力できる必要があります。

このように納税地等に備え付けられた電子計算機、及びプログラムによりデータの検索を行い、その結果がディスプレイ、及びプリンタに（整然かつ明瞭に）出力できる場合に限り、帳簿書類を納税地に保存しているものとみなされることになりますので、この要件に違反するとデータが確認できないため国税関係帳簿書類を保存しているとみなされません。

帳簿の保存は納税地になるので、納税地でデータが確認できなければ帳簿を保存していることになりませんので、スマートフォンがあるだけでプリンタを所有していない場合は、保存要件を満たすことになりませんので注意してください。

なお、新たに定められたダウンロード要件は、検索条件の設定に代えるものであり、検索する機能やその結果の表示はこれまでどおり必要です。

検索機能の確保

Q70 「検索機能の確保」の要件とは、どのようなものですか。

A 検索機能の確保は、調査官がデータを検索する際に検索条件の設定ができるよう定められたものですが、改正によりほぼすべての検索条件の設定をダウンロード要件に代えることができます。ただし、「スキャナ」「電子取引情報」「優良な電子帳簿」は、一部の条件設定が引き続き必要です。

解 説

検索機能の要件は、保存したデータについて様々な検索条件の設定を行い検索することができることを定めたものですが、令和3年度改正により新たに整備されたダウンロード要件（データのダウンロードの求めに応じ

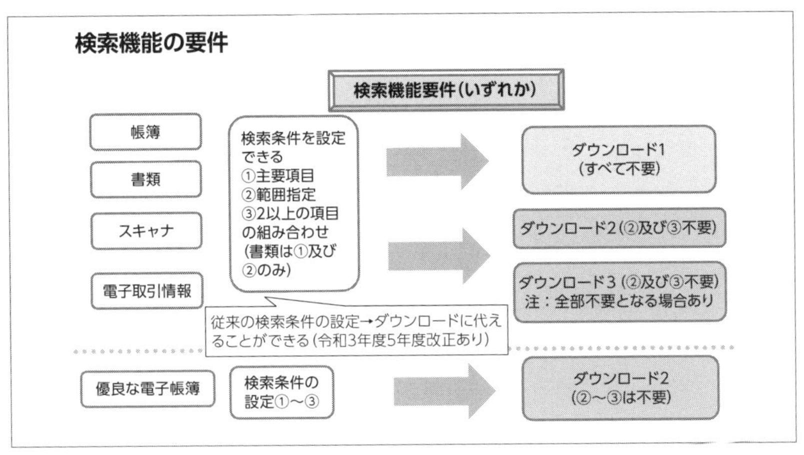

ること）に代えることができるようになりました。「帳簿」「書類」の保存は、検索条件のすべてをダウンロード要件に代えることができますが、「スキャナ」「電子取引の取引情報」「優良な電子帳簿」については、検索条件のすべてではなく一部の検索条件をダウンロード要件に代えることができます。

なお、これまでどおり、旧制度の検索条件の設定ができる場合（「主要な記録項目」「範囲指定」「2以上の項目の組み合わせ」など保存の種類ごと）も認められています。旧制度では、「主要な記録項目」「範囲を指定した検索」「2以上の項目の組み合わせ」が検索条件として設定できる必要がありましたが、新制度でもこの検索条件の設定は継続されます。

データの検索は、税務調査の際に調査官が必要なデータを容易に確認できるよう、勘定科目や日付だけでなく範囲を指定した検索や組み合わせ検索などの条件を設定できる必要がありましたが、事業者の規模によっては、保存するデータの種類や量が莫大となるケースがあり、これらの条件を設定するのは困難で実際には難しいとの意見も数多くありました。令和3年度の税制改正では、そういった事情も考慮して、これらの条件設定に代えてダウンロード要件（データのダウンロードに応じる）が整備されたものと思われます。

今後、税務調査では、ダウンロードしたデータに基づき調査官が任意の条件で検索することができるようになるため、検索条件の設定は不要になりますが、データの検索そのものが不要となるものではありません。保存したデータを検索しその結果をディスプレイの画面や書面に出力することはこれまでどおり必要です。

ダウンロード要件

Q71　検索機能の要件として新たに定められたダウンロード要件とは、どのようなものでしょうか。

A　ダウンロード要件は検索条件を設定する代わりに、調査官の求めに応じてデータをダウンロードし、調査官に提示（又は提出）するものです。「帳簿」や「書類」はダウンロードのみで検索条件のすべてが不要になりますが、「帳簿」「書類」以外は検索条件の一部のみが不要になります。

解説

ダウンロード要件は、令和3年度の改正により「検索機能の確保」に代えて新たに整備された保存要件です。このダウンロード要件により、今後の税務調査では、調査官に帳簿や書類のデータをダウンロードして提示することができれば、保存されたデータを複雑な条件で検索できなくても保存要件に違反しません。令和4年以降に行われる税務調査では、ダウンロードの求めに応じることができれば、ほとんどのデータについて複雑な検索条件の設定が必要なくなりますが、ダウンロードは調査官の求めのすべてに応じることが必要であり、保存した一部のデータだけを対象とすることはできません。

ダウンロードは、調査官が対象のデータ（ベース）の種類や記録項目などから必要なデータを特定して行いますので、ダウンロードに必要なファイル名や項目などが確認できるファイル定義書やレコード定義書などが必要です。

また、帳簿や書類をデータで作成し書面で保存している場合であっても、すべての書類を出力していない場合や、記載事項が不十分な場合にも、保存したデータのダウンロードを求められる可能性が高くなると思われます。

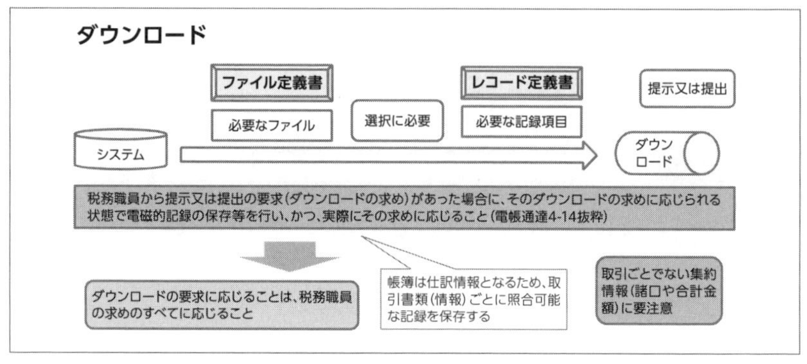

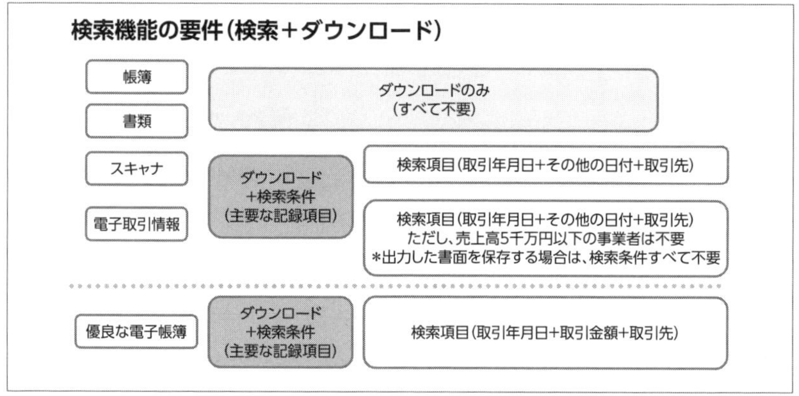

「検索機能の確保」を「ダウンロード要件」に代えることができるのは、以下のとおりとなります。

① 「帳簿」「書類」→「ダウンロード」

② 「スキャナ」「優良な電子帳簿」→「主要な記録項目の設定」+「ダウンロード」

③ 「電子取引の取引情報」

・売上高5千万円超の事業者　→「主要な記録項目の設定」+「ダウンロード」

・売上高5千万円以下の事業者　→「ダウンロード」

＊猶予措置(すべての事業者)→「ダウンロード」+「出力した書面」

なお、「帳簿」「書類」についてはすべての検索条件の設定をダウンロード要件に代えることができるのに対し、「スキャナ保存」「電子取引情報」「優良な電子帳簿」については、「範囲指定検索」「2以上の項目の組み合わせ」にかかる条件設定のみを不要とすることができますが、「主要な記録項目」については引き続き条件の設定が必要になります。

また、データのダウンロードに応じた場合であっても、「見読可能装置の確保」により保存データを検索し、その結果をディスプレイ、及びプリンタに出力することは必要になるので、データの検索そのものが不要になるわけではありません。

固有の保存要件

Q72 「帳簿」「書類」「スキャナ」「電子取引情報」の保存に、それぞれ必要な固有の要件は何でしょうか。

A 「帳簿」「書類」「スキャナ」「電子取引」「優良な電子帳簿」にはそれぞれの種類ごとに固有の保存要件が定められている場合があります。この固有の保存要件には、訂正削除の履歴を確保したシステムを使用するなど真実性を確保する要件などがあります。

解　説

保存の種類ごとに必要な固有の保存要件は、システムに関して定められたもので、「スキャナ」「電子取引の取引情報」「優良な電子帳簿」などの種類ごとに異なった要件が定められています。

データの保存要件は、「共通の保存要件」（検索機能の要件を含む）＋「固有の保存要件」から構成されていますが、法令の規定は「帳簿」（一般、又は優良）「書類」「スキャナ」（重要、又は一般）「電子取引情報」などの種類に分かれており、それぞれが異なる保存要件から構成されています。中でも法令の規定は対象の種類ごとに分かれていますが、その理由は

次の要件を満たす電子計算機処理システムを使用すること

<table>
<tr><td>①</td><td rowspan="2">スキャナ</td><td rowspan="2">解像度が200ドット以上フルカラーで読み取るスキャナを使用すること</td><td>期間内にタイムスタンプを付すこと</td><td>変更されていないことについて①業務を行う者に確認する方法により確認できること②一括検証できること</td><td rowspan="2">帳簿との関連性を確保
(重要書類)</td></tr>
<tr><td>②</td><td colspan="2">①訂正削除の履歴が確認できること
②訂正削除できないこと</td></tr>
<tr><td>③</td><td>電子取引の取引情報</td><td>①訂正削除の履歴が確認できること
②訂正削除できないこと</td><td>タイムスタンプを付されたデータを保存</td><td>タイムスタンプを付与すること</td><td>訂正又は削除の防止に関する事務処理規程を定め備付けること</td></tr>
<tr><td>④</td><td>優良な電子帳簿</td><td colspan="4">①訂正削除の履歴が確認できること
②業務処理期間経過後に行った入力事項を確認できること</td></tr>
</table>

主に種類ごとに定められている「固有の保存要件」にあります。電帳法には「次のような電子計算機処理システムを使用すること」と定められている規定があり、電帳法の保存要件の中でも特に難しいシステムに関する要件となっています。

令和3年度の税制改正により、新制度では「帳簿」、及び「書類」の保存要件に、固有の保存要件（訂正削除に関するシステムなどの規定）は必要ありませんが、「スキャナ保存」「電子取引情報」「優良な電子帳簿」には必要な保存要件となります。固有の保存要件は、システムに関するものでデータの訂正削除を防止することを目的としたものになりますので、訂正削除の履歴が確認できるシステムか、あるいは訂正削除できないシステムを使用することが基本となっています。ただ、この訂正削除の履歴が確認できるシステムは、「スキャナ」「電子取引情報」「優良な電子帳簿」でも要件がそれぞれ異なるため、まったく同じ方法とはなりません。このようなシステムの要件は、導入するシステムの機能となることからJIIMA認証やソフトメーカーのホームページなどで対応しているか確認しておく必要があります。

なお、システムの要件は、単に対応するシステムの導入だけでなく、システムの運用規程や事務処理規程などの対応が必要になるので、これらの規程等を作成することと併せて保存要件を確認することになります。

帳簿の保存方法

Q73 帳簿をデータで保存するには、どのような方法がありますか。

A 帳簿をデータで保存する方法には、「(一般の電子）帳簿」と「優良な電子帳簿」の2つの方法があるので、どちらかの帳簿を選択する必要があります。なお、過少申告加算税の減額の適用を受けるには、必ず「優良な電子帳簿」を選択する必要があります。

解説

帳簿をデータで保存する方法には、「(一般の電子）帳簿」か「優良な電子帳簿」の2つの方法があり、それぞれ保存要件が異なりますが、「(一般の電子）帳簿」で保存する場合は、共通の保存要件（「システム関連書類の備付け」＋「見読可能装置の確保」＋「検索機能の確保（ダウンロード要件)」の3つの保存要件）が必要です。これに対し、「優良な電子帳簿」の場合は、「(一般の電子）帳簿」の共通の保存要件（3つ）だけでなく「訂正削除履歴の確保」＋「相互関連性の確保」と併せて5つの保存要件に従って保存する必要があります（なお、ダウンロード要件に代える場合

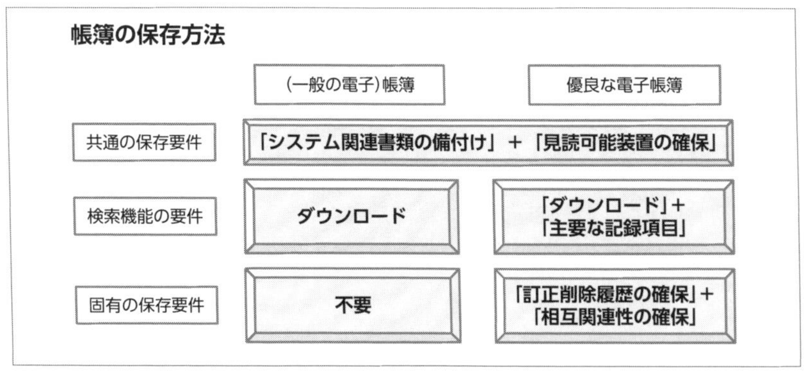

帳簿の保存方法

	(一般の電子)帳簿	優良な電子帳簿
共通の保存要件	「システム関連書類の備付け」＋「見読可能装置の確保」	
検索機能の要件	ダウンロード	「ダウンロード」＋「主要な記録項目」
固有の保存要件	不要	「訂正削除履歴の確保」＋「相互関連性の確保」

であっても、「主要な記録項目」については検索条件を設定できる必要があります）。

「優良な電子帳簿」による保存は、令和4年以降、調査を受けた際に、追徴される税額に対して課される過少申告加算税を5％減額することができるもので、該当する特例国税関係帳簿（仕訳帳、総勘定元帳、及び主要な補助簿）をすべて「優良な電子帳簿」の保存要件に従って保存すること、及び「過少申告加算税の特例の適用を受ける旨の届出書」を期限内（申告期限）に提出することが必要です。

また、検索機能の要件については、「一般の電子帳簿」が検索条件をすべてダウンロード要件に代えることができるのに対し、「優良な電子帳簿」は一部の検索条件（範囲指定、及び2以上の項目の組み合わせ）のみをダウンロード要件に代えることに止まるため、「主要な記録項目」については引き続き検索条件として設定できる必要があります。

一般の電子帳簿

Q74 「（一般の電子）帳簿」をデータで保存するには、どのような要件が必要になりますか。

A 令和3年度の改正により、（一般の電子）帳簿の保存要件は大きく緩和されていて、共通の3つの保存要件（「システム関連書類の備付け」＋「見読可能装置の確保」＋「検索機能の確保（ダウンロード要件）」）が必要になります。

解　説

「帳簿」の保存には、共通の3つの保存要件「システム関連書類の備付け」＋「見読可能装置の確保」＋「検索機能の確保（ダウンロード要件）」が必要になります。

「システム関連書類の備付け」は、システム概要書、システム開発関係

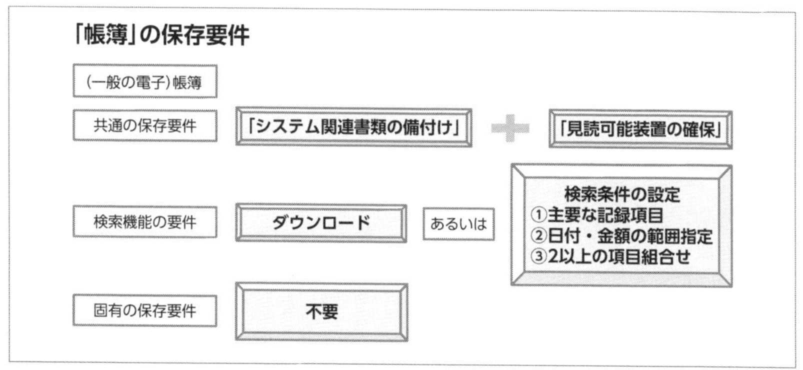

書類、システムの運用に関する操作説明書、保存に関する事務手続き書類などの作成と保存が必要となりますが、市販のシステムなどを使用する場合はパンフレット、契約書のほか、年次更新の書類、保存したデータの一覧などを保存する必要があります。

「見読可能装置の確保」は、納税地に電子計算機、プログラム、ディスプレイ、プリンタ、操作説明書などを備え付けることが必要です。

検索機能の要件については、検索条件の設定をすべて「ダウンロード要件」(データのダウンロードの求めに応じること)に代えることができます。そのため複雑な検索条件を設定する機能は必要ありませんが、データをダウンロードする機能が必要になります（市販の会計ソフトの多くはダウンロード機能に対応しています)。また、ダウンロード機能ではなく、直接、データを検索する場合も認められますので、その場合は3つの検索条件を設定できる必要があります。

①　主要な記録項目
②　範囲を指定した検索
③　2以上の項目の組み合わせ

旧制度の「訂正削除の履歴の確認できるシステム」や「相互関連性の確保」などの要件は廃止されたため、市販の会計ソフトのほとんどが「(一般の電子）帳簿」の保存要件を満たすことができるようになっています。

「帳簿」保存の留意事項

Q75 帳簿をデータで保存する際に、特に留意しなければならない点はありますか。

A 帳簿のデータは、仕訳情報とその根拠書類等（取引書類等）が照合できる状態で保存する必要があるので、仕訳情報は取引ごとに作成し、根拠書類と照合できるよう双方に共通する証憑番号や伝票番号などを記録し保存する必要があります。

解説

「帳簿」をデータで保存する場合に、最も留意すべきことは「電帳法の対象にならない帳簿でないこと」、及び「税務調査の確認に支障を及ぼさないこと」の2点になります。

旧制度では電帳法の対象にならない帳簿や書類は、事前に税務署の審査によって問題を指摘され、指摘事項は承認までに是正されていましたが、改正後は事前の審査がなくなるため、税務調査が行われるまで問題があるかわかりません。そのため、税務調査の際に、データ保存の対象とならない帳簿であると指摘を受けた場合、帳簿の保存が認められないなど調査に重大な影響を及ぼすことになります。改正後の電帳法では、正規の簿記の原則に従っていない帳簿（複式簿記の原則で作成していない帳簿）は、電帳法の対象にならないと定められましたので、このような帳簿をデータで保存しても帳簿として認められないことになります。そのため、任意で作成したメモや集計表など、およそ帳簿と認められないデータを保存していても、「帳簿」としては認められない可能性があります。

帳簿を書面で保存している事業者が、仕訳帳や補助簿を出力せず総勘定元帳だけを書面で保存しているケースをよく見かけますが、書面の場合は仕訳帳も補助簿もすべて書面で保存していなければなりません。特に、仕訳情報を入力する際に諸口などの複合勘定を使用している場合は、書面の帳簿（総勘定元帳）だけでは仕訳処理の内容が確認できず、取引書類などの根拠書類との照合ができないなど、調査に支障を及ぼすことになります。仕訳処理は取引の発生順に記載することが原則ですので、仕訳情報の入力は取引ごとに行う必要があります。

所得税法や法人税法では、取引の発生順に仕訳帳に必要な項目を記載し、仕訳帳から（月ごとなど勘定科目ごとに整理して）総勘定元帳へ記載するよう定められています。仕訳情報の作成は、「取引の発生順に」とされていて、取引ごとに行うことが原則ですが、実際には取引ごとに仕訳情報を入力（作成）せずに安易に集約したり、あるいは複合勘定を使用したりしていることも珍しくありません。このような仕訳情報は、取引書類などと照合することができず仕訳処理が適切か確認することができないため、税

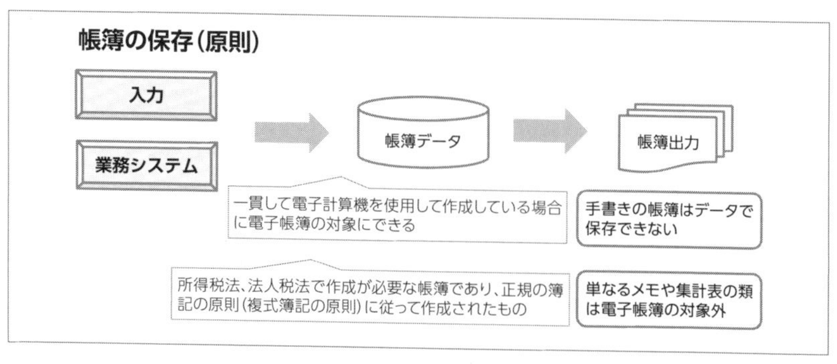

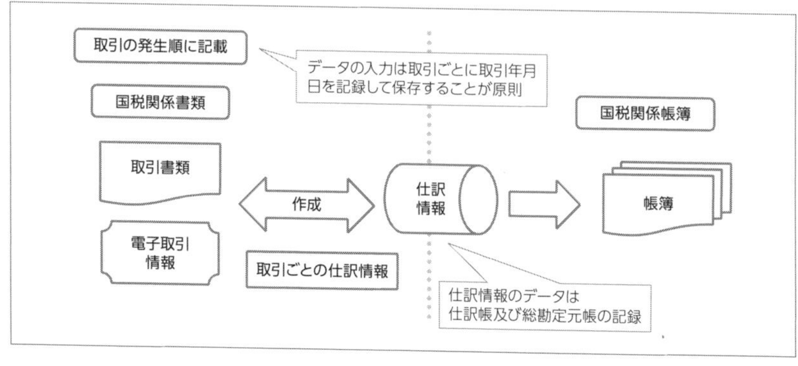

務調査に支障を及ぼすことになります。また、仕訳情報とその根拠書類にはそれぞれが照合できるよう仕訳番号や証憑番号などを記載する慣習がありますが、電子帳簿においてもこれらの記録がないと仕訳情報との照合ができないことになります。

なお、(複式簿記の)帳簿の記録には、原則として取引ごとに「取引年月日」「勘定科目」「相手先勘定科目」「金額」「消費税税率区分」「消費税額」「記載年月日（計上年月日)」「取引内容」などの記録が必要となっています。

過少申告加算税の減額制度

Q76 過少申告加算税の減額制度は、どうすれば適用を受けることができますか。

A 過少申告加算税の減額の適用を受けるためには、事前に税務署の届け出（適用届出書）を行い、該当する特例国税関係帳簿をすべて優良な電子帳簿の保存要件に従って保存することが必要です。

解説

優良な電子帳簿は、過少申告加算税の減額の規定が整備されたことにより定められた保存要件になります。

令和3年度の税制改正により、帳簿をデータで保存するには「(一般の電子）帳簿」と「優良な電子帳簿」の保存要件が定められましたが、「優良な電子帳簿」は「(一般の電子）帳簿」の保存要件に2つの保存要件を追加したものになります。新制度では、修正申告等を提出した所得税や法人税、消費税の申告について、税額が追徴され過少申告加算税が課せられた場合に、その金額を5％減額する規定が整備されました。過少申告加算税の減額には、事前に税務署に「過少申告加算税の特例を適用する旨の届出書」を提出し､対象となる特例国税関係帳簿をすべて「優良な電子帳簿」の保存要件に従って保存する必要があります。

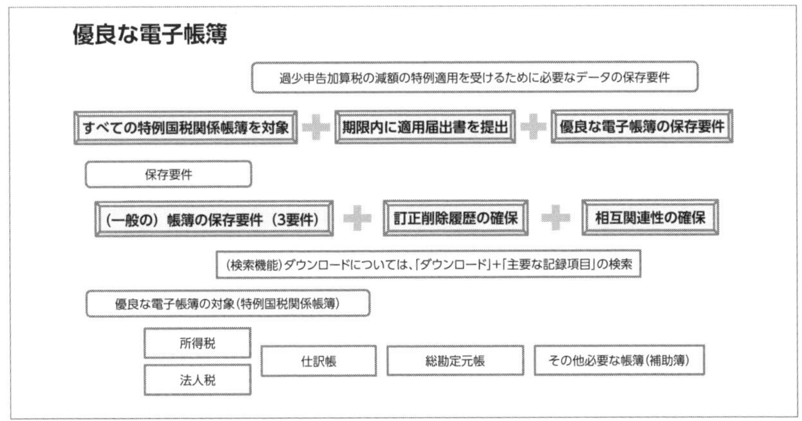

この優良な電子帳簿は、「（一般の電子）帳簿」の保存要件である共通の保存要件（「システム関連書類」＋「見読可能装置の確保」＋「検索機能の確保」）だけでなく、他の保存要件（「訂正削除履歴の確認」＋「相互関連性の確保」）が必要になります。また、「検索機能の確保」については検索条件の一部（範囲指定、及び2以上の項目の組み合わせ）を設定する代わりにダウンロードに代えることができますが、すべての検索条件を代えることはできないため「主要な記録項目」を条件とした検索が行える必要があります。

優良な電子帳簿の保存要件

Q77　「優良な電子帳簿」の保存に必要な保存要件とは何でしょうか。

A　優良な電子帳簿の保存要件は、「共通の保存要件」（「システム関連書類の備付け」＋「見読可能装置の確保」＋「検索機能の確保（ダウンロード要件）」）＋「固有の保存要件」（「訂正削除履歴の確認できるシステム」＋「相互関連性の確保」）になります。

解　説

「優良な電子帳簿」の保存要件は次の5つになります。

1　共通の保存要件①「システム関連書類の備付け」
2　共通の保存要件②「見読可能装置の確保」
3　共通の保存要件③「検索機能の確保（ダウンロード要件）
4　固有の保存要件①「訂正削除履歴の確認できるシステム」
5　固有の保存要件②「相互関連性の確保」

共通の保存要件は、データの保存すべてに共通するものになりますが、「検索機能の確保」に必要な検索条件は「優良な電子帳簿」固有のものとなります。「優良な電子帳簿」に必要な検索機能の要件は、新制度から定められたダウンロード要件（ダウンロードの求めに応じ、データの提示、又は提出に応じることができる）に代えることができます。具体的にダウンロード要件に代えることができる検索条件は、範囲指定検索、及び2以上の項目の組み合わせであり、「主要な記録項目」はダウンロード要件に代えることができないため、保存したデータを直接検索する際、条件の設定が必要になります。

次に、「優良な電子帳簿」に必要な固有の保存要件は「訂正削除の履歴が確認できるシステムを使用すること」、及び「相互に関連する帳簿について関連性を確保すること」であり、これは「優良な電子帳簿」だけに定

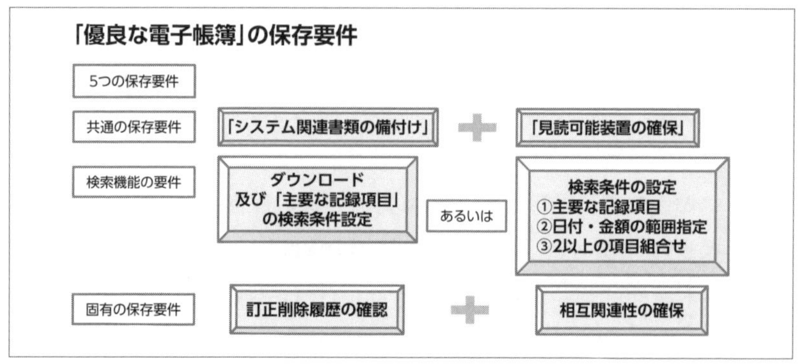

められている保存要件になります。ただし、これらの要件は、旧法の帳簿に必要な保存要件として定められていたものであり、旧法により承認されている帳簿は「優良な電子帳簿」の保存要件に従っているものとみなされることになります。

訂正削除履歴の確認（優良な電子帳簿①）

Q78　優良な電子帳簿の要件にある「訂正削除の履歴が確認できるシステム」とは、どのようなものでしょうか。

A　訂正削除の履歴が確認できるシステムとは、仕訳情報の訂正や削除、あるいは追加処理をした場合、後の税務調査などでその事実を確認できるシステムのことをいいます。また、一旦、入力した仕訳情報を訂正や削除が出来ないシステムもこれに含まれます。

解説

訂正削除の履歴を確認できるシステムとは、①仕訳情報の記録について訂正、又は削除を行った場合にその事実や内容が確認できること、②通常の業務処理期間以降に入力（追加）した仕訳情報が確認できること、が可

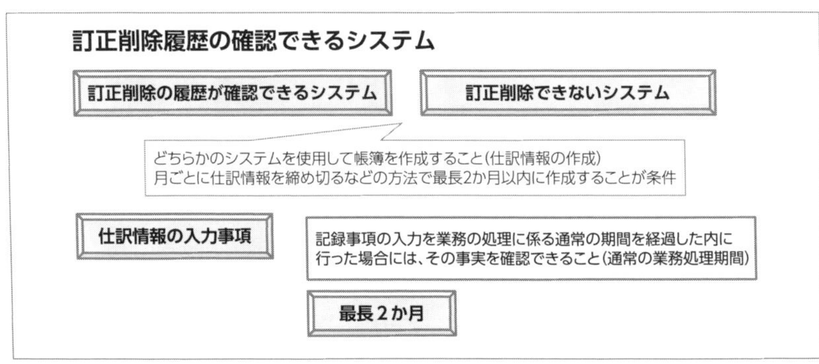

能なシステムであることが必要です。

訂正削除の履歴を確認するためには、確定した帳簿の記録（仕訳情報）を保存期間（7年間）に渡って適切に保存する必要があります。入力した仕訳情報については、訂正や削除を行った記録だけでなく追加した記録についても､後日その内容を確認できるシステムを使用する必要があります。そのため、訂正削除の履歴を確保するのではなく、訂正や削除が行えないシステムを使用することも認められています。訂正や削除、及び追加などの記録を確認するためには、訂正削除の記録が保存され確認できることが必要であり、これらの機能を満たすシステムを使用する必要があります。訂正削除が行えないシステムでは、反対勘定により処理を行う際に元の仕訳情報の番号などを記録し、訂正や削除の履歴の確認が行える必要があります。

また、この要件には通常の業務処理期間を経過した後に追加した記録を確認できるよう求めていますので、当初の仕訳情報の記録を通常の業務処理の期間内に行うことが必要です。通常の業務処理の期間については事業者が規程等を定めて運用することになります。

なお、訂正削除の履歴を確認する期間は、課税期間内に行われたものを対象とするものですが、課税期間経過後に確定した帳簿のデータ（仕訳情報）を訂正したり、削除したりすることはそもそも所得税法や法人税法に違反する不正な行為になります。

業務処理に係る通常の期間（優良な電子帳簿②）

Q79 「優良な電子帳簿」を保存する際、仕訳処理の入力期間についてはどのような制限があるのでしょうか。

A 優良な電子帳簿は、一般の電子帳簿に比べ訂正削除の履歴を確保する必要がありますが、仕訳処理の入力は「業務処理に係る通常の期間」内で行うと定められていて、仕訳入力についての業務処理期間（2か月以内）を定めて運用することが必要です。

解 説

「業務処理に係る通常の期間」は仕訳情報の入力に係る業務処理サイクルの期間で、月ごとの入力期間（最長2か月までの期間）になります。

「優良な電子帳簿」の保存要件は、業務の処理に係る通常の期間を経過した後に行った記録の確認ができるよう定められていますが、これは納税者が「業務処理の期間」を定め、その期間内に仕訳処理などの入力を行う

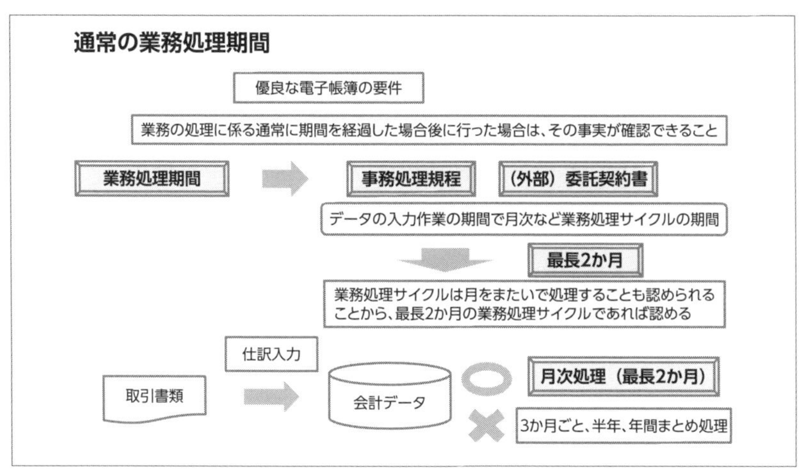

ことが前提です。つまり、仕訳処理の入力期間を「事務処理規程」などに定め、その期間内に処理する必要があります。通常の仕訳処理は、1か月単位となりますが、入力作業を外部業者などへ委託する場合を考慮しても2か月あれば十分な期間だと考えられます。

そのため、業務処理の期間を定めていない場合や、仕訳処理の入力期間を3か月以上としている場合は、「優良な電子帳簿」の保存要件を満たすことができません。「優良な電子帳簿」で保存する場合は、必ず業務処理サイクルなどの期間を定めた「事務処理規程」を作成するか、あるいは他社に入力を委託する場合は入力期間を定めた「業務委託契約書」など作成が必要です。

なお、「スキャナ」保存や「電子取引情報」の保存における「通常の業務処理期間」も同じ扱いとなります。

相互関連性の確保（優良な電子帳簿③）

Q80 「優良な電子帳簿」の保存要件である帳簿間の関連性を確保するには、どうすればよいのでしょうか。

A 帳簿間の関連性を確保するには、補助簿と総勘定元帳、あるいは補助簿と他の補助簿との間で、双方の帳簿に連携の事実や内容が確認できるよう関連性を確保することが必要であり、これを「相互関連性の確保」といい「優良な電子帳簿」に固有の保存要件になります。

解 説

補助簿に記録した事項と関連（連動）する総勘定元帳や他の補助簿などとの間に関連が確認できる事項を記録し、相互に確認できることを目的とした要件です。

仕訳処理は、取引の発生順に行うことが原則ですが、取引の記録が大量になる場合は、すべての記録を総勘定元帳に入力することはできませんの

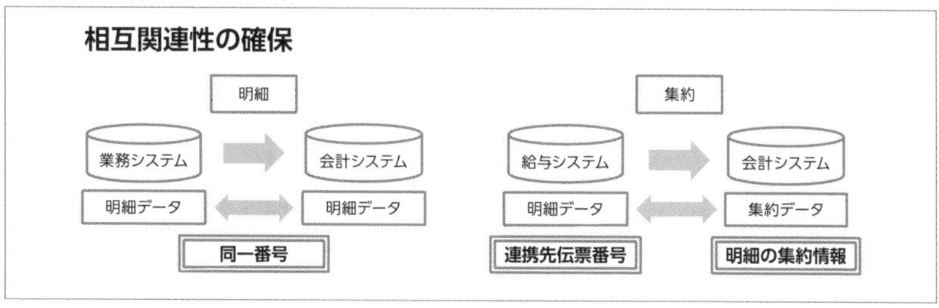

で、下位の補助簿が必要になります。売上や仕入などの取引情報は膨大な件数となる場合もあり、売上帳や仕入帳などといった取引明細を記録する補助簿の作成が必要になります。これらの補助簿に記録した取引明細のデータは、総勘定元帳（あるいは上位の補助簿）へデータを引き継ぎ仕訳情報などの記録を作成することになります。補助簿から総勘定元帳へデータを引き継ぐ場合は、取引ごとの明細のまま引き継ぐ場合と集約して引き継ぐ場合に分かれます。このように帳簿間でデータを引き継ぐ場合に、双方の帳簿（のデータベース）に関連する事項を記録し、どちらの帳簿からでも内容が確認できるようにしておくことが「相互関連性の確保」の要件です。

具体的には、明細の情報をそのまま引き継ぐ場合は、双方の帳簿（のデータベース）に共通の番号（仕訳番号など）を記録し関連性を確保する方法と、集約して引き継ぐ場合には、集約先の帳簿に集約元の仕訳番号を記録するなどの方法があります。いずれにしても、総勘定元帳の仕訳情報が取引ごとではなく集約した情報である場合、集約した元の明細のデータを確認できなければ取引書類などと照合することができませんので、これらの情報が税務調査で確認できるよう、双方の帳簿に関連性を確保することが求められています。

書類の保存方法

Q81 取引書類や決算書類などの書類をデータで保存するには、どうすればよいのでしょうか。

A 納税者が保存する主な書類は、所得税法や法人税法で定める取引書類と決算書類になりますが、このうち、取引書類の発行控えと決算書類は「書類」（電帳法4②）、紙で受領した取引書類（発行した紙の控えを含む）は「スキャナ」（電帳法4③）の保存方法によりデータの保存が可能です。

解説

国税関係書類をデータで保存する方法は、「書類」、又は「スキャナ」のどちらかの方法がありますが、「書類」は「電子計算機を使用して作成したもの」になりますので、自ら発行した取引書類（の控え）と決算書類が保存の対象です。これに対し、「スキャナ」は書面（紙）をスキャニングしてデータを保存するため、紙で受領した取引書類と紙の取引書類の発行控えが保存の対象になります。「書類」は出力した書類の控え（データ）、「スキャナ」は書面（紙）の取引書類からデータを作成するため、それぞれが

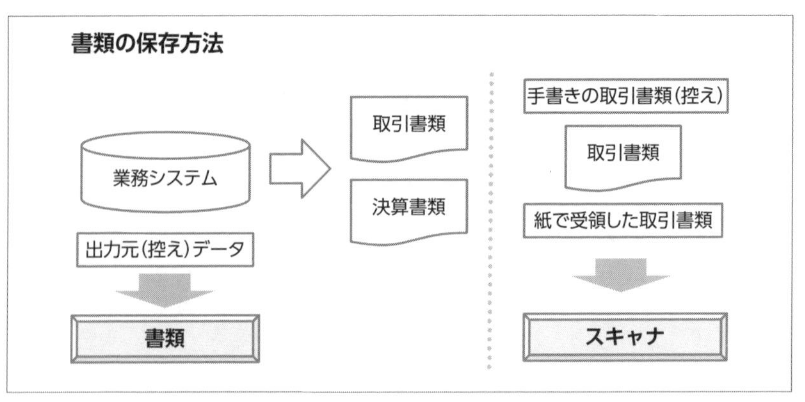

正反対の方法になります。

「書類」は、相手先へ業務システムなどから作成した取引書類（請求書や領収書など）の書面を交付した場合に選択できる方法であり、保存するデータは作成元のデータになります。

「スキャナ」は、取引書類をスキャナで読み取ったデータを保存するため、原本が紙の取引書類の場合に選択できますが、「帳簿」や「決算書類」は、法令によりスキャナ保存の対象にはなりません。

「書類」（電帳法4②）の保存要件

Q82 「書類」（電帳法4②）の保存要件とは、どのような内容ですか。

A 「書類」（電帳法4②）に必要なデータの保存要件は、「共通の保存要件」（「システム関連書類の備付け」＋「見読可能装置の確保」＋「検索機能の確保（ダウンロード要件）」）になります。

解　説

「書類」の規定に従ってデータを保存するには、「共通の保存要件」（「システム関連書類の備付け」＋「見読可能装置の確保」＋「検索機能の確保」（ダウンロード要件））が必要です。

「書類」の規定は、電子計算機を使用して作成した国税関係書類となるため、システムで作成した「決算書類」と「取引書類の発行控え」が対象であり、取引先から受け取った紙の取引書類は対象外（スキャナ保存の対象）です。相手先へ発行した取引書類の控えは、「請求書」「領収書」「見積書」「納品書」「注文書」などを出力した際の出力元のデータとなりますが、「契約書」は当事者が保有する原本を保存する必要があることから控えではなく原本の保存が必要です（契約調印後の契約書はスキャナ保存の対象です）。また、電子契約などの場合は、取引書類ではなく電子取引の

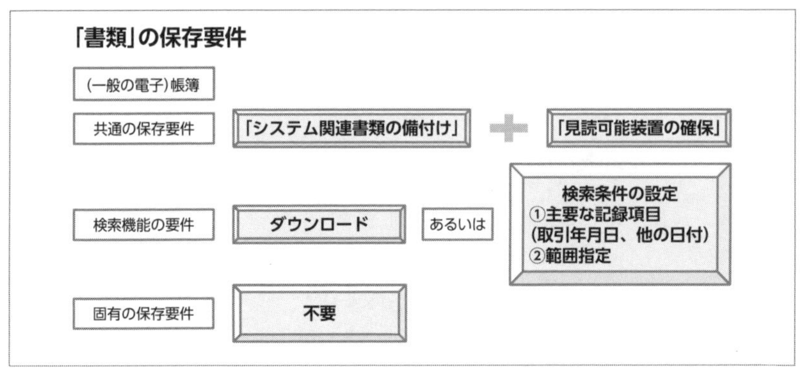

「取引情報」（電帳法7）となるため、電子取引の取引情報を保存する場合の要件に従うことになります。

なお、「検索機能の確保」については、すべての検索条件の設定をダウンロード要件に代えることができますので、ダウンロードに応じることができれば検索条件の設定は不要です。なお、データのダウンロードではなく保存したデータを直接検索する場合の検索条件は「主要な記録項目（取引年月日、及びその他の日付）」、及び「範囲指定」の設定が必要になります。

「書類」保存の留意事項

Q83 「書類」のデータを保存する際に、特に留意すべき事項はありますか。

A 業務システムで請求書を発行した場合、書面（紙）で発行した控えのデータは「書類」（電帳法4②）に該当し、データで発行した場合は電子取引の「取引情報」（電帳法7）になります。また、売上帳などへデータ連携する場合は「帳簿」（電帳法4①）のデータとなる場合があります。

解　説

業務システムを利用し請求書や領収書を発行する場合、①書面（紙）で発行する、②（メールに添付して）データで発行する、③売上帳など帳簿にデータを連携する、といった使用方法が考えられます。

「書類」（電帳法4②）の方法でデータを保存できるのは、①書面（紙）で請求書などを発行した場合、であって、②データで発行した場合、は電子取引の「取引情報」（電帳法7）に該当するため、保存方法が「書類」とは異なります。業務システムでは、見積書、注文書、納品書、請求書、領収書など複数の書類を発行できますので、見積書はデータで発行し、納品書は書面で発行するといったケースの場合、見積書の送信データは電子取引の「取引情報」に該当し、納品書の控えは「書類」に該当するため、すべてのデータを「書類」の方法で保存することはできません。

すべての書類を書面（紙）で発行している場合、複数の書類を同じ取引先に発行するため発行控えのデータは、業務システムのデータを保存すれば足りますが、電子取引を行っている場合は送信データを「書類」とは異なる方法で保存する必要があります。

また、これらの控えデータを電帳法の対象と認識せずに保存している事業者も多く、業務システムなどのデータを電帳法の保存要件に従って保存

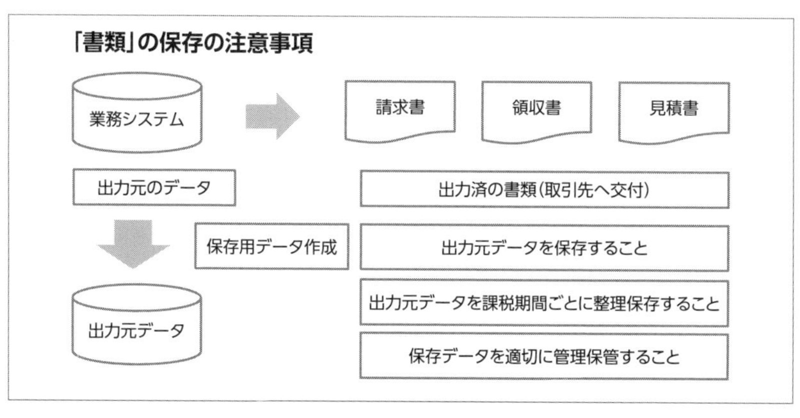

できていない場合が数多く見受けられますので、業務システムのデータなどは、課税期間（事業年度）単位でバックアップを取るなど、誤って廃棄されないよう注意してください（＊データのバックアップは電帳法の要件ではありません）。

「スキャナ」の保存要件

Q84 「スキャナ」保存に必要な保存要件とは、どのようなものでしょうか。

A スキャナ保存に必要な要件は、①入力期間、②スキャナ、③読取情報、④タイムスタンプを付与（又は訂正削除履歴の確認）、⑤入力者情報、⑥ヴァージョン管理、⑦帳簿との関連性、になります。令和5年度改正により、③読取情報、⑤入力者情報の保存、は廃止されています。

解 説

「スキャナ」保存の要件は、「共通の保存要件（「システム関連書類の備付け」＋「見読可能措置の確保」＋「検索機能の要件」（ダウンロード要件））」とスキャナ保存に「固有の保存要件」が必要です。

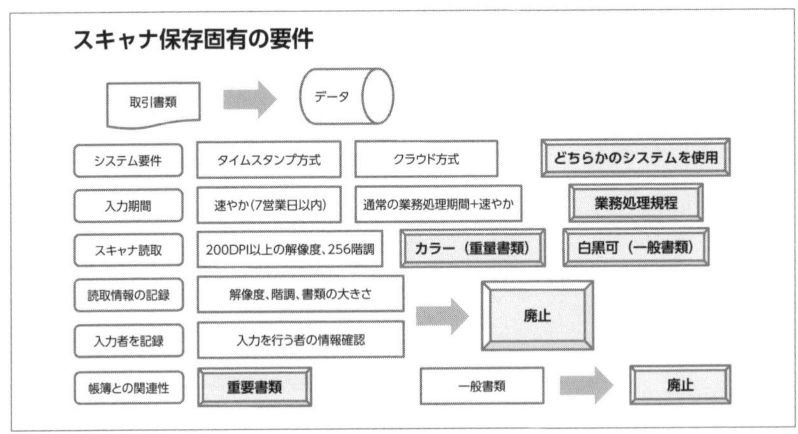

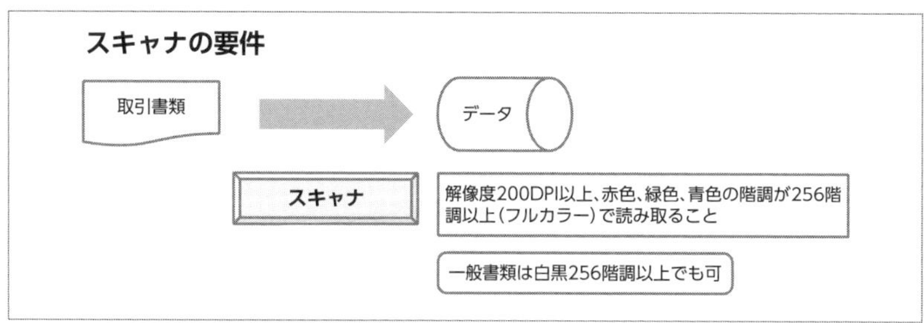

スキャナ保存は、取引書類をスキャナで読み取りデータを保存するもので、紙の取引書類を対象にしているため、紙で作成した帳簿や決算書類は「スキャナ」保存の対象外です。取引書類は、相手先から紙で受領したものが対象ですが、取引書類の控えの書面も保存の対象とすることができます。また、スキャナ保存は、対象となる書類が「重要書類」と「一般書類」では保存要件が異なる部分があり、一般書類の場合は重要書類に比べ保存要件がそれほど厳しくありません。

なお、旧法のスキャナ保存の要件にあった「適正事務処理の要件」は、令和3年度改正により廃止され、「タイムスタンプ」を付与するシステム以外のシステムも認められています。また、令和5年度改正により「読取情報の記録」「入力者情報の記録」などの要件は廃止され、「帳簿との関連性」の要件は重要書類にのみ必要となっています。

スキャナ保存は、解像度200DPI以上、青色、赤色、黄色などの色調が256階調以上で読み取ることが必要ですが、データの読み取りは、いわゆる据え置き型のスキャナだけでなく、スマホやデジカメなどでも行うことができます。また、「一般書類」を読み取る場合は、カラーではなく白黒で読み取り保存することもできます。

重要書類と一般書類

Q85 「スキャナ」保存は、書類の種類によって保存方法に違いがあると聞きましたが、どのような違いでしょうか。

A 「スキャナ」保存の対象である取引書類は、「重要書類」と「一般書類」の2種類に分かれていて、それぞれの保存要件が若干異なります。「一般書類」を保存する場合は、「重要書類」の保存に比べて「入力期間の制限」がありません。

解説

重要書類は、国税庁長官が定める書類として表のとおり告示されていま

主な一般書類

保険契約申込書、電話加入契約申込書、クレジット発行申込書のように別途定型的な約款があらかじめ定められている契約申込書
口座振替依頼書
棚卸資産を購入した者が作成する検収書、商品受取書
注文書、見積書及びそれらの写し
自己が作成した納品書の写し
恒久的施設との間の内部取引に関して外国法人等が作成した書類のうち、同告示の各号に掲げる書類に相当するもの（及びその写し）

主な重要書類

種類	内容等
契約書、契約の申込書	契約、契約の申込みその他これらに準ずる書類
領収書	領収書その他現金の収受又は払出しその他支払手段の授受に関する書類
請求書	請求書その他準ずる書類（対価の支払いを求めるもの）
手形又は小切手	支払のために提示された手形又は小切手
納品書	納品書その他棚卸資産の引渡しに際して作成された書類
帳簿代用書類	法人税法施行規則第59条第4項に定める書類
その他上記書類の控え	
本人確認書類	消費税法第30条第10項に定める書類

す。告示されている書類は、このほかにもいくつかありますが、仕訳情報の根拠となる書類は、大部分がこの重要書類になります。

これに対し、「一般書類」は、保存義務のある書類の中では重要性があまり高くありませんので保存要件も緩和されています。

「重要書類」と「一般書類」では「入力期間」「スキャナ読取」「帳簿との関連性」「見読可能装置」などの保存要件が異なります。

「重要書類」は、入力期間の制限（最長2か月＋7日）がありますが、「一般書類」にはありません。令和5年度の改正により、「帳簿との関連性」は「重要書類」には必要ですが、「一般書類」は不要となりました。

また、「重要書類」はスキャナで読み取る際と、（ディスプレイ、及びプリンタに）出力する際にカラーが要件になりますが、「一般書類」は白黒で保存できます。

スキャナ保存の入力期間（スキャナ保存①）

Q86　「スキャナ」保存する際、データの作成はいつまでに行う必要があるのでしょうか。

A　スキャナ保存は、データの作成を一定の期間内に行う必要があります。この期間は、①速やかに、②通常の業務処理期間を経過した後、速やかに、のいずれかで行う必要があり、業務処理期間を定めている場合であっても最大2か月＋7日以内の期間でデータを作成する必要があります。

解　説

スキャナ保存は、取引書類のデータを一定の期間内で作成する必要があります。その期間は、記録事項の入力は取引書類を受領（あるいは作成）してから、①速やかに行う、あるいは②業務の処理に係る通常の期間を経過した後、速やかに行うこと、と定められています。

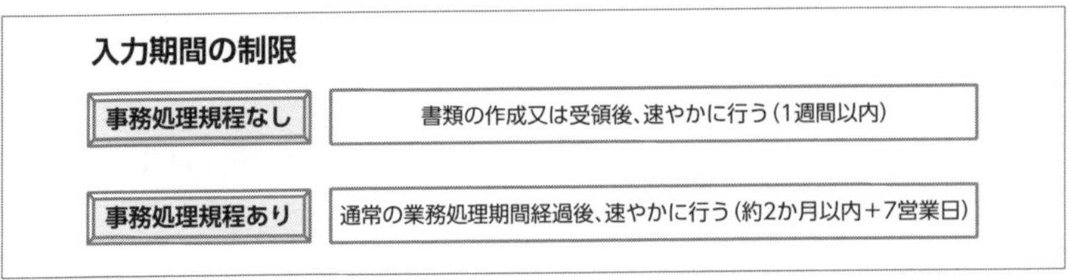

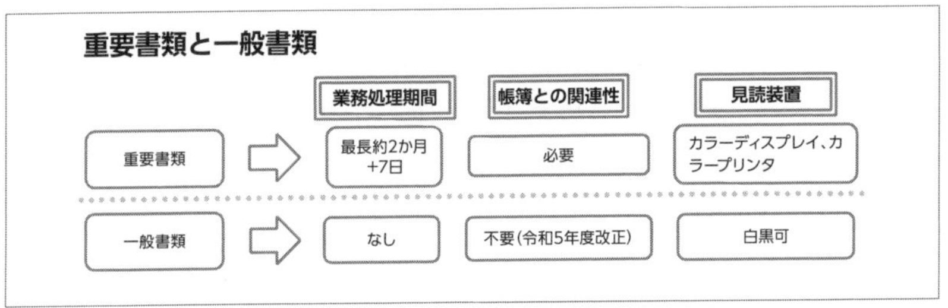

「速やかに」は、取引書類を受け取ってから7営業日以内とされていて、業務の処理に係る通常の期間（通常の業務処理期間）は、事務処理規程や委託契約書などで事業者が定めた業務サイクルの期間になりますが、最長で2か月となっています。実際に、取引書類を受領してから7営業日以内に「スキャナ」保存を行うことは現実的ではありませんので、必ず業務処理の期間を定める必要があります。

なお、この入力期間の制限は、「重要書類」を保存する場合にのみ必要ですが、「一般書類」を保存する場合の入力期間には制限はありません（そのため、過去の一般書類については、遡って保存することができます）。

スキャナ保存のシステム（スキャナ保存②）

Q87 「スキャナ保存」したデータを保存するには、どのようなシステムで保存しなければなりませんか。

A スキャナ保存は、タイムスタンプを付与するか、又は訂正削除の履歴が確認できる（又は訂正削除できない）システムのどちらかのシステムを使用する必要があります。訂正削除の履歴が確認できるシステムを使用する場合は、時刻認証サーバの時刻データを付すことになります。

解　説

スキャナ保存を行うには、保存するデータにタイムスタンプを付与するほか、タイムスタンプと同じ効果のある時刻データを付与することも認められています。時刻認証データを付与するにはクラウド方式となるため、該当するクラウドシステムを使用する必要があります。

スキャナ保存には、時刻認証データを付与するだけでなく保存したデータを時刻認証の記録等を含めて検証できる必要があるので、電帳法に対応した上記のシステムを導入する必要があります。

①タイムスタンプ方式

タイムスタンプ方式は、取引書類を受領してから一定の期間内に書類をスキャニングしたデータにタイムスタンプを付与する方式です。タイムスタンプは、（総務大臣が認定する）時刻認証業務に係るものに限れられて

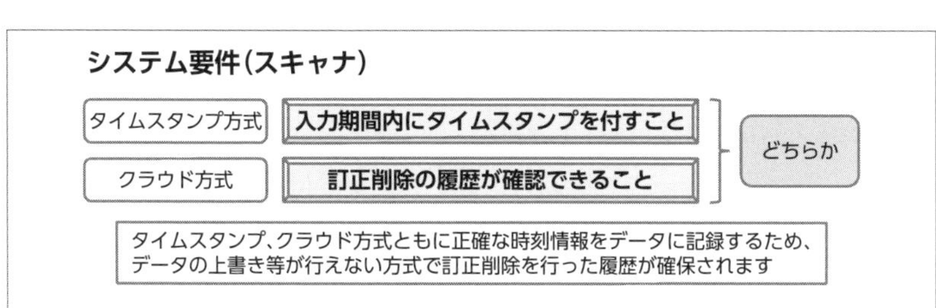

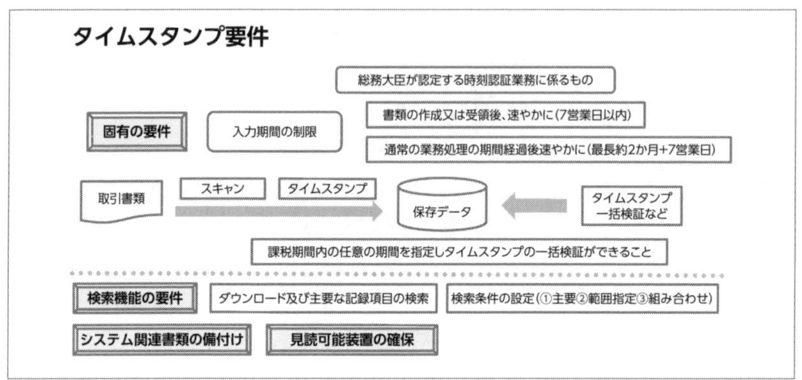

いて、上書きなどの訂正を行うことができないため、訂正削除の履歴を（ヴァージョン）管理することができるものになります。

書類をスキャニングする際、通常の業務処理期間（2か月＋7日）内に（200dpi以上で）スキャニングしたデータにタイムスタンプを付与して保存する方式になりますが、保存したデータについて課税期間内の任意の期間を指定してタイムスタンプの一括検証を行える必要があります。

また、検索機能の確保については、検索条件に、「主要な記録項目」（取引年月日、その他の日付、取引金額、取引先など）「（日付、又は金額に係る項目について）範囲を指定できること」「2以上の項目を組み合わせた検索条件の設定」が必要になります。

なお、「主要な記録項目」以外の検索条件はダウンロード要件に代えることができます。ダウンロードは、ダウンロードの求めに従い保存したすべてのデータについてデータの提示、又は提出を行う必要があります。

② 訂正削除の履歴が確認できるシステム（クラウド方式）

データの作成（スキャニング）や保存を自社ではなく、ベンダー（システムなどの運用を行う企業）に委託して行うもので、タイムスタンプの代わりにベンダーの持つ時刻認証データをデータに付与することが必要になるため、ベンダーがデータの作成、及び保管を行うクラウド方式になります。

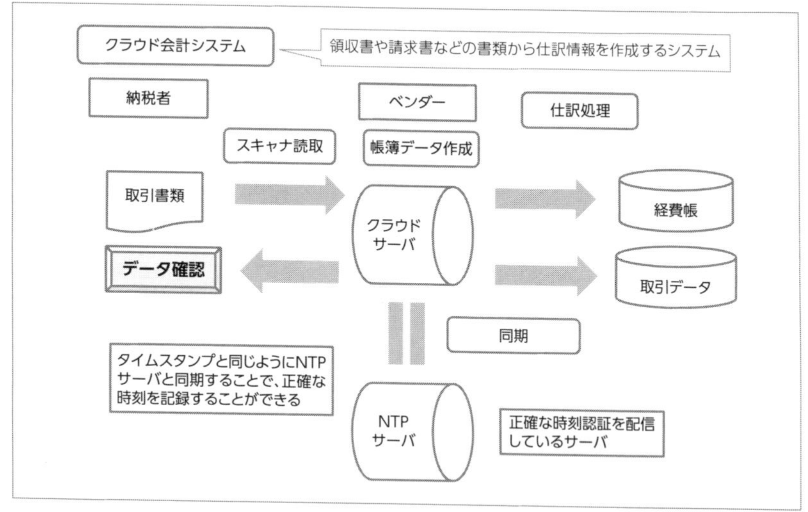

スキャナ保存のデータは、タイムスタンプや時刻認証データを付与しないと保存したデータの情報を保存義務者が自由に改ざんできることから、これらを防止するための措置を取る必要があります。そのため、書類を取得してから一定の期間内に改ざん防止措置であるタイムスタンプをデータに付与することが義務付けられましたが、令和3年度の改正により、クラウド事業者などが管理する時刻認証データを付与することも認められるようになりました。

時刻認証データを付与する方式は、データの作成から保存までを保存義務者に代わり委託された企業（第三者のベンダー）が行うため、データを作成する際にNTPサーバから正確な時刻を記録しますので、保存義務者がデータの訂正削除を行うことはできません。ただし、ベンダーが訂正や削除を行った場合は、その履歴が確保されています。

なお、保存したこれらのデータは、いずれも税務調査の際に確認が必要とされますので、税務調査の際に調査官に適切な対応ができるよう、システムを導入するだけでなく運用ルールや事務処理規程を作成し、適切に運用することが重要です。

帳簿との関連性（スキャナ保存③）

Q88 「スキャナ保存」の要件にある帳簿との関連性を確保するには、どうすればよいのでしょうか。

A 仕訳情報とスキャナ保存したデータが照合できるよう関連性を確保して保存することが必要となる要件です。スキャナ保存を行う際、仕訳処理の根拠となる重要な書類である補助簿や総勘定元帳との間で、仕訳番号など共通する固有の番号を記録しておく必要があります。

解説

スキャナ保存したデータは、「帳簿（優良な電子帳簿を含む）」のデータとの間に、相互にその関連性を確認できるようにしておく必要があります。

スキャナ保存のデータが仕訳処理などの根拠となる場合、双方に共通する固有の番号（会計伝票番号、証憑番号）などを記録し、帳簿と書類（データ）間で照合や確認が行えることが必要です。これまでもスキャナ保存の対象となる「請求書」や「領収書」などの書類から帳簿の仕訳情報を作成する場合、取引書類と帳簿（仕訳伝票など）は（併せて編綴するなど）整理して保存するよう求められていました。電子帳簿でも同じようにこれらの書類から仕訳情報を作成する場合、帳簿のデータ（仕訳情報）とスキャナ保存したデータには双方に共通する番号など（関連する項目）を記録して保存する必要があります。これらの共通する番号などの記録がないと、仕訳

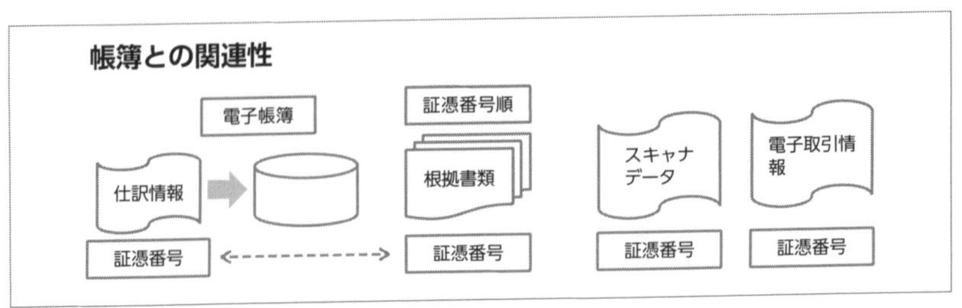

処理とその根拠が照合できないため、必要経費や税額控除の根拠と判断することができません。スキャナ保存のデータがすべて仕訳情報と照合ができないと、対象となるすべてのデータが国税関係書類を保存しているとみなされないこととなり、必要経費の算入や消費税の仕入税額控除などの要件を満たさないことになります。そのため、仕訳処理の根拠となる書類をスキャナ保存した場合は、作成したデータと仕訳情報（帳簿）に関連（共通）する事項を記録するよう保存要件が定められています。

共通する固有の番号（ユニーク）を記録する方法で関連性を確保する場合、この番号を付番し管理する必要があるため、付番した番号の一覧である付番簿等を作成し、税務調査の際に説明が必要な場合は出力して対応することになります。

なお、令和5年度改正により、「一般書類」を保存する場合は、帳簿との関連性を確保することは不要となっています。

スキャナ保存の留意事項

Q89 スキャナ保存を行う際、特に留意すべき事項はありますか。

A 令和4年以降は、承認制度の廃止により、電帳法の要件に関係なくスキャニングしただけのデータを保存するケースが起きる可能性があります。保存要件に従っていないスキャナ保存のデータは、保存が認められないため原本の取引書類を廃棄していると、課税処分の対象となる可能性があります。

解説

スキャナ保存は、「帳簿」や「書類」よりも保存要件に違反した場合の影響が特に大きい傾向にあります。そのため、スキャナ保存する際には、必ず保存要件に従って保存するよう準備してから行う必要があります。

スキャナ保存データの取扱い

法令	内容	取扱い	例外
電帳法4③前段	財務省令の要件に従って保存している電磁的記録	国税関係書類とみなす	
電帳法4③後段	財務省令の要件に従っていない保存されていない電磁的記録	国税関係書類とみなされない	当該書類が保存されている場合を除く

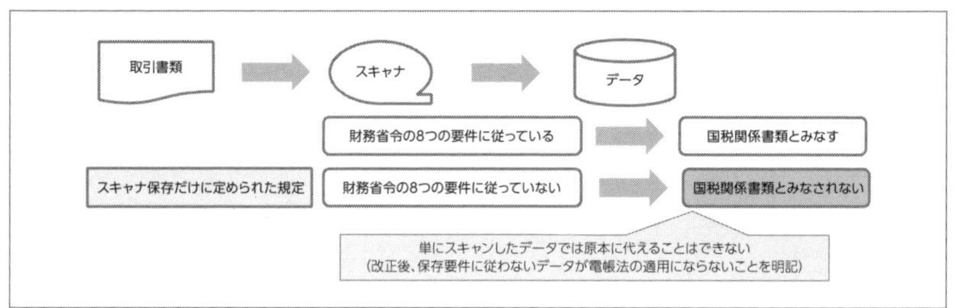

「帳簿」や「書類」の方法で保存したデータは、紙に出力する前のデータを保存するため、出力した紙を保存するか、それとも出力元のデータを保存するかの違いでしかなく、どちらを保存しても大きな差はありません。仮に問題があった場合であっても(違法な改ざん行為を行っていなければ)保存している出力元データから、再度出力すればよく、確認に支障はありませんので問題に発展する可能性は低いと思われます。これに対し、必要経費の根拠となるような書類をスキャニングしたデータは、間違いなく原本から作成されたものか判断できない場合があります。スキャナ保存は、「帳簿」や「書類」のようにデータから出力したものではないため、出力元のデータが原本ではなく、読み取る前の紙の取引書類が原本になります。そのため、保存要件に違反したデータを保存しているだけでは書類を保存していると認められないため、仕訳情報の根拠とならない可能性があります。スキャナ保存の原本は、相手先から受け取った紙の書類であるため、原本の書類を改ざんするというよりは、記載事項を補正したり、代わりの書類を作成したりする可能性を否定できません。

したがって、改正後の法令により、スキャナ保存する場合は事前に十分な準備を行う必要がありますが、これらの準備や検討を行わないままスキャナ保存を行っている場合は、原本の取引書類を廃棄せず、保存しておく必要があります。

また、スキャナ保存には、対応したシステムを導入するだけでなく保存手続きや運用ルールなどの社内ルールも併せて準備が必要であり、廃棄する取引書類や廃棄時期などのルールも含めて準備が必要でしょう。

電子取引情報の保存方法

Q90　電子取引を行った場合、その取引情報はどのように保存すればよいのでしょうか。

A　電子取引により取引情報のやり取りを行った場合は、取引データを電帳法の保存要件に従って保存する必要があります。ただし、令和5年末までは条件付きで取引データではなく、出力した書面で保存することもできます。

解　説

電子取引を行った場合、取引情報であるデータを電帳法の保存要件に従って保存することが必要ですが、これまでは出力した書面を保存することも認められてきたため2つの保存方法となっていました。

電帳法は、「所得税、又は法人税の保存義務者が電子取引を行った場合」に取引情報を保存する義務がありますが、消費税の事業者は対象となっていないため消費税法で保存が必要な「請求書」のデータを電子取引で行っても消費税法では保存する義務はありませんでした。しかし、インボイス制度では、適格請求書は書面、あるいはデータのいずれの方法であっても同じように保存する必要があり、保存しない場合は仕入税額控除が適用されません。取引データを保存する場合の保存要件は電帳法の保存要件と同じになります。

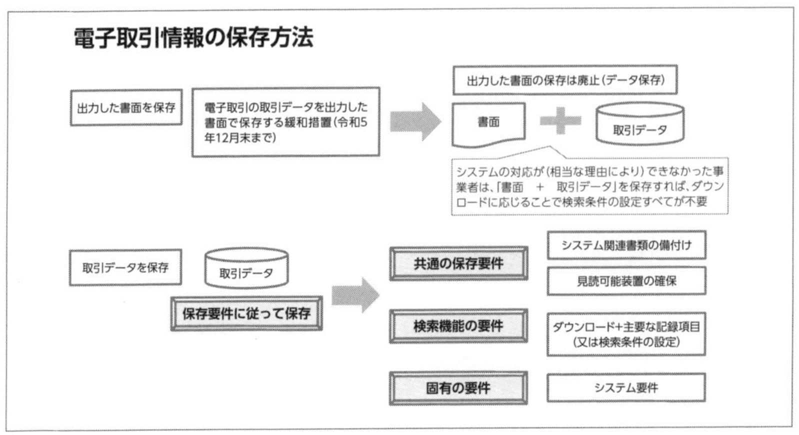

電子取引で受け取った請求書や領収書などのデータは、出力した書面から仕訳処理を行うことも多く、取引書類と同じように（編綴して保存するなど）扱われてきました。しかし、令和3年度の改正により、データの保存に代えて出力書面のみを保存することが廃止され、令和5年末までは条件付きで認められている状況です。令和6年以降については、出力した書面を保存する場合であっても取引データを保存することが必要であり、適切な方法で取引データを保存しなければなりません。

電子取引情報の保存要件

Q91 電子取引の取引情報をデータで保存する場合に必要な保存要件は、何でしょうか。

A 電子取引の取引情報を保存するには、「共通の保存要件」（「システム関連書類の備付け」＋「見読可能装置の確保」＋「検索機能（一部ダウンロード要件）」）＋「固有の保存要件」が必要です。固有の保存要件は、訂正削除の防止を目的とした要件などが必要になります。

解　説

電子取引の取引データを保存する場合、保存要件は共通の保存要件（「システム関連書類の備付け」＋「見読可能措置の確保」＋「検索機能の確保」）、及び「固有の保存要件（システム要件）」が必要になります。

検索機能の要件は、「主要な記録項目」を除く、「範囲を指定した検索」＋「2以上の項目の組み合わせ」について検索条件を設定する代わりにダウンロード要件に代えることができます（ダウンロード要件によらず、すべての検索条件を設定する方法も選択できます）。

「固有の保存要件」は、①タイムスタンプを付与してデータを保存する

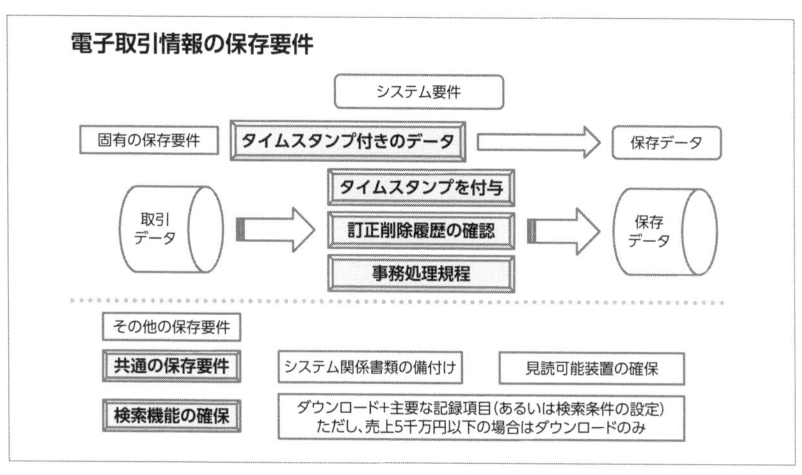

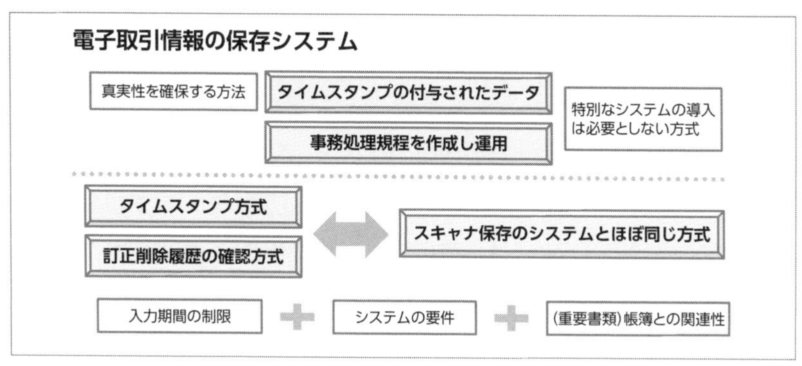

方法、あるいは②訂正削除の防止に関する事務処理規程を作成し運用する方法、となっていましたが、令和2年度改正により「タイムスタンプ付きのデータ」、及び「訂正削除の履歴が確認できるシステム（又は訂正削除ができないシステム）」の方法が追加されていますので、4つの方法からいずれかの方法を選択して保存することができます。

なお、訂正削除を防止する方法には、運用方式と物理的方式や論理的方式などがあります。運用方式は、事務処理規程を作成し、通常は訂正削除できない運用としつつ、訂正削除を行う場合は社内決裁を必要とするなどの方法で対応する方法になります。これに対し、物理的方式は、CDやDVDなど物理的に書き込みできないメディアに記録する方法ですので一旦記録した情報は訂正削除することができません。論理的方式は、運用方式と物理的方式の中間の方法で、クラウド事業者などにデータの保管を委託し、利用者（保存義務者）には訂正や削除のプログラム（メニュー）が用意されないため、データの訂正や削除は行えませんが、クラウド事業者は緊急時に限りデータの訂正や削除を行うことができます。プログラムの内容を閲覧や参照などに制限するのは委託契約などで行うことになります。

電子取引情報の留意事項

Q92 電子取引情報を保存する場合に、留意すべき事項はありますか。

A 書面取引では請求書を取引先へ交付した際、写しの書面を作成している場合に限り、その写しを保存する必要がありますが、電子取引では取引情報の発行者には送信した原本の取引データが作成されますので、この送信した取引データは保存が必要なデータとなります。

解　説

電子取引を行った場合、最も重要なことは保存義務のある対象取引データを誤って廃棄しないことになります。

保存義務の規定は、帳簿、及び書類だけでなく電子取引の取引情報にも定められていますが、帳簿書類は紙で保存することから受領した書類を整理し、廃棄する場合は、書面を確認してから廃棄することになります。これに対し、電子取引の取引情報は取引データを受領したからといって保存システムが完備され自動的に保存されるわけではありません。電子メールやWEBの取引情報などは、当事者が意識して保存しない限り適切に保存される保証はありません。

税務調査の際に、調査官から特定の取引情報について提示するよう求められても、保存ルールや保存場所、保存期限などがルール化されていないと保存されているか不明なため提示することは困難です。したがって、電子取引の取引データをどの保存要件に従って保存すればよいかという以前に、保存漏れがないかを検討する必要があります。そのため、保存しなければならない取引情報の範囲やデータの種類などをルール化し社員全員へ周知するなどの対応がより重要となります。

取引書面の保存が一般的だった時代では、総務や経理など事務処理を担

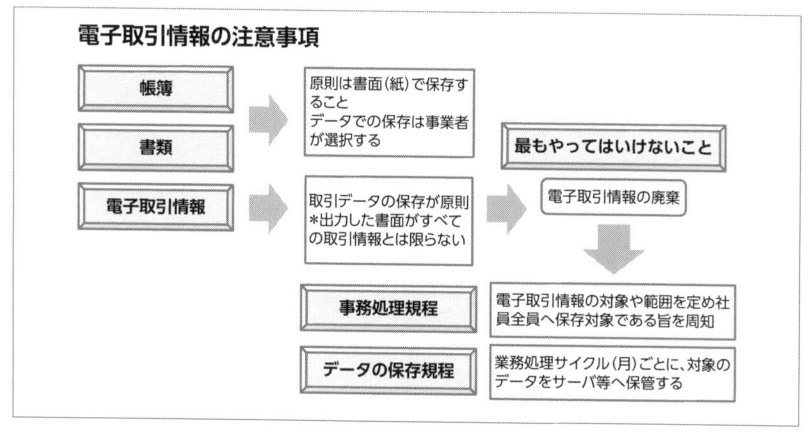

当する部署に、ほぼすべての書類が集まるため、他の社員へは個別について指示すれば足りていましたが、電子メールの利用が広がったことで、必要な取引情報の範囲をルール化し、その対応方法を社員全員へ周知することが必要になっています。実効性のあるルールを作成し、保存義務のある取引データを誤って廃棄しないようにすることが、電子取引の取引情報を保存には特に重要となります。

第8章

適格請求書

インボイス制度のデータ保存

Q93 インボイス制度が開始されると、どのような書類やデータを保存する必要がありますか。

A インボイス制度では、適格請求書等、及び帳簿を書面、又はデータで保存する必要がありますが、これまでは受領した請求書（書面）を保存するだけでよかったのに対し、今後は受領した適格請求書の書類、及び電子取引情報が必要になるほか、発行した適格請求書の控えについても保存が必要です。

解　説

インボイス制度が導入されると、これまで保存が必要であった請求書は適格請求書に変わり、記載事項だけでなく発行する書類やデータの取扱いなども大きく変わります。適格請求書に係る変更点は次の三点です。

⑴　書類の記載事項

消費税の請求書は、①書類の発行者の名称、②取引年月日、③取引内容、④対価の額、⑤交付を受ける事業者の名称、が記載された取引書類になります。これに対し、適格請求書は、①適格請求書等発行事業者の名称及び登録番号、②取引年月日、③取引内容、④税率ごとに区分した金額、⑤税率ごとに区分した消費税額、及び適用税率、⑥交付を受ける事業者の名称、を記載した取引書類となります。

⑵　発行者の制限と義務

これまでの請求書は誰でも発行することができましたが、適格請求書は、事前に発行事業者としての登録を行い、発行する際は登録番号の記載が必要になります。

また、これまでの請求書は取引において必要な場合にのみ発行するものとされてきましたが、適格請求書は発行することが義務となっていますの

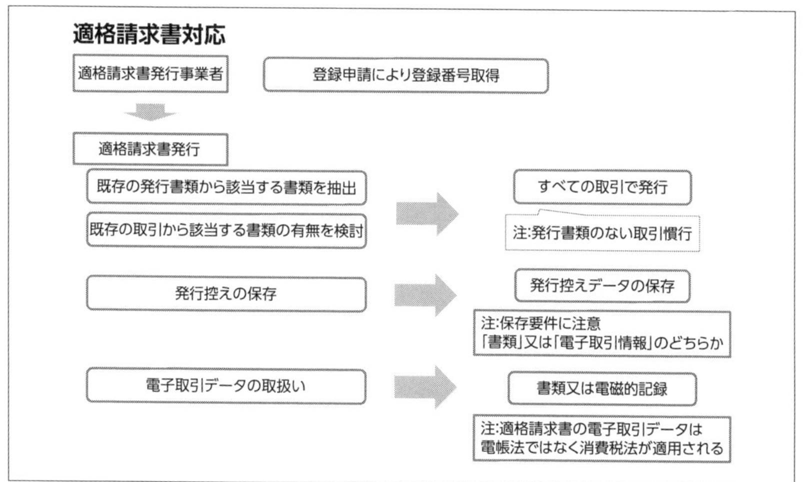

で、これまで請求書が発行されてこなかった取引についても発行する必要があります。また、発行された適格請求書について返品や値引きなどが行われた場合も、必ず変更に係る適格請求書を発行する必要があります。

⑶　取引データの取扱い

これまでの請求書は、書類（書面）のものだけが保存の対象となっていましたが、適格請求書では電子取引の取引情報などのデータも書面と同じ扱いに変更されますので、書面だけでなく電子取引による発行や受領も行えます。

インボイス制度のデータ保存準備

Q94 インボイス制度が導入されると、書類やデータを保存するにはどのような準備や検討が必要ですか。

A インボイス制度が導入されると、①適格請求書の発行、②受領した適格請求書の保存、③消費税の帳簿の作成、など新たな対応が必要になりますので、どのような方法等（書面、又はデータ）で発行し保存すればよいかなど対応を検討し、準備する必要があります。

解 説

インボイス制度が導入されると、請求書が適格請求書に変わり、発行した請求書の記載事項だけを変更するのではなく、どのような発行方法で行えばよいか、あるいはどのような方法で受領すればよいか、など書類や帳簿の保存方法と併せて対応を検討する必要があります。そのため、インボイス制度の導入に当たっては、これまで発行している取引書類の洗い出し、適格請求書への対応を事前に検討する準備が必要になります。

インボイス制度が導入される前までは、仕入税額控除に必要な請求書などの書面だけを保存すればよかったのですが、今後は受領した適格請求書の書面、又はデータを確実に保存する必要があります。これまでの請求書は課税取引に該当するか判断できる書面（紙）であればよく、請求書だけでなく領収書や納品書といった書類を保存することとなっていました。そのため、請求書（という名称）である必要はなく、請求書（という名称）であっても売掛金や貸付金などは課税資産の譲渡に関係がない請求書は消費税法でいう請求書には該当しませんでした。消費税法でいう請求書は、取引の都度、発行される領収書や請求書、納品書などの取引書類であって、請求書という名称の書類であっても資産の譲渡や課税仕入れ等の事実が記

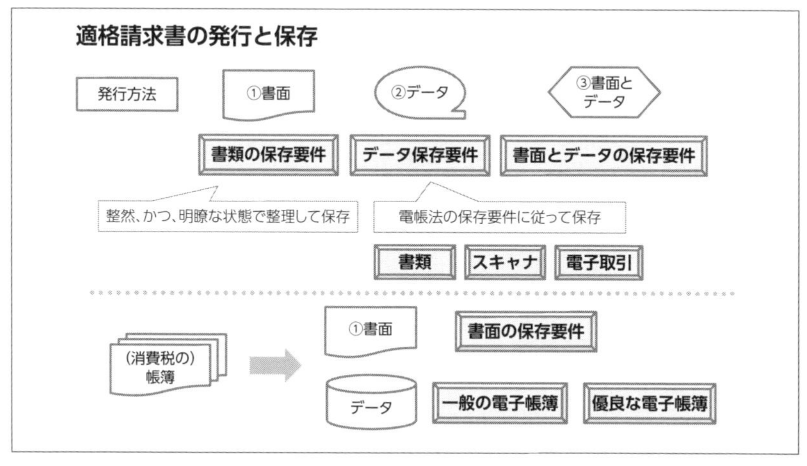

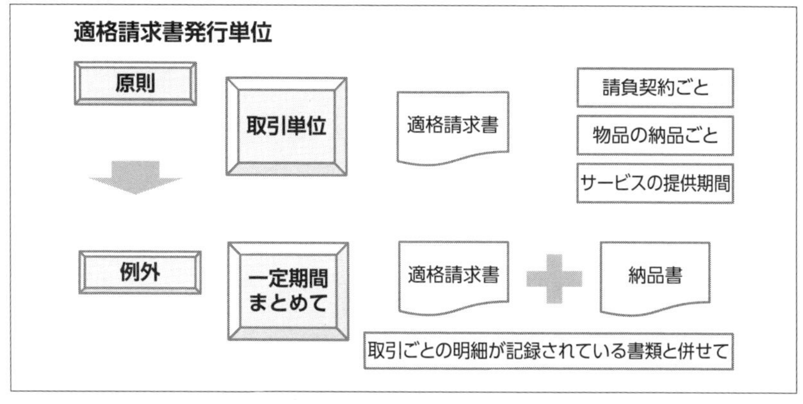

載されていないものは仕入税額控除の根拠として扱われません。また、取引によっては必ずしも取引の発生ごとに（請求書などの）取引書類が発行されない場合や、契約により資産の譲渡に関係なく請求書を発行する場合など、取引の発生ごとに請求書が発行されない場合は多々あります。また、請求書を自社が発行する代わりに支払先（売上先）が支払明細書などを発行する場合や直接の取引先でない仲介者が請求書を発行する場合など、必ずしも取引の都度、請求書が発行されてきたわけではありません。

しかし、適格請求書は、発行事業者が記載事項を変更するだけでなく、これまで発行した請求書などの取引書類について取引慣行や契約などからの見直しが必要です。インボイス制度の導入により、請求書、納品書、領収書などを新たに発行する必要があるのか、あるいは記載事項を変更すれば足りるのかは取引ごとに検討する必要があります。新たに適格請求書を発行する場合や既存の書類の記載事項や様式を大幅に変更する場合には、今後、適格請求書を書面で発行するか、あるいは電子取引で発行するかなども含めて検討する必要があります。

新たな適格請求書を発行するか、あるいは変更する場合には、これまでより発行する書類やデータが増える可能性が高く、同時に発行した控えの保存も増えることになります。新たに保存する書類やデータが増えることも考慮した上で、適格請求書を発行する方法を検討し準備する必要があります。これらの検討が十分行われないまま、適格請求書を発行した場合、新たに控えの書面やデータを保存する対応が難しくなります。また、発行方法が複雑になると事務負担が増えるだけでなく、税務調査への影響も大きくなります。

請求書と適格請求書

Q95 請求書の保存と適格請求書の保存では、どのような違いがありますか。

A 請求書の保存は書類（紙）で受領したものを保存すればよく、取引情報の保存は対象外でした。これに対し、適格請求書の発行は書面だけでなくデータで行うこともあり、受領する場合は書面、又はデータとなるため、保存方法もこれまでと異なります。

解　説

所得税法や法人税法など、税法で保存するよう定められている取引書類はすべて書面（紙）で受け取ったものを保存することが前提であり、データで受け取った場合は対象外です。データで受ける場合は、電子取引の取引情報に該当し、電帳法の規定に基づいて受け取ったデータを保存することになっています。これまで、消費税法で保存するよう定められていた請求書も書面で受けるものが対象であり、データで受け取る場合は対象外となっていました。

インボイス制度が導入されると、適格請求書を書面だけでなく取引データの提供も認められるため、受け取る場合も書面、又はデータとなります。改正消費税法ではこれらの書類、又は電磁的記録を適格請求書として保存するよう定めています。このように、仕入税額控除に必要な適格請求書等は、請求書の書面だけでなく取引データ（電磁的記録）も適格請求書等に含まれます（消法30⑨）。

消費税法では、適格請求書等、及び帳簿を保存しない場合、仕入税額控除を適用しない（消法30）と定められていますが、保存する適格請求書等には、適格請求書と適格簡易請求書の書面、及びこれらに代えて提供された電磁的記録（取引データ）が含まれます。

また、請求書の発行者ではなく支払者など他の事業者が行った課税仕入れの書類や、卸売市場における媒介業務に係る書類についても適格請求書等となります。

請求書の発行者ではなく支払者などから発行される課税仕入れの書類に

請求書等

帳簿及び請求書等を保存しない場合、（仕入税額控除を）適用しない（消法30⑦）

請求書等とは以下の書類及び電磁的記録をいう（消法30⑨）

種類	内容
適格請求書又は適格簡易請求書	課税資産の譲渡等につき事業者に交付する書類
仕入明細書、仕入計算書等	他の事業者が行った課税仕入れで相手方から確認を受けたもの
請求書、納品書等	卸売市場における媒介又は取次ぎに係る業務を介して行う課税仕入れ
上記の電磁的記録（取引データ）	適格請求書等に代えて提供する電磁的記録

は、仕入明細書、仕入計算書その他これらに類する書類があり、記載される事項は適格請求書の記載事項と変わりません。また、卸売市場における取次ぎや媒介者から受ける場合も、他の事業者が行った課税仕入れの書類と基本的には同じですが、交付される書類は請求書、納品書その他これらに類する書類となります。これら、支払明細書や媒介者が発行する適格請求書等についても、書面だけでなく電子取引により、データ（電磁的記録）の発行を行うことができますので、データの提供を受けた場合は、適格請求書のデータを保存することになります。

適格請求書のデータ

Q96 適格請求書の電磁的記録とは、どのようなデータでしょうか。

A 適格請求書は、発行元（登録番号）、発行先、取引年月日、金額（税率ごとの消費税額）、取引内容などが記載されたもので、請求書、領収書、納品書などの書類になりますが、適格請求書の書面の代わりに提供される電子取引の取引データのことを電磁的記録といいます。

解 説

適格請求書の書面に記載される事項と（電子）取引情報に記録される事項は変わりませんので、書面取引か電子取引かの違いでしかありません。

適格請求書は、国内において課税資産の譲渡等を行った際に、適格請求書の発行事業者から交付を受けた請求書、納品書その他これらに類する書類になります。

適格請求書は、①適格請求書等発行事業者の名称、及び登録番号、②取引年月日、③取引内容、④税率ごとに区分した金額、⑤税率ごとに区分した消費税額、及び適用税率、⑥交付を受ける事業者、が記載されたものになります。適格請求書はこれらの事項がすべて記載されていることが必要になりますが、一つの書類に記載されない場合は、複数の書類を合わせて適格請求書とすることもできます。取引年月日（課税資産の譲渡等の年月日）等は納品書に記載されていますが、請求書には記載されないこともあり、そういった場合は請求書と納品書を合わせて適格請求書となります。

この適格請求書は登録者以外の発行はできませんので、登録事業者以外の者が発行することや、適格請求書に類似する書類の発行は法令で禁じられています。

これらの適格請求書は書面に代えてデータ（電磁的記録）で提供することもできますし、書面（納品書）とデータ（請求書）を組み合わせて発行

電磁的記録の規定

仕入に係る消費税額の控除	事業者が課税仕入れ等の税額の控除に係る帳簿及び請求書等（請求書等の交付を受けることが困難である場合、特定課税仕入れに係るものである場合その他政令で定める場合は帳簿）を保存しない場合は適用しない	消法30①七

消法20⑦に規定する請求書等とは、次に掲げる書類及び電磁的記録をいう（消法30⑨）

↓

適格請求書又は適格簡易請求書

適格請求書又は適格簡易請求書に代えて提供する電磁的記録

適格請求書

適格請求書発行事業者が国内において課税資産の譲渡等を行った場合に、他の事業者に発行する請求書、納品書その他これらに類する書類で次の事項が記載されたもの（消法57の4）

	記載事項
1	適格請求書発行事業者の氏名又は名称及び登録番号
2	課税資産の譲渡等を行った年月日
3	課税資産の譲渡等に係る資産又は役務の内容
4	課税資産の譲渡等に係る税抜価格又は税込価格を税率ごとに区分した合計金額及び適用率
5	消費税額（税率ごとに区分した合計金額）
6	書類の交付を受ける事業者の氏名又は名称

することもできるだけでなく、複数の取引データを組み合わせて発行することもできます。

適格請求書の種類

Q97 適格請求書のデータには、どのような種類がありますか。

A 適格請求書には、発行先を省略した簡易適格請求書とすべての事項を記載した適格請求書のほか、適格返還請求書を含めて適格請求書等となりますが、仕入明細書も適格請求書に含まれる場合があります。適格請求書のデータは、適格請求書等に必要な事項が記載された取引データになります。

解説

適格請求書は、「適格請求書」「適格簡易請求書」「適格返還請求書」を含めて適格請求書等といいます。

適格請求書は、①適格請求書等発行事業者の名称、及び登録番号、②取引年月日、③取引内容、④税率ごとに区分した金額、⑤税率ごとに区分した消費税額、及び適用税率、⑥交付を受ける事業者の名称、を記載した取引書類であり、すべての事項を記載したものとなります。これに対し、記載事項の一部（⑥交付を受ける事業者の名称）を省略したものを適格簡易請求書といい、小売業、飲食業、旅行業やタクシー、駐車場など不特定多数の者にサービスを提供する場合にのみ発行することができます。

また、売上について対価の返還等を行った場合、返還を受ける事業者に発行する請求書、納品書その他これらに類する書類を適格返還請求書といい、適格請求書と同じように発行することが義務付けられています。

これらの適格請求書等は、書類（書面）、及びデータのどちらで発行（提供）することもできます。

適格請求書等

名称	内容
適格請求書	すべての事項を記載した書類（又は取引データ）
適格簡易請求書	適格請求書から「相手先の名称」を省略した書類（又は取引データ）
適格返還請求書	売上に係る対価の返還があった場合に発行する書類（又は取引データ）

適格簡易請求書

Q98　適格簡易請求書とは、どのようなものでしょうか。

A　適格請求書と違い「書類を受領した者の名称」などの記載を省略して発行された書類（請求書）を適格簡易請求書といいます。

解説

適格請求書発行事業者は、(発行できないことが認められる場合を除き)、原則として相手方へ適格請求書を交付する義務があります。しかし、スーパー、コンビニ、タクシー、時間貸し駐車場などでは、不特定の者が利用するため、受領者の名称を記載することが困難な場合があります。そのため、小売業や飲食業、旅行業などの事業者に限って、相手先名称の記載を省略した適格請求書を発行することが認められ。このような相手先名称の記載を省略した適格請求書を適格簡易請求書といい、適格請求書と同じ扱いになります。

なお、適格簡易請求書は適格請求書と同様に書面だけでなくデータを提供することもできます。

現在、スーパーやコンビニなどの小売業やレストランなどの飲食業などで発行しているレシートには、受領者の名称が記載されていませんが、別途、氏名を記載できる領収書を発行した対応を行う場合があります。これらの領収書には、相手先の名称が記載できるよう手当てされたもので、必要経費に算入する際の根拠として求められてきたものです。しかし、相手先の名称欄はあるものの支払内容が記載されていない場合や相手先の名称

適格簡易請求書

適格請求書発行事業者が国内において課税資産の譲渡等が小売業他の事業に係るものであるときは、適格請求書に代えて次の事項が記載された請求書、納品書その他これらに類する書類（適格簡易請求書）を交付することができる（消法57の4②）

	適格簡易請求書　記載事項
1	適格請求書発行事業者の氏名又は名称及び登録番号
2	課税資産の譲渡等を行った年月日
3	課税資産の譲渡等に係る資産又は役務の内容
4	課税資産の譲渡等に係る税抜価格又は税込価格を税率ごとに区分して合計した金額
5	消費税額等又は適用税率

を空欄のまま交付する場合も多く、こういった領収書に、レシートに代える効果があるとは思えません。スーパーなどのレシートは、相手先の名称が記載されないだけで適格簡易請求書として仕入税額控除の要件を満たすことができますが、逆に取引内容が記載されていない領収書を受領しても仕入税額控除の対象とならない可能性もあります。受領者の名称が記載されていなくても、適格簡易請求書の記載事項が記載されたレシートを保存すれば仕入税額控除を受けることができます。

適格返還請求書

Q99　適格返還請求書は、いつどのようにして発行するものでしょうか。

A　インボイス制度では、一旦交付した適格請求書について値引きや割戻しなどが行われた場合、必ずその事実を記載した適格返還請求書の書類、又はデータを相手方に交付することが義務付けられています。

解　説

適格請求書の発行事業者には、適格返還請求書を発行する義務だけでなく、売上げに係る対価の返還を行った場合に、適格返還請求書の発行も義務付けられています。

適格返還請求書

> 売上げに係る対価の返還等を行う適格請求書発行事業者は、対価の返還等を受ける事業者に請求書、納品書その他これらに類する書類で次の事項が記載されたものを交付しなければならない（消法57の4③）

	適格返還請求書　記載事項
1	適格請求書発行事業者の氏名又は名称及び登録番号
2	売上げに係る対価の返還等を行う年月日及び売上げに係る課税資産の譲渡等を行った年月日
3	売上げに係る対価の返還等に係る課税資産の譲渡等に係る資産又は役務の内容
4	売上げに係る対価の返還等に係る税抜価格又は税込価格を税率ごとに区分した合計金額
5	売上げに係る対価の返還等に係る消費税額又は適用税率

課税資産の譲渡によりを行い適格請求書を発行した後に、商品の返品、売上の割り戻しや単価の訂正などの対価の返還等が行われた場合、発行した適格請求書について変更した内容の適格請求書（適格返還請求書）を発行しなければなりません。

適格返還請求書に記載する事項は、①発行事業者の名称、及び登録番号、②対価の返還を行う年月日、及び当初の取引年月日、③取引内容、④税率ごとに区分した税抜価格、又は税込価額、⑤対価の返還等に係る消費税額、又は適用税率、となります。

課税期間をまたいで行われた対価の返還については「適格返還請求書」により対価の返還を受けた日の課税期間で消費税の計算を行うことができます。

この適格返還請求書は、適格請求書と同様に書面に代えて電磁的記録で提供することもできます。

適格請求書の発行方法

Q100 適格請求書の発行は、どのような方法で行うことができますか。

A 適格請求書は、書面、又はデータで発行することができます。発行する適格請求書は、①手書きの書面、②データから作成した書面、③作成したデータ、④書面とデータの組み合わせ、などの種類に分類できます。

解説

適格請求書は、書面取引（紙）、あるいは電子取引（データ）で提供することができます。ただし、書面は手書きで作成する場合とデータから作成する場合があり、提供するデータは作成したデータだけでなく、書面からスキャナなどで読み取ってデータ化する場合もあります。

①手書きの発行

手書きで適格請求書を発行する場合は、発行した控えを保存する必要があり、複写式等で作成した控えの書面を保存する必要があります。

②業務システムなどで発行

パソコンや業務システムなどを使用し、紙に出力した適格請求書を発行する場合は、控えのデータを保存する必要があります。控えのデータは電帳法「書類」（電帳法4②）の保存要件に従って保存することができます。

③データを提供（電子取引）

書類に代えて電磁的記録（データ）で提供することができますので、適格請求書をデータで提供した場合は、提供（送信）元のデータを電子取引情報の保存要件で保存することができます。また、適格請求書のデータは書面に出力して保存することもできます。

請求書を書面で作成

作成方法	発行者	控えの保存方法	注意点	発行方法
手書き	請求書（控え）	書類（手書き等）	複写式でないと控えが作成されない	交付、郵送が原則 ＊電子メール可 ただし、電子メールの交付は電子取引の取引情報に該当
		データ（「スキャナ」）		
エクセル、ワードなど	作成元データ	書類	データの整理・保存が困難（税務調査の影響大）	
		データ（「書類」）		
		データ（「スキャナ」）		
請求書発行システム	作成・入力データ	書類	控データの保存が容易（発行方法により保存方法に影響あり）	
		データ（「書類」）		
		データ（「スキャナ」）		

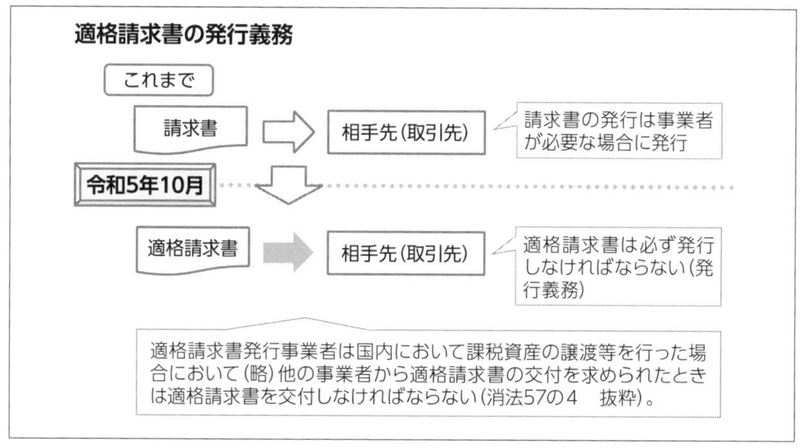

④書類とデータで発行する場合

適格請求書は、請求書、及び納品書といった複数の書類からなる場合があります。このような場合は電子取引の取引データと書面（紙）でそれぞれ交付（提供）することもできます。ただし、交付する書類やデータが一つの適格請求書であることが確認できるよう固有の番号などを記載（記録）して発行することが必要になります。

適格請求書発行者の義務

Q101 適格請求書の発行事業者にはどのような義務があるのでしょうか。

A 適格請求書の発行事業者には、発行義務と併せて、控えの保存義務が新たに定められています。これまでは、請求書の保存がなくても取引の実態から課税取引として処理することができましたが、今後は、法令で認められた取引を除きすべて適格請求書の発行が必要です。

解 説

適格請求書の発行事業者には、新たに適格請求書等を発行する義務と控えを保存する義務が定められていました。これまでは、請求書を発行する義務や発行した控えを保存する義務はなく、契約や取引慣行に基づき取り交わされる書類や支払状況などから課税取引と判断し仕訳処理を行うことも認められていました。そのため、請求を行う事業者であっても、必ずしも請求書を発行しないケースや、消費税法で定める請求書の記載事項が十分でない書類（領収書や請求書など）であっても、請求書の保存だけが問題となることはありませんでした。また、所得税法や法人税法では「取引書類を発行した写しがある場合はその写し」を保存するよう定められていますので、消費税法で定める請求書であるかどうかは別として、発行した控えがある場合は保存する義務もあり、税務調査での確認にも大きな問題はありませんでした。

①発行義務

これまでは、課税取引を行ったからといって取引先との間に特別な書類（請求書）を発行する決まりはなく、取引の必要性に応じて必要な書類を発行すればよいとされてきました。そのため、通常、取引を行った場合に発行する請求書、納品書、領収書などの書類を消費税法では（必要な事項が記載された）請求書として扱い、所得税や法人税などの必要経費へ算入する処理と併せて消費税の仕入税額控除を行い、これらの書類を保存することが認められてきました。しかし、このような書類は取引慣行によっては省略されることも多く、取引の都度、発行されるものではありません。そのため、これまでは3万円未満の領収書、及び3万円以上であっても領収書が発行されない場合には、領収書を保存しなくても（帳簿の保存と記載を要件として）仕入税額控除をすることが認められてきました。しかし、インボイス制度では、適格請求書の発行事業者には法令で定められた取引を除き、原則として必ず適格請求書を発行することが義務付けられることになっています。

また、適格請求書を発行した後に、値引きや対価の返還などを行った場合にも、適格返還請求書を交付することや、発行した適格請求書を修正する場合にも修正した適格請求書を交付することが義務付けられています。

②保存義務

適格請求書を発行する事業者には、法令で定められた取引を除き、必ず適格請求書等の発行が義務付けられたため、同時に適格請求書を発行した控えについても保存することが義務付けられています。

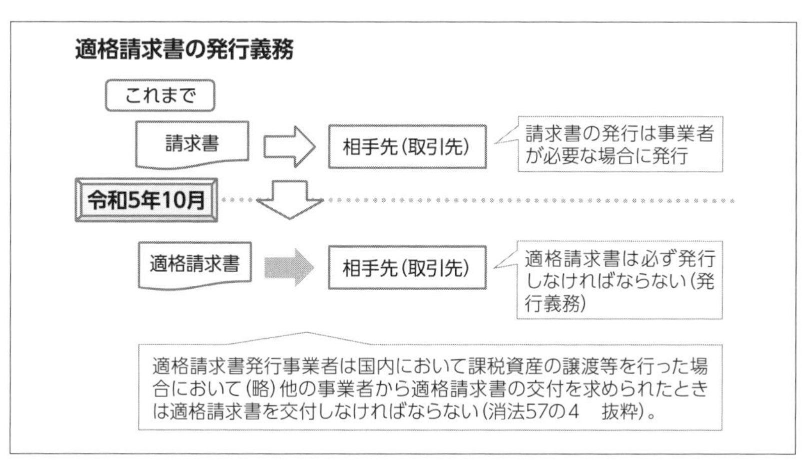

適格請求書の発行方法の選択

Q102 適格請求書の作成方法や発行方法は、どのように選択すればよいのでしょうか。

A 適格請求書を発行する方法の選択は、既存の取引書類を洗い出し、適格請求書を既存の書類を適格請求書として（訂正や追記を行い）発行するか、あるいは新たに発行する必要があるか判断する必要がありますが、発行控えの保存方法と併せて検討することが重要です。

解 説

適格請求書を作成し発行する方法にはいくつもの方法から選択することができますが、既存の書類だけで対応する安易な方法を選択すると、後に大規模なシステム改修が必要になることもありますので、慎重に判断する必要があります。

適格請求書の発行は、これまで発行した請求書を単に訂正するだけでなく、発行している取引書類が適格請求書に該当するか、改めて検討する必要があります。取引先が課税事業者であっても、契約や慣習などから適格請求書に相当する書類をまったく発行していていないこともあり得ますので、現在、発行している取引書類や取引情報を洗い出し、改めて検討する必要があります。なお、検討した結果、次のような対応が必要となると考えられます。

① 現在の取引書類を適格請求書として記載事項を追加、又は変更する
② 現在の取引書類では不足があり、通知などの書類などを一部追加する
③ 該当する書類がないため、新たに適格請求書を作成し発行する
④ 請求書は発行していないが請求先から仕入明細書を受け取っている場合は、今後の方針を取引先と協議する（当社が仕入明細書を発行し

発行方法の種類と保存方法

<table>
<tr><th>方法</th><th>相手先</th><th>発行方法</th><th>控えの保存方法</th><th>受領</th><th>（受領）保存方法</th></tr>
<tr><td rowspan="7">発行</td><td rowspan="3">書面</td><td rowspan="3">書面</td><td>書面（手書き等）</td><td rowspan="3">書面</td><td rowspan="2">書面</td></tr>
<tr><td>データ（「書類」）</td></tr>
<tr><td>データ（「スキャナ」）</td><td>データ「スキャナ」</td></tr>
<tr><td rowspan="2">データ
（電子取引）</td><td rowspan="2">電子（データ）</td><td rowspan="2">データ（「電子取引」）</td><td rowspan="2">データ</td><td>データ（「電子取引」）</td></tr>
<tr><td>出力した書面＊</td></tr>
<tr><td rowspan="2">書面又は
データ
（正本）</td><td>書面</td><td colspan="3">「書類」に準じて取り扱う</td></tr>
<tr><td>電子（データ）</td><td colspan="3">データに準じて取り扱う</td></tr>
</table>

＊出力した書面の保存は令和5年末まで

ている場合も同じ対応になります）

適格請求書の作成は、現在の取引書類を検討し、必要な事項を追加、又は変更により対応する場合や新たに適格請求書を発行する場合は業務システムなどを改修する可能性があります。適格請求書は、控えの保存が義務付けられていますので、どのような方法で控えを保存するかも含めて発行方法を検討しないと、控えが適切に保存されないおそれがあります。適格請求書を業務システムなどから作成した書面を発行する場合は、出力元のデータが保存の対象になりますが、電子取引で提供する場合は保存するデータが提供するデータとなります。

控えの保存方法

Q103　適格請求書を発行した場合に、発行した控えはどのような方法で保存すればよいのでしょうか。

A　適格請求書を発行した控えの保存方法は、発行方法によって異なります。書面で発行する場合は、①控えの書面、②出力元のデータ、③スキャナ保存のデータ、などの方法になりますが、電子取引で行った場合は発行した取引データか、あるいは出力した書面を保存することになります。

解 説

適格請求書の控えは発行方法によって具体的な保存方法が異なりますが、保存方法は、①書面（紙）、②データ、③書面（紙）とデータ、の3通りの方法になります。

①書面（紙）

適格請求書の発行方法にかかわらず、控えは書面（紙）で保存することができます（原則の方法）。

・手書き（複写式）で発行…………複写で作成した控えの書面を保存
・システムから書面に出力して発行…出力元のデータから出力した書面を保存
・電子取引による取引データを提供…提供元のデータから出力した書面を保存

②データ（電磁的記録）

・手書きで発行…………………………控えの書面をデータ化して「スキャナ」保存
・システムから書面に出力して発行…控えのデータを「書類」保存
・電子取引による取引データを提供…取引データを「電子取引情報」保存

③紙とデータ

適格請求書が複数の書類で構成される場合、例えば、納品書と請求書で適格請求書を発行する場合は、それぞれの発行控えを保存することになります。その場合、①両方とも紙で保存する、②両方ともデータで保存する、③一方を紙、もう一方をデータで保存する、という3通りの方法になります。

データで保存する場合はいずれも電帳法の保存要件に従って保存する必要がありますので、「スキャナ」（電帳法4③）、「書類」（電帳法4②）、「電子取引情報」（電帳法7）といったそれぞれの保存要件に従う必要があります。

＊なお、電子取引による適格請求書の発行控えの保存は、データだけでなく出

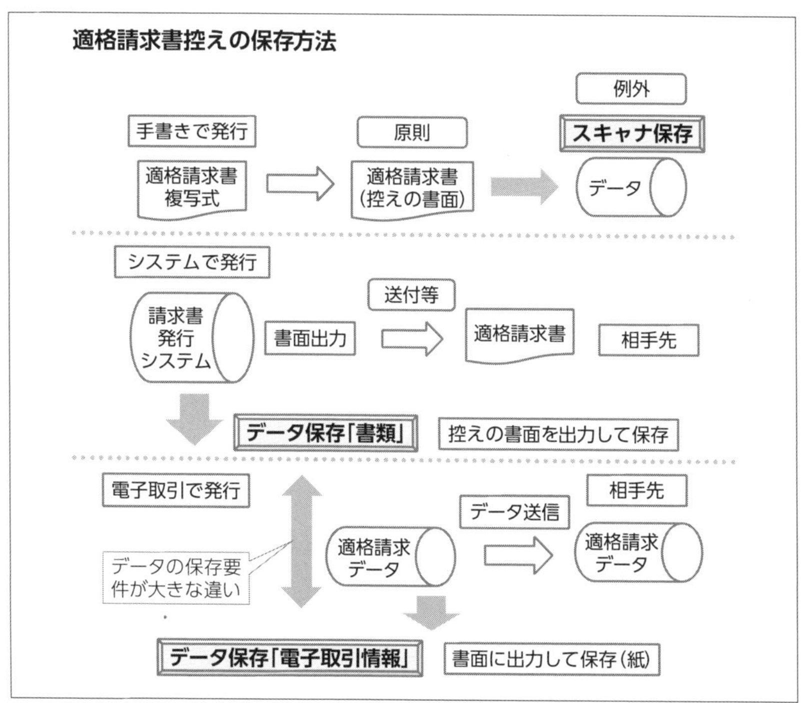

力した書面を保存する方法も認められていますが、適格請求書も所得税法や法人税法の保存義務者が保存しなければならない取引情報に該当しますので、取引データを保存する必要があります。

書面取引（手書き）の適格請求書の発行控え

Q104 手書きで作成した適格請求書を発行した場合、発行した控えはどのような方法で保存すればよいのでしょうか。

A 　手書きの領収書や請求書などを適格請求書として発行した場合、控えの書面を作成して保存する必要があります。保存する場合は、

原則として複写式で作成した手書きの写しですが、コピーやスキャナ保存によるデータで保存することもできます。

解 説

適格請求書を手書きで作成し書面で発行する場合、必ず複写式など控えが作成される方法で発行する必要があります。飲食店、小売業、設備工事などが発行する領収書や請求書には、（複写式でない）手書きのものを交付する慣習が根強く残っています。しかし、インボイス制度では、適格請求書を発行する事業者には、発行した控え（の書面、又はデータ）を保存する義務がありますので、これまでのように手書きの領収書（適格請求書）を発行する場合には、必ず控えが作成されるよう複写式等の方法で作成し発行する必要があります。

複写式等で作成した請求書や納品書などの適格請求書の写しは、（控え）の書面を紙のまま保存することになりますが、「スキャナ」（電帳法4③）保存によりデータを保存することもできます。スキャナ保存のデータを保存する場合には、控えの書面を廃棄することができますが、廃棄する場合は、必ず電帳法の保存要件に従って廃棄する必要があります。なお、発行する際に原本をコピーしたりスキャニングしたりすることは可能ですが、手作業で行うため保存漏れを起こす可能性があり、保存の信ぴょう性に欠けるため、税務調査で問題点を指摘されるおそれがあります。

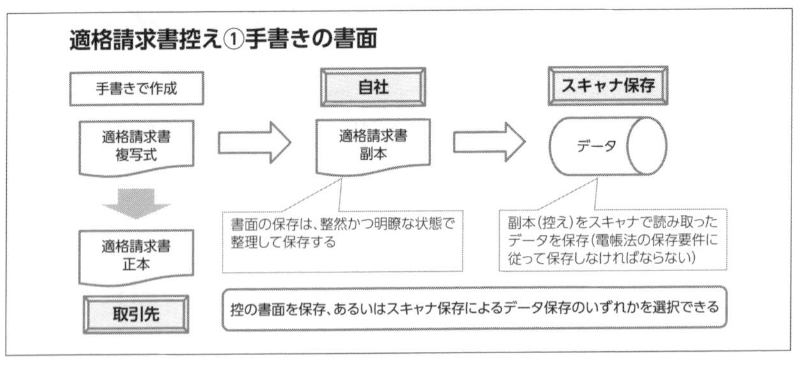

データから作成した適格請求書の発行控え

Q105 業務システムなどを使用して適格請求書を作成し書類（書面）で発行した場合、その発行控えはどのように保存すればよいのでしょうか。

A　業務システムから作成した適格請求書は、交付する方法によって控えの保存方法が異なります。書面取引の場合は控えの書面か出力元のデータ、電子取引の場合は、送信したデータ、あるいは出力した書面を保存することができます。

解 説

業務システムから作成した適格請求書は、書面に出力して相手方へ交付するか、あるいはデータのまま相手方へ送信（提供）するかどちらかの方法で交付することができます。交付する方法によって、控えの保存方法が異なり、紙で保存するか、あるいはデータで保存するか選択することになります。

適格請求書を書面で作成する場合は、手書きで作成する方法とデータから作成する方法がありますが、業務システムなどのデータから作成することが大半だと思われます。適格請求書は、事業者間で行う取引の際に交付される請求書、納品書、領収書などの書類であり、書面で交付する場合だけでなくデータで相手先へ交付（提供）する場合があります。なお、スーパーやコンビニなどで発行するレシート（領収書、又は納品書）はほとんどがデータから出力したものになります。

このようなデータから作成した適格請求書を書面で発行した場合、その発行控えの保存は、業務システムなどのデータを保存することが最も望ましい方法です。業務システムのデータを保存する場合は、電帳法の保存要件に従って保存する必要があり、「書類」（電帳法4②）の方法で保存する

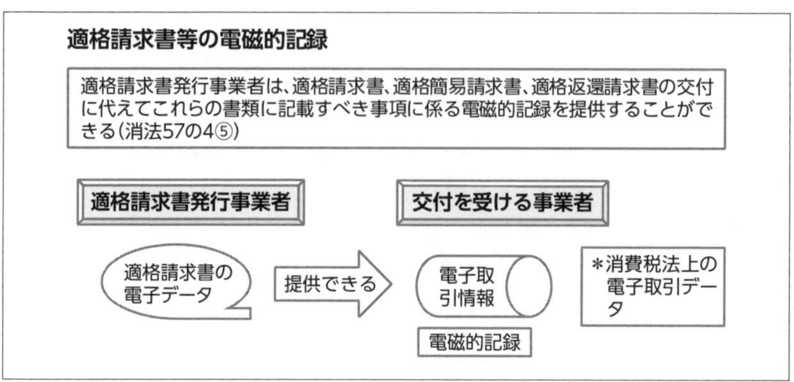

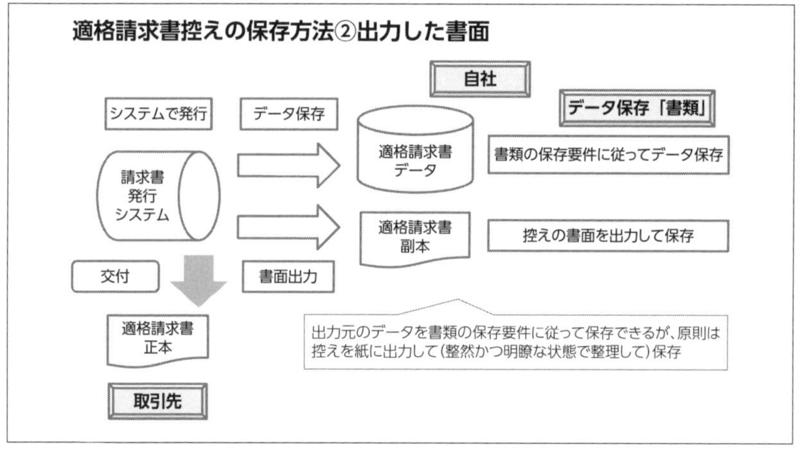

ことができます。

また、出力元のデータを保存できない場合は、紙に出力して保存することができるほか、出力した書面をスキャナで読み取ったデータを保存することもできますが、いずれも事務負担が増えるだけでなく膨大な控えを紙に出力することが必要になるため現実的な方法とはいえません。

適格請求書の発行データ（電子取引）

Q106 電子取引により適格請求書のデータを相手方に発行（提供）した場合、発行した控えはどのように保存すればよいのでしょうか。

A　電子取引により発行した適格請求書の場合は、控えに相当する送信（提供）データを保存することになりますが、電帳法の保存要件に従って送信データを保存するか、あるいは出力した書面のどちらかを保存することができます。

解　説

電子取引により適格請求書に係るデータを交付（提供）した場合は、送信元のデータを電帳法の保存要件（電子取引）に従って保存することになりますが、データから出力した書面を保存することも認められています。

適格請求書のデータを相手先に交付（提供）する場合は、電子取引に該当しますが、データの提供方法には、EDI、電子メール、WEBのほかメディアによる提供など様々な方法があります。適格請求書のデータ（電磁的記録）は、電帳法ではなく消費税法の規定により控えの保存が必要になりますが、データを保存する場合は、電帳法の電子取引情報の保存要件に従って保存する必要があります（データの保存方法は電帳法に準拠しています）。

また、消費税法では、適格請求書の取引情報はデータに代えて出力した書面（紙）を保存することもできるため、適格請求書の控えについて出力した書面（紙）による保存もできます。ただし、電子取引により適格請求書のデータを発行する場合は、膨大な発行量が見込まれるため、（送信元の）すべてのデータを出力して保存することは望ましくありません。

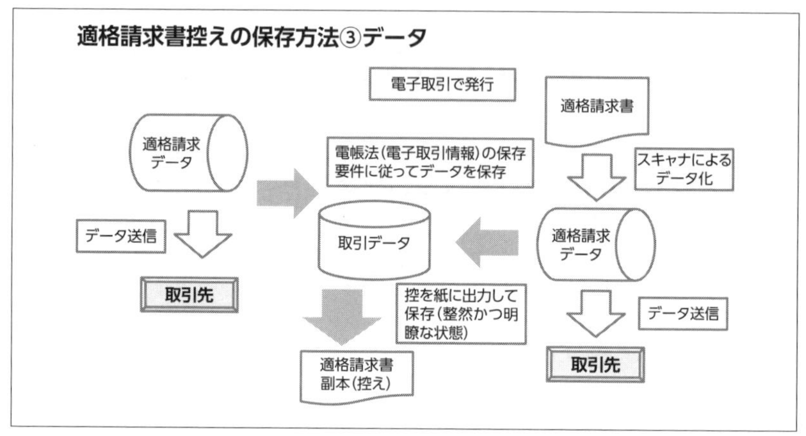

受領した適格請求書の保存

Q107 相手先から送付された適格請求書（書面、又はデータ）を受け取った場合、どのように保存すればよいのでしょうか。

A 適格請求書の受領は、書面取引か電子取引のどちらかによって保存する方法に違いがあります。書面で受け取った場合は、受け取った書面、又はデータ（スキャナ）で保存することもできますが、電子取引の場合は取引データを保存するか、出力した書面による保存ができます。

解 説

適格請求書は、①書面（紙）、②データ、③紙とデータ、という3つの形態で受領することがありますが、受領した形態によってそれぞれ保存方法が異なります。そのため、受け取った形態ごとに書面、あるいはデータを選択して保存することになります。

相手方が発行した適格請求書を保存する場合は、適切な方法で保存しないと仕入税額控除が認められないおそれがあるため、どの方法で保存するかは大変重要です。ただし、相手方からどのような方法で交付されるかは、受け取ってみないとわかりません。書面で受け取る場合もあればデータで受け取る場合もあり、さらには書類とデータを併用した形態で受け取る場合もあるため、それぞれの場合で保存方法が異なります。データで保存する場合には、「書類」「スキャナ」「電子取引情報」いずれかの方法となるため、それぞれ保存要件の難易度が異なるため適切な方法を選択する必要があります。

①書面（紙）で受け取った場合

適格請求書を書面（紙）で受け取った場合は、受け取った書面をそのまま保存するか、あるいは「スキャナ保存」（電帳法4③）によるデータ保存が可能です。

②データで受け取った場合

電子取引により適格請求書の取引データを受け取った場合は、取引データを保存することが原則ですが、出力した書面を保存することも認められています。データで保存する場合は、「電子取引の取引情報」（電帳法7）の保存要件に準拠して保存することになります。

③書類、及びデータで受け取った場合

適格請求書を請求書や納品書など（一定の事項が記載された）複数の書類やデータ、あるいは書類とデータが混在する形態で受領することがあります。例えば、納品書を紙（書類）で受け取り、請求書はデータで受け取るような場合は、納品書と請求書の双方を一つの適格請求書として保存しなければなりません。適格請求書を紙とデータで受け取る場合は、それぞれの方法に従って保存することになりますので、受け取った書類とデータをそのまま保存することが原則となります。一方、受け取った書類を「スキャナ」保存することや受け取った取引データを紙に出力して保存することも認められています。ただし、取引データを紙に出力して保存できるのは、消費税法だけの規定に限定されますので、取引データを紙に出力していても、データを保存する必要があります。

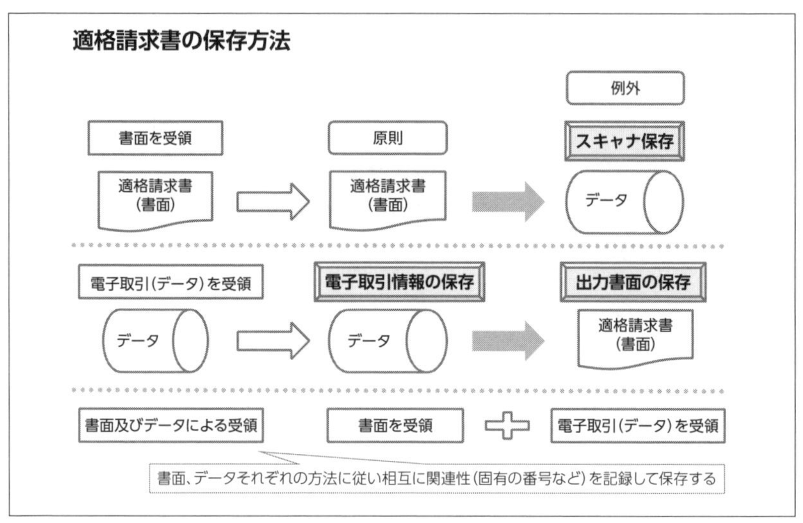

書面で受け取った適格請求書

Q108 書面で受け取った適格請求書は、どのような方法で保存することができますか

A 適格請求書を書面で受け取った場合、受け取った書面をそのまま保存するだけでなくデータで保存することもできます。受け取った適格請求書をデータで保存する場合は、「スキャナ」(電帳法4③)の保存方法になります。

解説

適格請求書を書面(紙)で受け取った場合、受け取った書面をそのまま保存するだけでなく電帳法の規定を適用し書面に代えてデータを保存することもできます。

適格請求書は特定の様式が定められていないため、請求書や納品書、領収書などといった様々な書類が適格請求書となりますので、どの書類が適

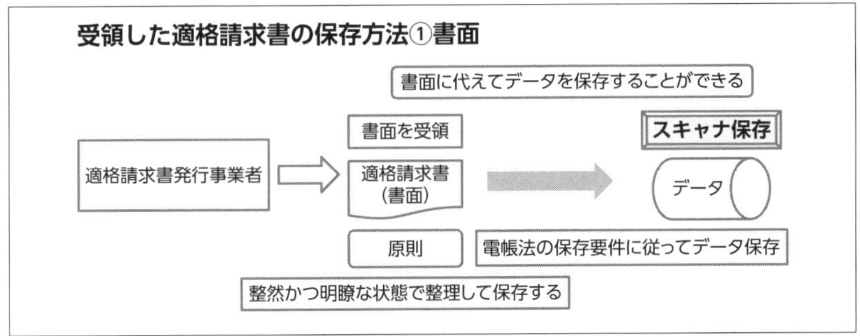

格請求書なのか確認する必要があります。これらの書類を書面（紙）で受け取った場合は、受け取った書面は整然かつ明瞭な状態で整理して保存することが基本になります。税務調査では調査官がこれらの書類について内容が確認できること、及び仕訳処理と照合できる状態で規則性を持って保存しておく必要があります。

また、電帳法を適用し、受け取った書類をスキャナで読み取りデータで保存することもできます。「スキャナ」の保存要件に従って保存したデータは、国税関係書類を保存しているとみなされますので、仕入税額控除の要件を満たすことになります。ただし、保存要件に従っていない場合には、国税関係書類を保存しているとみなされないおそれがあります。

データで受け取った適格請求書

Q109　適格請求書をデータで受け取った場合は、どのような方法で保存すればよいのでしょうか。

A　適格請求書のデータを受け取った場合は、データを保存するか、あるいは書面に出力して保存することができます。適格請求書をデータで受け取った場合、消費税法ではデータだけでなく出力した書面を保存することも（仕入税額控除についてだけは）認められています。

解　説

相手方から適格請求書の取引データを受領する場合は、書面取引ではないため、すべて電子取引の取引情報に該当します。消費税法では、請求書、及び帳簿を保存しない場合は、仕入税額控除を適用しないと定められていましたが、電子取引の取引情報については、書面ではなく請求書に当たらないものとして扱われてきました。そのため、取引データを保存しなくても消費税の帳簿を保存すればこれまでは仕入税額控除が認められていました。しかし、インボイス制度の導入によって改正された消費税法では、請求書は「適格請求書、又は電磁的記録（又は適格請求書及び電磁的記録）」と改定されたため、適格請求書の書面、又は電子取引の取引データが保存されていないと仕入税額控除を受けることができません。そのため、インボイス制度導入後は、適格請求書の取引データを保存することが不可欠となります。

適格請求書の取引データをデータで保存する場合には、電帳法の電子取引情報の規定が準用されるため、電子取引の保存要件を満たして保存する必要があります。

また、消費税法では、電子取引の取引データを、データではなく出力した書面を保存することも認められています。出力した書面は、整然かつ明瞭な状態で整理して保存することになります。

ただし、適格請求書の電磁的記録（取引データ）は、所得税法や法人税法の保存義務者が保存する取引情報でもあるため、取引データを保存する

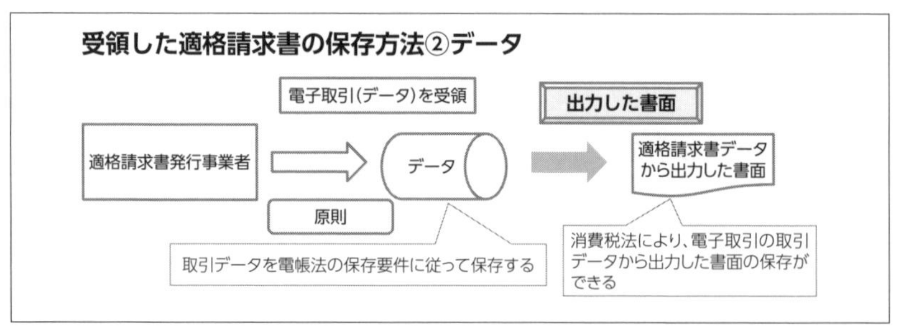

必要があります。

紙、及びデータで受け取った適格請求書の保存

Q110 複数の書類や取引データが適格請求書に該当する場合は、どのような方法で保存すればよいのでしょうか。

A　受け取った適格請求書が複数の書類（納品書、請求書、領収書など）や取引データとなっている場合は、受け取ったすべての書面、及びデータを保存する必要がありますが、保存する場合はそれぞれ適切な方法を選択して保存することになります。

解 説

受け取った適格請求書が、複数の書面や取引データとなる場合、適格請求書に該当するものをすべて保存しなければなりません。そのため、受け取った書面、又はデータが確実に適格請求書であるか確認し書面、又はデータをそれぞれの方法に従って保存することになります。

適格請求書は特定の書式が定められていないため、請求書や納品書、領収書などといった書類やデータが複合する場合がありますので、これらの複合する書類やデータを一つの適格請求書（の要件を満たす書類）として保存する必要があります。例えば、納品書と請求書を合せて適格請求書となる場合は、納品書と請求書の双方を一つの適格請求書として保存しなければ適格請求書を保存していることにならず、仕入税額控除を受けることができません。そのため、納品書を書面（紙）で受け取り、請求書を電子取引（データ）で受領した場合には、納品書と請求書を合せて保存する必要があります。また、これらが一つの適格請求書であることを確認できるようそれぞれの書類やデータに共通する番号などを記録することも必要です。受け取った書面や請求書の取引データなどはそれぞれ受け取った方法

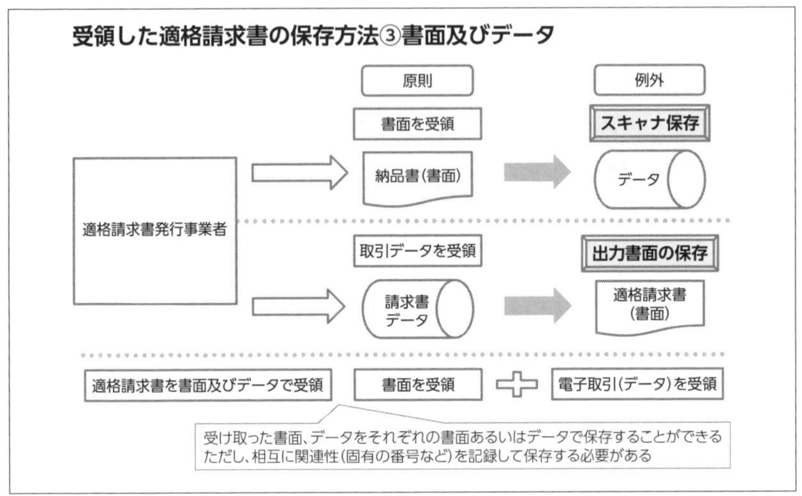

に基づいて保存することが基本になります。

また、受け取った納品書の書面はデータに代えて保存することもできますが、書面からデータで保存する場合は「スキャナ保存」（電帳法4③）に該当します。また、受け取った請求書のデータを保存する場合は、電帳法第7条「電子取引の取引情報」の保存要件に従って保存する必要がありますが、受け取った取引データから出力した書面（紙）を保存することも消費税法では認められています。

適格請求書を保存しなくてもよい場合

Q111 適格請求書を保存しなくても仕入税額控除を受けることができるのは、どのような取引ですか。

A 適格請求書の保存がなくても仕入税額控除ができるのは、適格請求書の交付が免除される取引と、交付を受けることが困難な取引になります。このような場合は、適格請求書の保存がなくても一定の事項を記載した消費税の帳簿を保存すれば仕入税額控除が認められます。

解説

適格請求書等の保存がなくても仕入税額控除が認められるのは、適格請求書の交付が免除される取引と、適格請求書の交付を受けることが困難な場合に限定されます。消費税法では、適格請求書等、及び（消費税の）帳簿を保存しないと仕入税額控除を受けることができません。しかし、請求書等の保存がなくても発行が免除される取引や発行が困難な取引に該当する場合は、（消費税の）帳簿を保存すれば仕入税額控除が受けられることになっています。

インボイス制度以前では、3万円未満の課税仕入れ、及び3万円以上でも請求書等の交付を受けられなかったことについてやむを得ない理由があるときは消費税の帳簿のみの保存で仕入税額控除を行うことができました。このやむを得ない理由には、相手方が請求書を発行しない場合も含まれるため、請求書等の保存がないという理由だけで仕入税額控除が否認されることはありませんでした。

インボイス制度導入後は、適格請求書発行事業者には交付義務が課せられていますので、相手方が発行しないことはありません。また、3万円未満の課税仕入れについて認められるのは一律ではなく公共交通機関や自動販売機などの取引に限定されることになっています。なお、令和5年度改正により、期間限定で小規模事業者には1万円未満の課税仕入れについて、例外として帳簿のみの保存で仕入税額控除が認められることになりました。この小規模事業者は基準期間の課税売上が1億円以下の事業者、又は特定期間の課税売上が5千万円以下の事業者になります。また、認められる期間は令和5年10月1日から令和11年9月末までの期間に限定されます。

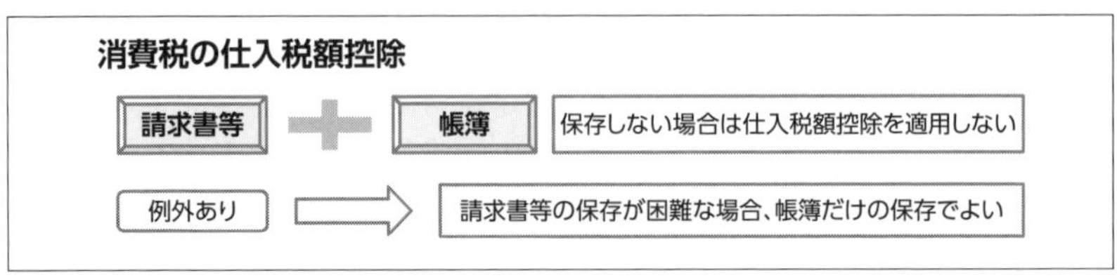

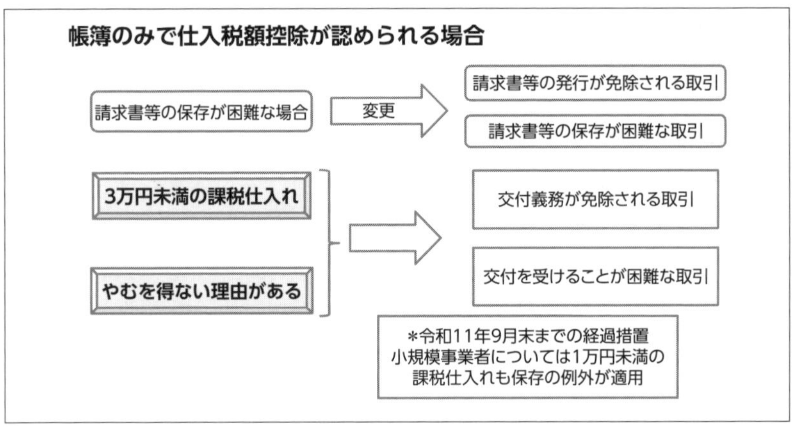

帳簿のみの保存で仕入税額控除できる場合

適格請求書等保存制度

適格請求書等の交付義務が免除される場合	適格請求書等の交付を受けることが困難な場合
公共交通機関（電車、バス、船舶）の3万円未満の運賃 自動販売機・自動サービス機による課税資産の譲渡等（3万円未満に限る）	適格簡易請求書に該当する入場券のうち、使用の際回収される取引
郵便切手を対価とするサービス（郵便ポストに差し出されたものに限る） 出荷者等が行う卸売市場における生鮮食料品等の譲渡（卸売業務として行うものに限る）	古物営業、質屋、宅地建物取引業者が適格請求書発行事業者以外からの古物、質物、建物などを棚卸資産として取得する取引
生産者が行う農協、漁協などに委託して行う農林水産物の譲渡（生産者を特定せずに行うものに限る）	適格請求書発行事業者以外の者から再生資源又は再生部品を購入する取引
	従業員等に支給する通常必要と認められる出張旅費、宿泊費、日当、通勤手当等に係る課税仕入れ

相手方が適格請求書を交付してくれない場合

Q112　取引の相手方が（適格）請求書を交付してくれない場合にはどうすればよいのでしょうか。

A　適格請求書の発行事業者には適格請求書の発行が義務付けられますので、法令で適格請求書の発行が免除される取引、及び発行が困難な取引を除き、必ず発行する義務があり、相手方に適格請求書の発行を依頼することになります。

解　説

インボイス制度が導入されても、必ずしも相手方が適格請求書を発行するとは限りませんので、適格請求書を受け取ることができないと仕入税額控除を受けることができません。適格請求書を受け取れないと仕入税額控除を受けることはできませんが、課税取引に該当する場合は、6年間の経過措置により当初3年間は80%、その後3年間は50%の金額を控除することができることになります。

これまで､仕入税額控除を行うには相手先が発行した請求書等（請求書、領収書、納品書などの書類）を保存することになっていました。契約や取引慣行によっては、消費税の請求書に相当する書類を発行しない場合もあり､全ての事業者が請求書を発行しているとは限りません。適格請求書は、取引の都度、発行する必要がありますが、請求書がすべて取引の都度、発行されるとは限らないため、消費税の請求書にならないものもあります。これまでの税務調査では、課税取引であるか判断する基準は請求書だけでなく、契約書、注文書、支払明細書など、取引に関する一連の書類や支出状況などを総合的に勘案して、課税取引か否かの判断が行われています。

しかし、インボイス制度が導入されると、（一部の例外を除き）必ず適格請求書を受領し保存することが必要になります。そのため、これまで取

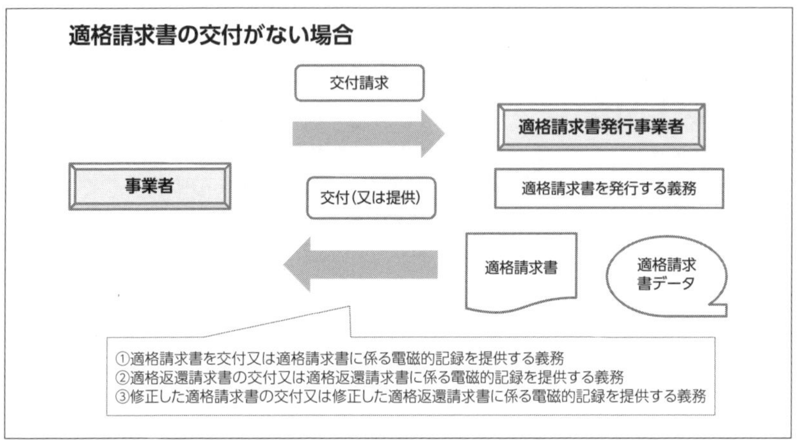

引の都度、請求書等を発行してこなかった事業者には、適格請求書を発行するよう要求し適格請求書の書面、又はデータを受け取らなければなりません。

もし、適格請求書を受領できない場合、支払状況や決済状況が明らかであっても（全額）仕入税額控除を行うことはできない可能性があります。

仕入明細書を発行する場合

Q113 これまで請求者が発行せず、支払者（売上先）から支払通知書（支払明細書）を受け取ってきた場合、適格請求書の発行はどうすればよいのですか。

A 請求者（仕入先）ではなく支払者（売上先）が発行する支払通知書（仕入明細書）などにより課税取引を行ってきた場合は、今後、支払通知書を適格請求書とすることもできますが、その場合は必ず支払通知書を受領する者から確認を受ける必要があります。

解説

適格請求書は、仕入先から売上先に対して発行することが原則ですが、一部の業態では、支払先が発行する仕入明細書（支払明細書）を発行し、取引を行う場合があります。インボイス制度では、適格請求書の発行は支払者ではなく請求者である発行事業者が行うこととされていますので、本来は請求書である発行事業者が適格請求書を発行することになります。ただし、このような発行事業者ではなく支払者が発行する仕入明細書、仕入計算書その他これらに類する書類であっても相手先の了解が得られれば適格請求書とすることができます。支払先が発行する仕入明細書などは課税仕入れの相手方の確認を受けたものに限って適格請求書とすることができるため､契約や受領書などで相手方の確認を受けることが必要になります。このような形態は継続した取引を行う事業者間に多く行われますので、事前に相手方の確認方法について約款等で誤りの連絡期間を設け、期間経過後に確認を受けたものとみなすことも可能です。この仕入明細書は、書面取引、あるいは電子取引で相手方に交付することができるため、電子メールなどを利用しデータで提供する場合は、相手方の確認を契約約款や受信確認や受信連絡などをもって行うこともできます。なお､仕入明細書には、相手先の名称だけでなく登録番号が記載されている必要がありますので、通知を受ける者が適格請求書の発行事業者であることが必要です。

この仕入明細書は、発行者、及び受領者の双方で保存する必要がありますが、発行者では発行控えの保存が仕入税額控除の要件になっています。

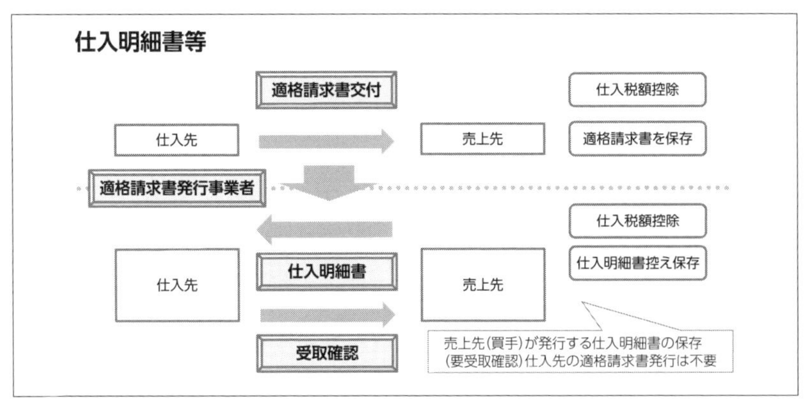

そのため、書面取引の場合は、発行者は出力元のデータを「書類」（電帳法4②）の要件で保存することができます。電子取引の場合は、送信データを「電子取引の取引情報」（電帳法7）の要件で保存する必要があります。

適格請求書の媒介者交付

Q114 取引を直接行う相手方ではなく仲介者を通じて行う場合、適格請求書はどのように保存すればよいのでしょうか。

A 適格請求書の発行事業者が適格請求書を発行することが原則ですが、媒介者が代わりに適格請求書を発行することもできます。ただし、双方で発行することはできませんので、どちらか一方が適格請求書を発行し、控えは委託者、及び受託者双方で保存することになります。

解　説

インターネットなどのショッピングサイトに商品やサービスを提供し事業を行う場合、商品の納品は売却先の事業者が行うため納品書は売却先から発行されますが、サイトの運営会社から納品や納品書の発行が行われる場合もあります。また、WEBサイトにアップされる領収書などのデータも事業者、あるいは運営サイトのどちらかの名称で発行される場合があります。これらのショッピングサイトでは、参加する事業者が適格請求書を発行する代わりにサイト運営会社が媒介者として適格請求書を発行することもあります。

このような場合の適格請求書の発行方法には、事業者（委託者）の代わりに適格請求書の発行だけを行う方法（代理交付）と事業者ではなく取次を行うサイト管理者（受託者）が自ら発行する方法（媒介者交付特例）があります。これらの適格請求書を受け取る事業者では、適格請求書を、①事業者から直接受け取る、②サイト管理者（受託者）が事業者の名前で発行した適格請求書を受け取る、③サイト管理者（受託者）が（委託者の発行する適格請求書に代えて）発行した適格請求書を受け取る、といった方法で受領したそれぞれの書類、又はデータを保存する必要があります。

一方、発行者においては、それぞれの適格請求書の発行控えのデータ、あるいは送信元データを保存するだけでなく、委託者にも発行元データを提供する必要があります。

代理発行の場合は、委託者の名称で発行しますので契約等で発行元のデータを委託者と共有する必要がありますが、これらの発行データを電子取引により行う場合は、「電子取引の取引情報」（電帳法7）の要件に従って保存する必要があります。

また、媒介者交付特例による場合は、委託者ではなく媒介者の名称で発行するため、契約等により発行するデータの取扱いを決める必要もあります。媒介者交付特例による適格請求書の発行控えは、媒介者に保存する義務がありますが、同時に委託者にも仕訳処理の根拠として保存する必要があります。媒介者からの適格請求書が書面で発行された場合は、控えのデータは「書類」（電帳法4②）の要件で保存することができますが、電子取引による場合は「電子取引の取引情報」（電帳法7）の要件で保存する必

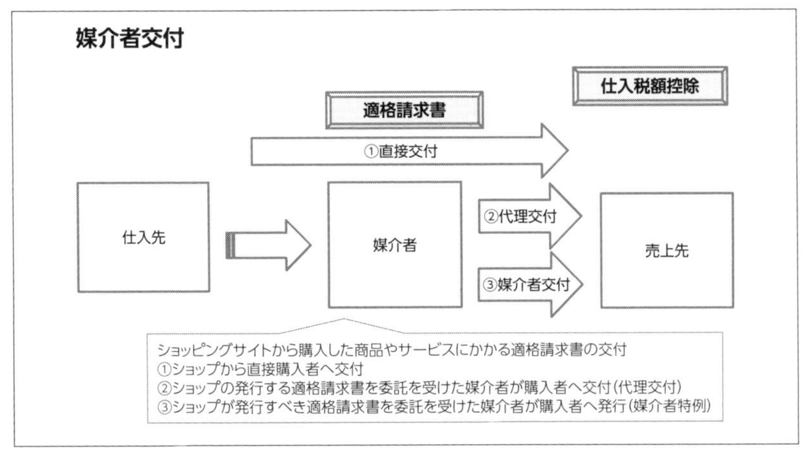

要があります。また、委託者と媒介者間で行われる取引データや発行控えのデータについても同様の扱いになります。

第9章

消費税の帳簿

消費税の帳簿

Q115 消費税の帳簿とは、どのようなものでしょうか。

A 消費税法では、課税資産の譲渡、又は課税仕入れを行った場合、帳簿を作成し保存すると定められていますので、消費税に関する取引についての帳簿を作成し保存する必要があります。なお、課税仕入れに係る帳簿を保存しないと、仕入税額控除を受けることができないことになります。

解説

消費税法では、免税事業者を除くすべての（課税）事業者に消費税に関する事項を記録した帳簿を作成し保存するよう定めています（消法58）。

また、仕入税額控除などを受ける場合、以下の帳簿を作成し保存しなければならないとも定められています。

① 課税仕入れ等の税額の控除に係る帳簿
② 売上に係る対価の返還等をした金額の明細を記録した帳簿
③ 特定課税仕入れに係る対価の返還等を受けた金額の明細を記録した帳簿

そのため、事業者にはすべて課税資産の譲渡、及び課税仕入れを記録する帳簿を作成する義務がありますが、加えて税額控除に関する帳簿を保存しない場合には、仕入税額控除を適用しないこととなっています。

このように、消費税法ではすべての課税取引を記録した帳簿を作成し保存する義務がありますが、これとは別に課税仕入れの事実を記載した帳簿を保存していない場合は、仕入税額控除を受けられないとも定められています。このように2つの帳簿の規定がありますが、課税資産の譲渡、及び課税仕入れを記録する帳簿（消法58）には、課税仕入れ等の帳簿の記載事項も記載されていますので、それぞれが個別の帳簿というわけではあり

消費税帳簿の規定

根拠	名称	対象者	帳簿の種類	義務等	
消法58	帳簿の備付け等	事業者又は特例輸入者	資産の譲渡等又は課税仕入れ	帳簿に記録し保存しなければならない	保存義務
			課税貨物の保税地域からの引き取りに関する事項		
消法30	仕入に係る消費税額の控除	事業者	課税仕入れ	課税仕入れの税額の控除に係る帳簿及び請求書等を保存しない場合、（税額の控除を）適用しない	控除要件
			特定課税仕入れ		
			保税地域から引き取る課税貨物		
消法38	売上に係る対価の返還等をした場合の消費税額の控除	事業者	課税資産の譲渡等に係る返品、値引き、割り戻し等	売上げに係る対価の返還等をした金額の明細を記録した帳簿を保存しない場合、（税額の控除を）適用しない	
			税込価格の売掛債権について減額をした場合		
消法38の2	特定課税仕入れに係る対価の返還等の帳簿	事業者	特定課税仕入れに係る対価の返還等を受けた場合	特定課税仕入れに係る対価の返還等を受けた金額の明細を記録した帳簿を保存し、（税額の控除を）適用しない	

ません。

また、対価の返還等や貸倒れなどについては、取引の行われた課税期間ではなく、対価の返還を受けた日や貸倒れの事実があった日における課税期間で、消費税の計算を行うことになるため、これらの事実を記載した帳簿を作成するよう定めています。

なお、消費税に関する帳簿は、所得税や法人税などで作成する主要な帳簿（仕訳帳、総勘定元帳、各種補助簿）に消費税法で定める記載事項を記録したものになります。

消費税の帳簿に記載する事項

Q116 消費税の帳簿には、どのような事項を記載する必要がありますか。

A 消費税の帳簿には、①資産の譲渡に係る事項、②資産の譲渡に対する対価の返還等に係る事項、③課税仕入れに係る事項、④課税仕入れに対する対価の返還等に係る事項、⑤課税貨物に係る事項、⑥貸倒れに係る事項、などを記載する必要があります。

解 説

消費税の帳簿に記載すべき主な事項は、次の6つです。

① 資産の譲渡に係る事項
② 資産の譲渡に対する対価の返還等に係る事項
③ 課税仕入れに係る事項
④ 課税仕入れに対する対価の返還等に係る事項
⑤ 課税貨物に係る事項
⑥ 貸倒れに係る事項

これらの事項に関しては、それぞれに記載すべき事項が定められていますので、該当する事項を記載しなければなりません。中でも、②資産の譲渡に対する対価の返還等に係る事項、及び③課税仕入れに係る事項、そして④課税仕入れに対する対価の返還等に係る事項、を記載した帳簿、を保存していないと仕入税額控除を適用することができません。

これらの事項を記載する帳簿は、（すべて個別の帳簿ではなく）所得税や法人税などの主要な帳簿である補助簿や総勘定元帳などに消費税に関する事項を記載すればよいため、個別に帳簿を作成する必要はありません。消費税の帳簿は、必要な事項を記載することだけが定められています。

なお、所得税法や法人税法、消費税法の帳簿の作成は、いずれも取引ごとに作成することが原則であり、適格請求書などの発行や受領ごとに仕訳情報を作成し記録することが必要になります。そのため、帳簿の仕訳情報を集約しただけの記録で作成されても帳簿を保存していると判断されませんので、必ず取引ごとに仕訳情報を記録した帳簿を作成する必要があります。

特例国税関係帳簿

Q117 過少申告加算税の減額を受けるために必要な消費税の帳簿（特例国税関係帳簿）とは、どのような帳簿ですか。

A 過少申告加算税の減額には、消費税の特例国税関係帳簿を保存する必要がありますが、法令では、①帳簿の備付け等（消法58）、②仕入税額控除に必要な帳簿（消法30）、③対価の返還に係る帳簿（消法38）、④特定課税仕入れに係る対価の返還に係る帳簿（消法38の2）、となっています。

解　説

令和3年度の電帳法改正により、過少申告加算税の減額制度が整備され、消費税についても修正申告等の際に課せられる過少申告加算税の減額の適用を受けることができます。加算税の減額は、令和4年以降に終了する課税期間から適用を受けることができますので、適用を受けようとする課税期間の（消費税の）申告期限までに「過少申告加算税の特例の適用を受ける旨の届出書」を税務署へ提出する必要があります。消費税についての適用は、消費税の特例国税関係帳簿をすべて「優良な電子帳簿」の保存要件に従って保存することが必要になります。消費税の特例国税関係帳簿は、①資産の譲渡、及び課税仕入れについての帳簿（消法58）、②仕入税額控除に必要な帳簿（消法30）、③売上に係る対価の返還に係る帳簿（消法

38)、④特定課税仕入れの対価の返還に関する帳簿（消法38の2）、となっています。電帳法では、これら4つの帳簿を特例国税関係帳簿と定めていますが、これらの名称の帳簿を新たに作成するのではなく、所得税法や法人税法で作成するすべての取引を記録する仕訳帳、総勘定元帳、各種補助簿に消費税法の帳簿に必要な事項を記録することになります。

まず、消費税法第58条で定められた帳簿は、資産の譲渡や課税仕入れを記載することとされているため、消費税に関する取引をすべて記載することから、所得税法や法人税法で定める総勘定元帳、又は補助簿に相当するものになります。また、仕入税額控除に係る帳簿（消法30）や売上に係る対価の返還等に係る帳簿（消法38）、特定課税仕入れの対価の返還等に係る帳簿（消法38の2）なども、特定の帳簿ではなく、消費税法で定める事項を記載した帳簿であればよいため、総勘定元帳や補助簿に必要な事項を記載することになります。「過少申告加算税の特例を受ける旨の届出書」の記載例には、消費税法の特例国税関係帳簿は総勘定元帳となっていますので、消費税法の特例国税関係帳簿に特別な名称はなく、必要な事項が記載された総勘定元帳や補助簿などの帳簿を記載することになります。

また、過少申告加算税の特例の適用を受けるためには、該当する特例国税関係帳簿をすべて「優良な電子帳簿」の保存要件に従って保存する必要があります。消費税法の特例国税関係帳簿の適用を受ける場合は、所得税法や法人税法で定める総勘定元帳、又は補助簿だけでなくこれらの消費税法の帳簿についても併せて届出書を提出することが一般的であり、通常は消費税法の帳簿だけを届け出ることはありません（＊消費税固有の事業者の場合には消費税の帳簿だけを対象とする場合があります）。一般的な法人の税務調査では、法人税だけでなく消費税の申告についても同時に調査が行われます。調査の結果、消費税の課税標準、及び税額について誤りがあり、修正申告等の対象となった場合に課されることになる過少申告加算税の額が5％減額されることになります。また、消費税法第58条の帳簿のうち、特例輸入者が行う課税貨物の保税地域からの引取りに係る事項を記

消費税の特例国税関係帳簿

根拠	名称	対象者	帳簿の種類	義務等	
消法58	帳簿の備付け等	事業者又は特例輸入者	資産の譲渡等又は課税仕入れ	帳簿に記録し保存しなければならない	保存義務
			課税貨物の保税地域からの引き取りに関する事項		
消法30	仕入に係る消費税額の控除	事業者	課税仕入れ	課税仕入れの税額の控除に係る帳簿及び請求書等を保存しない場合、（税額の控除を）適用しない	控除要件
			特定課税仕入れ		
			保税地域から引き取る課税貨物		
消法38	売上に係る対価の返還等をした場合の消費税額の控除	事業者	課税資産の譲渡等に係る返品、値引き、割り戻し等	売上げに係る対価の返還等をした金額の明細を記録した帳簿を保存しない場合、（税額の控除を）適用しない	
			税込価格の売掛債権について減額をした場合		
消法38の2	特定課税仕入れに係る対価の返還等の帳簿	事業者	特定課税仕入れに係る対価の返還等を受けた場合	特定課税仕入れに係る対価の返還等を受けた金額の明細を記録した帳簿を保存し、（税額の控除を）適用しない	

載する帳簿は、輸入の際に税関へ申告する消費税にかかるものであり、届出書の提出も所属する税関長となります。

消費税の帳簿の記録項目

Q118　消費税の帳簿には、どのような情報を記録する必要がありますか。

A　資産の譲渡、課税取引、課税仕入れについて仕訳情報を入力する際に記載すべき事項は、「相手先の名称」「取引年月日」「取引内容」「金額」になりますが、「金額」は適用税率の区分（軽減対象資産）が確認できる記録が必要です。

解　説

国内において資産の譲渡等を行った場合、帳簿へ記載する事項（消法58）は次のとおりです。

① 資産の譲渡等の相手方の氏名（又は名称）

② 資産の譲渡等を行った年月日

③ 資産の譲渡等に係る資産、又は役務の内容（軽減対象資産である場合はその旨）

④ 税率の異なるごとに区分した譲渡等の対価の額

また、売上に係る対価の返還等があった場合に、帳簿へ記載する事項（消法58）は次のとおりです。

① 対価の返還を受けた者の氏名（又は名称）

② 対価の返還等をした年月日

③ 対価の返還等の内容

④ 対価の返還等をした金額

なお、（資産の譲渡等の）対価の返還等とは、資産の譲渡等について、後に返品を受けた場合や値引き、あるいは割り戻しなどにより、全部、又は一部の対価が返還になる場合をいいますが、資産の譲渡等の対価となる売掛金やその他の債権の全部、又は一部が減額になる場合も含まれます。

消費税法と法人税法の帳簿

Q119 消費税法で保存するよう定められた帳簿は、所得税法や法人税法で定める帳簿とは何が違うのでしょうか。

A 所得税法や法人税法では、仕訳帳、総勘定元帳、その他の補助簿を作成し保存するよう定めていますが、消費税法では資産の譲渡や課税仕入れなどを記録する帳簿となっています。具体的には、所得税法や法人税法で定める帳簿に消費税の記載事項を記録したものをいいます。

解説

消費税法で記載されている帳簿の規定は、所得税法や法人税法などと違い一般的な帳簿の名称ではなく、記載する事項を定めたものとなっています。

所得税や法人税の帳簿がすべての取引に関して記録する帳簿を基本とするのに対し、消費税の帳簿は、課税資産の譲渡、及び課税仕入れに関して作成することとなっていて、基本的に作成する単位はどちらも取引ごとと定めているため、それぞれに大きな違いはありません。そのため、所得税や法人税の帳簿を作成する際、取引ごとに作成する仕訳情報には、法人税に必要な記載事項と消費税に必要な記載事項をそれぞれ記録した補助簿や総勘定元帳を作成すればよいことになります。

ただし、法人税の納税義務のない事業者が消費税固有の帳簿を作成する場合には、消費税の帳簿のみを作成する必要があります。収益事業を行っていない場合であっても消費税の課税取引を行い消費税の申告が必要となる場合もありますので、その場合は消費税の申告を行うとともに、消費税のみの帳簿を作成することになります。

なお、所得税法や法人税法の帳簿は作成、及び保存の義務があるのに対し、消費税の帳簿には作成、及び保存義務だけでなく、仕入税額控除を行

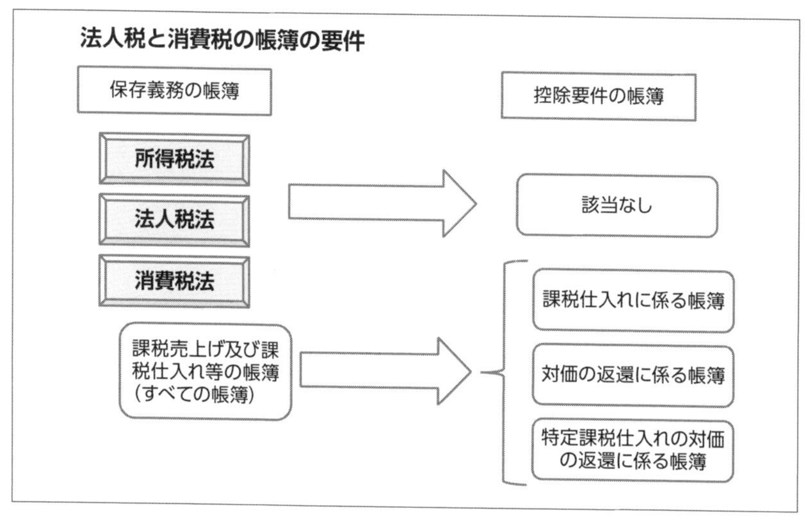

うための要件となっている場合があります。そのため、消費税の帳簿には、仕入税額控除に必要な帳簿の規定が別途定められています。

仕入税額控除に必要な帳簿

Q120 課税仕入れを行った場合に、作成が必要な消費税の帳簿とはどのようなものでしょうか。

A 消費税では、課税資産の譲渡、及び課税仕入れを行った場合に帳簿を作成するよう定められていますが、ほかに仕入税額控除に必要な帳簿も定められています。これは、消費税の帳簿を作成していないと、仕入税額控除を行うことができないことを定めたものになります。

解説

消費税では、資産の譲渡等、又は課税仕入れを行った場合に、帳簿の作成と保存が義務付けられています（消法58）ので、消費税の取引に関して帳簿を作成する必要があります。これに対し、課税仕入れの税額の控除に係る帳簿（消法30⑦）では、保存しないと仕入税額控除を行うことができないとされているため、仕入税額控除の要件として定められていることになります。

なお、課税仕入れについては、国内の課税仕入れだけでなく、特定課税仕入れや保税地域から引き取る課税貨物に係るものについても記載するよう定められています。

① 課税仕入れ等に係るもの
② 特定課税仕入れに係るもの
③ 保税地域から引き取る課税貨物に係るもの

課税仕入れを行った場合に帳簿に記載する事項は次のとおりです。

・課税仕入れの相手方の氏名、又は名称
・課税仕入れを行った年月日

・課税仕入れに係る資産、又は役務の内容
・課税仕入れに係る支払対価の額

なお、国内において行った課税仕入れについて、対価の返還等が行われた場合には必要な事項を記載した帳簿の作成も必要です。課税仕入れに係る対価の返還等には、すでに行った課税仕入れについて返品、値引き、割り戻しなどを受けて支払対価の額が返還された場合のほか、支払対価の額に係る買掛金、その他の債務の額の減額を受けた場合も含まれます。

課税仕入れ等の税額に係る帳簿（消費税法第30条）

課税仕入れに係るもの

	記載事項
1	課税仕入れの相手方の氏名（又は名称）
2	課税仕入れを行った年月日
3	課税仕入れに係る資産又は役務の内容（＊軽減対象資産の場合はその旨）
4	課税仕入れに係る支払対価の額（消費税額及び地方消費税額）

仕入れに係る対価の返還等にかかる帳簿の記載事項

課税仕入れに係るもの

	記載事項
1	仕入れに係る対価の返還等をした者の氏名（又は名称）
2	仕入れに係る対価の返還等を受けた年月日
3	仕入れに係る対価の返還等の内容
4	仕入れに係る対価の返還等を受けた金額

特定課税仕入れに必要な帳簿

Q121 海外の事業者からデジタルコンテンツなどを仕入れた場合に、消費税の対象として帳簿や書類の作成が必要になるのでしょうか。

A 平成28年4月から電子書籍・音楽・広告などのインターネット等による配信事業が国内で利用された場合には、国内取引と判断され消費税の課税対象となっています。申告、及び納税は、国内で役務の提供を受けた事業者が行うリバースチャージ方式となります。

解説

消費税は国内で行われた課税資産の譲渡について課税されるため、輸出は免税、輸入は事業者が保税地域から引き取る際にのみ消費税が課せられていましたので、デジタルコンテンツなど保存倉庫を経由しないものには、消費税が課税されていませんでした。そのため、デジタルコンテンツのように、国内でサービスが提供されていても提供先（売上先）が海外の事業者である場合、日本国内で消費税を申告することはありませんでした。その後、平成27年度に消費税法が改正され、電子書籍・音楽・広告配信など「電気通信利用役務」については、提供先の事業者が海外であっても国内で提供（消費）される場合には、国内で消費されたものと判断し、消費税の納税義務が発生することになっています。

国外事業者が行う「事業者向け電気通信利用役務の提供」や国外の事業者が国内において他の事業者に対して行う映画や演劇の俳優や音楽家、芸能人、スポーツ選手などについても同じように国内での課税取引と判断され、役務の提供を受けた（国内の）事業者が申告・納税を行うことになっています（リバースチャージ方式）。

これらの役務を「特定課税仕入れ」といい、特定課税仕入れを行った場

課税仕入れ等の税額に係る帳簿（消費税法第30条）

特定課税仕入れに係るもの

	記載事項
1	特定課税仕入れの相手方の氏名（又は名称）
2	特定課税仕入れを行った年月日
3	特定課税仕入れに係る資産又は役務の内容（＊軽減対象資産の場合はその旨）
4	特定課税資産に係る支払対価の額
5	特定課税資産に係るものである旨

課税仕入れ等の対価の返還等の帳簿

特定課税仕入れに係るもの

	記載事項
1	特定課税仕入れに係る対価の返還等をした者の氏名（又は名称）
2	特定課税仕入れに係る対価の返還等を受けた年月日
3	特定課税仕入れに係る対価の返還等の内容
4	特定課税仕入れに係る対価の返還等を受けた金額
5	特定課税仕入れに係る対価の返還等である旨

合は、次の帳簿を作成するよう定められています。

①　仕入れ税額控除を行うために必要な帳簿

②　特定課税仕入れについて対価の返還等を受けた場合の帳簿

特定課税仕入れについて、仕入税額控除を行う帳簿には、5つの記載事項が必要になります。

また、特定課税仕入れについて、対価の返還等が行われた場合に作成する帳簿には、同じように5つの事項を記載する必要があります。

貸倒れに関する帳簿

Q122 貸倒れの事実が発生した場合に、作成が必要な消費税の帳簿とはどのようなものでしょうか。

A 貸倒れの事実が発生した場合、売掛金や貸付金の発生した課税期間ではなく貸倒れの事実が発生した日の属する課税期間で税額を控除することができるため、「貸倒れの相手先」「貸倒れの年月日」「取引内容」「貸倒れ金額」などを記載した貸倒れに関する帳簿を保存する必要があります。

解説

貸倒れの事実が発生した場合、帳簿へその事実を記載し、回収不能となる債権の内、貸倒れに係る消費税額を、貸倒れが発生した課税期間の課税標準に対する消費税額から控除することができます。この貸倒れによる消費税額の控除には、貸倒れの事実があること、及び帳簿への記載を行うことが必要です。

帳簿へ記載する事項は、①貸倒れの相手方の氏名（又は名称）、②貸倒れのあった年月日、③貸倒れに係る課税資産の譲渡等に係る役務の内容、④貸倒れによって領収できなくなった金額、になります。事業者が国内において課税資産の譲渡等を行った場合、その相手方に対する売掛金、その他の債権が貸倒れの事実により、債権の全部、又は一部が領収されなくなっ

貸倒れに係る帳簿の記載事項

貸倒れに係るもの

	記載事項
1	貸倒れの相手方の氏名又は名称
2	貸倒れがあった年月日
3	貸倒れに係る課税資産の譲渡等に係る資産又は役務の内容
4	貸倒れにより領収をすることができなかった金額

たときは、領収されないこととなった日の属する課税期間の（課税標準に対する）消費税から領収されない消費税額を控除することができます。

貸倒れの事実として認められるのは次のような事実です。

①　更生計画認可の決定（債権の切捨てがあったこと）

②　特別精算に係る協会の認可の決定（債権の切捨てがあったこと）

③　債務者の財産の状況、支払能力等からみて弁済できないことが明らかなこと

④　債権者集会の協議決定（合理的な負債整理を定めているもの）

⑤　行政機関、又は金融機関等のあっせんにより負債整理を定めているもの

⑥　債務超過の期間が相当期間継続し、債務の免除通知を行っているもの

⑦　継続的な取引を行っていた債務者との取引を停止後1年以上経過した場合

⑧　債権総額が取立費用（旅費その他）に満たない場合で支払いを督促したが支払われない場合

＊⑦、及び⑧は備忘価格を控除した残額を貸倒れとして経理した場合

第10章

審査と調査

保存データの審査

Q123 帳簿や書類をデータで保存した場合、どのような審査が行われるのでしょうか。

A 承認制度が廃止され事前の審査はなくなるため、今後は税務調査の際に審査が行われると考えられます。税務調査は、課税標準や税額計算の誤りを確認することが主な目的ですので、調査開始時にデータの保存状況等の確認が行われ、詳細な審査は必要に応じて行われると考えられます。

解説

帳簿や書類をデータで保存する場合は、電帳法が適用されますので、その適否について確認する必要がありますが、具体的な手続きや方法は特に定められていません。そのため、帳簿書類などのデータが電帳法の保存要件に従って適切に保存されているかについては、税務調査の際に行われると考えられます。

これまでは、帳簿書類をデータで保存する場合、旧電帳法の規定により事前に税務署長の承認を受けることとなっていましたが、令和3年度の税制改正によりこの手続きは廃止され、さらに関連する「却下」や「取消し」などすべての手続きも同じように廃止されています。これまで税務署では「帳簿」、「書類」、「スキャナ」など申請書の種類ごとに詳細な審査が行われてきましたが、新制度では今後、このような審査が行われることはありません。

今後、電帳法の審査は、税務調査の際にデータの保存状況などの確認と併せて行われると見られています。電帳法では「帳簿」や「書類」、「スキャナ」などの種類に応じてそれぞれ違う保存要件が定められていますので、保存要件に違反した場合、これらの種類によっては税務調査に大きな影響を与

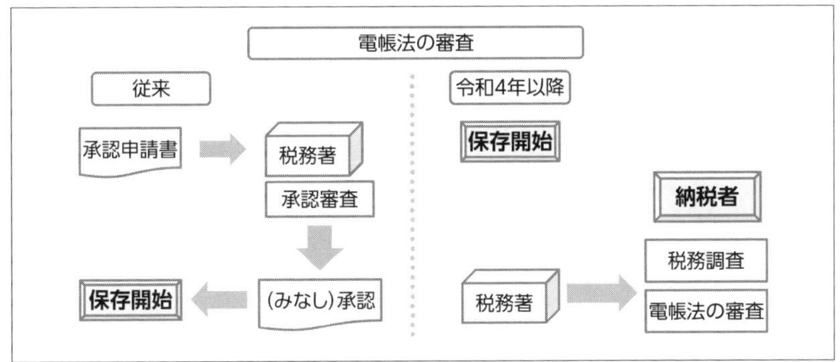

える場合があります。旧制度では申請書の記載事項等についての審査が中心でしたが、今後の審査では、課税標準や税額の計算に影響のあるデータが適切に保存されているかといった点を中心に審査が行われると考えられます。

税務調査は、法人税や消費税などの申告が正しいか確認することが目的ですので、課税標準や税額の計算に誤りがないかを確認することが最も重要になります。そのため、これらの点に関係のないデータの保存要件だけを優先して審査するとは考えにくく、課税標準などに影響のある重要な点と併せて電帳法に関する検討が行われるとみられています。帳簿や書類がデータで保存されている場合、調査官はこれらのデータを直接検索し必要な抽出等を行うことと、その結果を画面や書面に出力することが必要です。そのため、これらの作業ができないと調査に重大な影響があります。特に大きな支障を及ぼすと思われるのは、データの提示を拒否したり、意図的に改ざんしたりする行為になります。また、確認が必要なデータが保存されていない場合や、検索を行っても結果が表示されず確認が行えない場合なども税務調査がスムーズに行えず、データによっては課税標準や税額の計算に影響があることから、課税処分の検討と併せて電帳法に関する詳細な審査が行われると考えられます。

データの審査方法

Q124 今後、税務調査では保存したデータについて、どのような審査が行われるのでしょうか。

A 税務調査では、(税額の計算が正しいか検討するために) 帳簿や書類のデータを中心とした内容の検討が行われます。調査官は保存されている帳簿の仕訳データと取引書類や取引情報 (データ) と照合し、保存を確認した上で仕訳処理の内容が妥当か検討することになります。

解 説

帳簿書類のデータは、適切に申告を行っているか確認するためのものであって、保存要件そのものを審査することは主たる目的ではありません。したがって、保存したデータについて電帳法の保存要件の審査を中心に行う必要性はなく、あくまでも税務調査の目的である課税標準や税額の計算が正しく行われているか確認することが中心になります。そのため、データの保存状況が著しく悪く調査確認が行えない状況にある場合は、帳簿書類が適切に保存されていないと判断されるおそれがあります。

税務調査の際に行われるこれらのデータの確認は、調査開始前に行われる確認と調査進行中、あるいは終了後に行われる確認があります。調査開始前に行われる確認はデータの保存状況の確認であり、調査中は仕訳情報などのデータを中心に確認が行われますので、これらのデータが確認できないと、調査に支障が生じることとなります。

税務調査を開始する際には、事前に事業概要の聴取と併せて帳簿書類(又は電子取引) などの保存状況についての確認が行われます。調査では、申告書の内容が適正か検討するために、申告書、及び別表、決算書、帳簿、根拠書類などの資料がすべて揃っている状態で確認が行われます。そのため、調査を開始する時点で必要なデータはすべて揃っていなければなりませんので、必要な書類やデータが一部しか（あるいは全部）揃っていない場合は、調査を進めることができません。このように帳簿や書類のデータが揃っていない場合、申告内容の確認ができないことから、必要経費の算入や税額控除などが認められない可能性も出てきますので、特に重要なデータが揃っているかは確認しておく必要があるでしょう。

次に、調査が進行中、あるいは終了後に行われる確認もあります。所得税や法人税、消費税などの調査は、総勘定元帳など仕訳情報から個別の取引の仕訳処理を確認するため、個々の仕訳情報から確認が必要なデータを抽出し、根拠となる書類やデータから仕訳処理についての検討が行われます。抽出する仕訳情報に誤りが多く見受けられる取引や疑わしい取引などを中心に行われる傾向にありますが、問題のある取引をあらかじめ準備してから確認を行う場合もあります。個々の仕訳内容の検討には、仕訳情報とその根拠となる書類やデータは必ず照合することになりますが、実際の調査では仕訳情報の根拠となる書類やデータが確認できないことも度々起

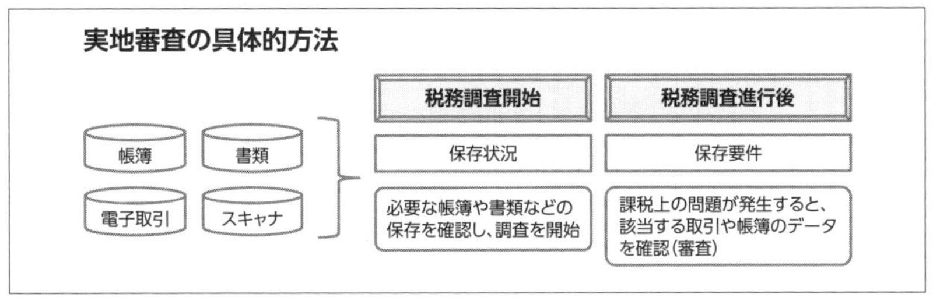

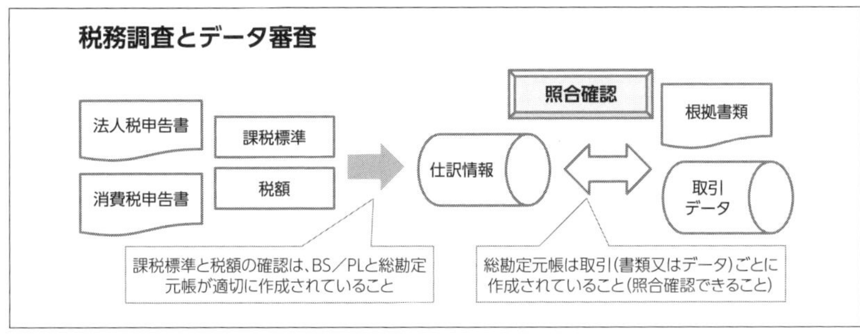

こります。また、逆に保存された書類やデータから仕訳情報を抽出し検討することもありますが、該当する仕訳処理が確認できない場合も起こります。このような場合には、データが保存されていないか、あるいは保存方法に問題があると想定されますので、詳細な電帳法の審査が行われる可能性はあります。

また、調査の過程で保存された帳簿や書類のデータから課税上の問題が指摘されることがあります。保存したデータから適切な仕訳処理を行っていないと判断され課税標準や税額の計算に誤りが見込まれた場合は、修正申告等の対象となり、場合によっては課税処分だけでなく重加算税などが課せられる可能性もあります。特に、今後は、スキャナ保存を行ったデータや電子取引の取引データを起因とする隠ぺい仮装行為などの問題が把握された場合は、重加算税が割増し対象となる可能性があります。

税務調査の主な確認事項

Q125 税務調査では、保存したデータについてどのような点を確認することになるのでしょうか。

A 一般的な税務調査では、①必要なデータがすべて揃っていること、②必要なデータの確認ができること（ダウンロード含む）、③仕訳情報と根拠書類が照合できること、④課税標準や税額計算に必要な重要なデータが保存されていること、⑤仕訳処理の内容が適切であること、などの確認が行われます。

解　説

税務調査は納税地に臨場し、帳簿書類などのデータがすべて揃っていることを確認した上で、個々の取引などの検討が行われますので、最初に必要な書類やデータが揃っているか、会計システムや業務システム、あるいはデータの保存システムなどの概要について確認が行われるため、保存データの一覧などを提示するよう求められます。

調査が開始されると、仕訳情報から抽出した根拠書類（データ）からは、保存された書類やデータが妥当か、あるいは仕訳処理（計上年月日、勘定科目）が適切かなどの点について検討が行われます。このように調査では、仕訳情報が適切かについては取引ごとに検討が行われるため、仕訳情報は取引ごとに作成することが重要になります。確認方法は、調査官が仕訳データから確認を必要とするものを抽出し、該当する書類やデータなどと照合した後、内容を検討する方法と、単に保存した根拠の書類やデータから仕訳情報を抽出して、その内容を確認する方法の2通りの方法があります。そのため、帳簿や書類（電子取引）のデータはこういった方法で検索できるよう電帳法の保存要件が定められています。令和3年度電帳法改正により、検索条件の設定は、その全部、又は一部をダウンロード要件に代えることができるようになっていますので、これからの税務調査では、データを直接検索するのではなく、データのダウンロードを求められるケースが増えると思われます。帳簿や書類のデータは、（すべてを書面に出力しないで）一部でもデータで保存している場合には電帳法が適用され、調査官から必要なデータをダウンロードするよう求められることになります。データのダウンロードは調査官の求めのすべてに応じることが必要となっていますので、必ず対応が必要です。これからは、ダウンロードしたデータを調査官に提出し、調査官が必要な検索や抽出を行うなどの分析や検討を行ってから、納税地で必要な書類やデータを確認するといった方向で調査が行われていくかもしれません。

ダウンロードへの対応

Q126 今後、帳簿や書類のデータについて調査官からダウンロードを求められた場合、具体的にどのような対応が必要になりますか。

A 帳簿や書類などのデータについてダウンロードを求められたら応じる必要がありますが、帳簿（仕訳情報）は、仕訳番号、計上年月日、勘定科目、相手先勘定科目、取引金額、消費税区分、のほか備考欄や摘要などの項目をダウンロードする必要があります。

解説

帳簿のデータ（仕訳情報）をダウンロードする際には、保存されたすべてのデータから必要な項目を指定してダウンロードすることになります。仕訳情報をダウンロードする際に必要な項目は、計上年月日（帳簿への記載年月日）や取引年月日、勘定科目、相手先勘定科目、取引金額、消費税に必要な項目である課税売上区分、及び課税仕入区分、消費税額などに加え、備考や摘要などの記録があげられます。ダウンロードした仕訳情報のデータからは、根拠となる書類やデータを確認するため、仕訳情報と根拠書類のデータ双方に共通する（仕訳番号や証憑番号などの）記録事項も必要です。双方に仕訳番号や証憑番号などの共通する記録事項がないと、必要経費や仕入税額控除に必要な書類やデータが確認できないため、該当する書類やデータを提示するよう求められることがあります。

書類のデータをダウンロードする際は、書類の種類、取引年月日、相手先、金額、取引内容、消費税区分、消費税額などの項目に加え仕訳番号、あるいは証憑番号などの項目がダウンロードの対象項目になります。書類のデータからは取引内容の確認だけでなく該当する仕訳処理についての確認が行われますので、特に仕訳処理の根拠となる重要なデータについては

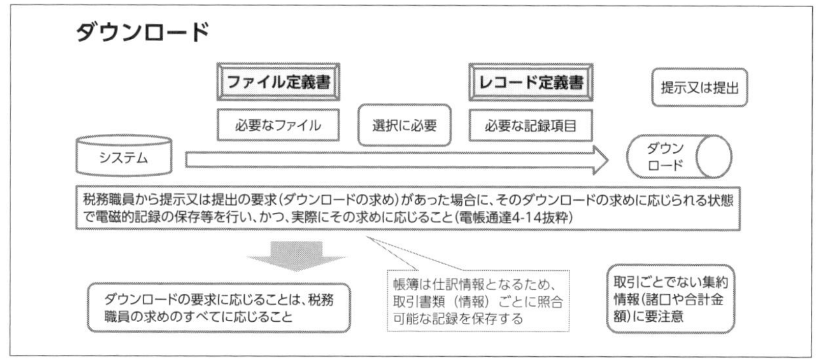

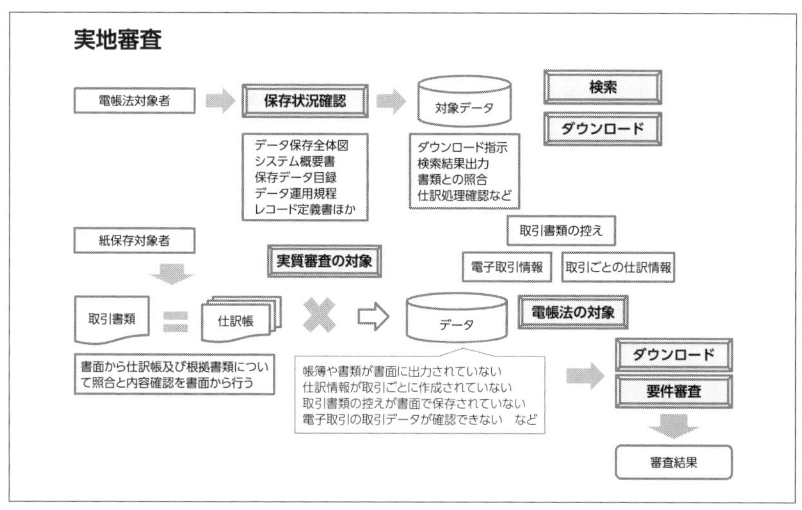

仕訳情報と照合できる番号をダウンロードする必要があります。なお、仕訳処理の妥当性については適切な課税期間のものか、勘定科目の処理誤りはないか、消費税の課税の処理が適切か、などを中心とした検討が行われますが、このほかにも不審な取引や支出についての確認が行われます。

不利益処分の種類

Q127 帳簿や書類のデータが、電帳法に違反し不適切なものと判断された場合、どのような処分が行われるのでしょうか。

A 電帳法違反の処分は、重い順に、①青色申告の承認取消し（行政処分）、②（割増し含む）重加算税の賦課（賦課決定処分）、③所得税や法人税、消費税などの追徴課税（課税処分）、となっており、違反した場合はこれらの処分を受ける可能性があります。

解説

電帳法は保存義務や方法などを定めた法令ですので、課税標準や税額の計算に直接関係するものではありません。しかし、違反の程度によっては税務調査に大きな影響を与える可能性があり、調査に重大な支障を及ぼすなどの著しい違反があった場合は、青色申告の承認取消し対象になる可能性があります。

旧電帳法では、保存要件に違反した場合に電帳法の承認が取り消される場合がありましたが、新法では承認の廃止に伴い電帳法の承認取消しも廃止になっています。旧法ではデータが保存されていない場合や、保存要件に著しく違反した場合に、取消し処分の対象とされていましたが、新法では取消しではなく他の処分が行われる可能性があります。

違反処分の中で最も重い処分は、所得税や法人税について青色申告の承認取消し処分（行政処分）ですが、これは対象データの保存状況が極めて悪く、税務調査に重大な支障を及ぼす悪質な場合に限られています。

次に重い処分は、重加算税の賦課決定となります。保存したデータの改ざんや、意図的に廃棄するなどの行為により税を免れた場合には、隠ぺい仮装による不正行為と判断され重加算税が課せられることになります。

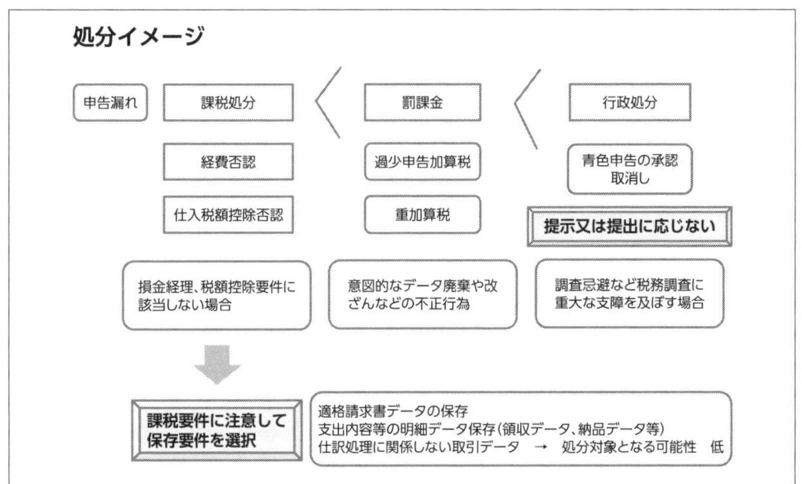

特に新制度では、「スキャナ」保存のデータ、及び「電子取引の取引データ」により不正行為等があった場合の重加算税が10％割増しされることになっています。

また、必要経費や税額控除に必要なデータを保存していないと判断された場合、必要経費の計上や税額控除が認められないことから、課税処分が行われる可能性があります。特にインボイス制度では、適格請求書の書類（書面、又は電磁的記録）を保存しない場合には仕入税額控除を適用しないと定められているため、適格請求書の書類（書面、及びデータ）を適切に保存していないと課税処分を受ける可能性があります。

不利益処分となる事実

Q128　電帳法違反による不利益処分が行われるのは、どのような事実があった場合でしょうか。

A　電帳法違反の主な不利益処分には、①青色申告の承認取消し（行政処分）、②重加算税など加算税の賦課、③本税の追徴（課税処分）、ですがいずれも税務調査の確認に重大な支障を及ぼす事実があった場合であり、該当する事実は一律ではありません。

解 説

帳簿や書類などのデータを保存する場合、行政処分や課税処分などの対象となる重大な違反となるのは、次のような事実があった場合と考えられます。

① 調査官から帳簿や書類などのデータについて提示（又は提出）するよう求められても提示せず拒絶した場合
② 保存した帳簿や書類のデータを不正に改ざんして、税負担を免れていた場合
③ 帳簿や書類のデータを保存していなかった場合
④ 電帳法の保存要件に著しく違反した場合

新制度においては、特別な手続きをせずに帳簿や書類を書面の保存に代えてデータを保存することができるようになったため、税務調査を受けた際に帳簿や書類は書面、又はデータを調査官に提示（又は提出）することができます。税務調査では、保存義務のある帳簿や書類、及び電子取引の取引情報にかかるデータは、保存状況を確認した後に内容が検討されますので、調査官にこれらのデータを提示する必要があります。そのため、調査官からこれらのデータを提示するよう求められた際に、正当な理由もなく拒絶し保存義務のある書類、及びデータの提示を拒否した場合には、税務調査に支障を及ぼす重大な違反行為となり、最も重い行政処分（青色申告の承認取消し）の対象になります。

次に、保存した帳簿や書類などのデータについて記録された日付や金額などの事項を改ざんし税負担を免れる行為を行った場合や、取引の事実を確認できる取引データなどを意図的に廃棄した場合は、隠ぺい仮装行為の事実があったものと判断され重加算税の対象となります。新制度では、スキャナ保存のデータ、及び電子取引の取引データにこのような隠ぺい仮装などの不正行為があった場は、重加算税が10％割増しされることになっ

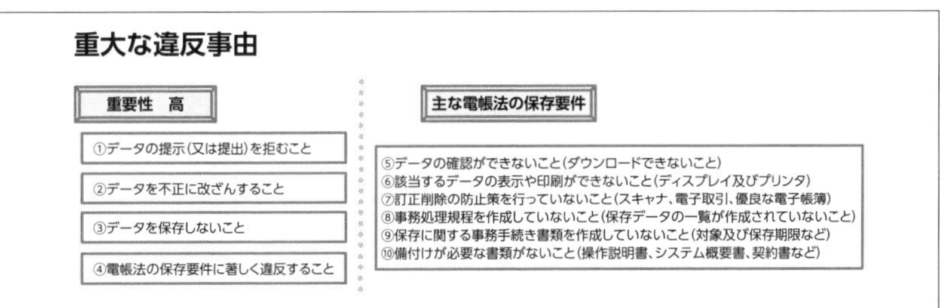

ています。

また、保存義務のある帳簿や書類のデータを保存していない場合も違反行為となりますが、一部のデータを保存していない場合と大量のデータを保存していない場合では違反の程度が異なるため処分に差があります。課税標準や税額の計算に直接影響する重大なデータを保存していない場合は、課税処分の対象になりますが、課税処分に影響のないデータの保存漏れについては必ずしも処分が行われるわけではないと思われます。

青色申告の承認取消し対象となる事実

Q129　（電帳法違反による）青色申告の承認取消しの対象となる場合は、どのような事実があった場合でしょうか。

A　電帳法違反は、帳簿や書類のデータを保存していないなどの事実があった場合となりますが、中でも税務調査の際に保存した帳簿書類のデータについて正当な理由もなく提示を拒否するなどの行為があった場合は、青色申告の承認取消しの対象となる重大な違反の事実に該当します。

解　説

事業を営む個人や法人はその大多数が、青色申告の承認を受けていると考えられますが、これは所得税法や法人税法で定められた帳簿や書類を適切に保存し税務調査の際に調査官に提示することを前提にしたものです。そのため、調査の際にこれらの帳簿や書類（書面、又はデータ）を保存していない場合や、帳簿や書類のデータについての提示や提出を拒むことは税法の保存義務に違反するだけでなく、理由のいかんによっては調査忌避と判断される重大な違反行為に該当します。国税庁では、全国の国税局、及び税務署に青色申告の承認取消しにかかる事務運営指針を定めており、それによるとデータで保存する帳簿書類が電帳法の保存要件に従っていない場合については、青色申告の承認取消し事由に該当することとされていますが、実際に青色申告の承認取消しを行う場合は適切な指導を行っても従わないなどの場合であり、慎重に判断することとされていて、安易に行われることはありません。もし、帳簿書類のデータが保存要件に違反していたとしても、課税標準や税額の計算に影響しない場合には、取消処分ではなく、注意や改善などの指導になると思われます。

ただし、税務調査の際に帳簿書類のデータを正当な理由もなく提示しない場合は、明らかに帳簿や書類が確認できませんので、調査に重大な支障を及ぼす悪質な違反行為と判断されることになり、青色申告の承認が取り消される可能性が最も高いものと考えられます。なお､新制度からは､データの保存要件にダウンロード要件が整備されていますが、この要件に基づ

主な青色申告の承認取消し事由（法人）

提示拒否	帳簿書類を提示しない
指示違反	帳簿書類の提示について税務署長の指示に従わない
不正行為	隠ぺい仮装行為
形式基準	2期連続無申告
電子帳簿	保存要件違反（保存の程度及び改善可能性を考慮）

き帳簿や書類のデータは、調査官の求めのすべてに応じることが必要とされています。

重加算税の対象

Q130 税務調査の際にデータ保存に関して重加算税が課されるとしたら、どういった場合が考えられるのでしょうか。

A 追徴処分の際、重加算税の対象となるのは、隠ぺい仮装などの行為により税を免れた場合となります。データに関して隠ぺい仮装などの行為となるのは、保存したデータを不正に改ざんした場合や、意図的に廃棄した場合などが該当すると考えられます。

解説

重加算税が課せられるのは、隠ぺい仮装などの行為により不正に税を免れた場合となっていますが、保存した帳簿や書類（及び電子取引）などのデータを不正に改ざんしたり、売上に係る取引データなどを意図的に廃棄したりする場合であり、これまでの不正計算には次のような形態があります。

①帳簿データの不正

最も典型的な帳簿の不正形態は、二重帳簿といわれています。始めから脱税を目的とした偽の帳簿データと真実の裏帳簿データを作成し不正計算を行うもので、最も悪質な行為の一つです。そのため、課税処分だけでなく、場合によっては刑事罰の対象となります。

②書類データの不正

取引書類のデータについての不正な行為は、意図的な取引データの廃棄、受領したデータの改ざん、相手先と通謀した偽（架空）の取引データの授受などがあります。税を免れる目的で事実と相違する偽の取引データを相

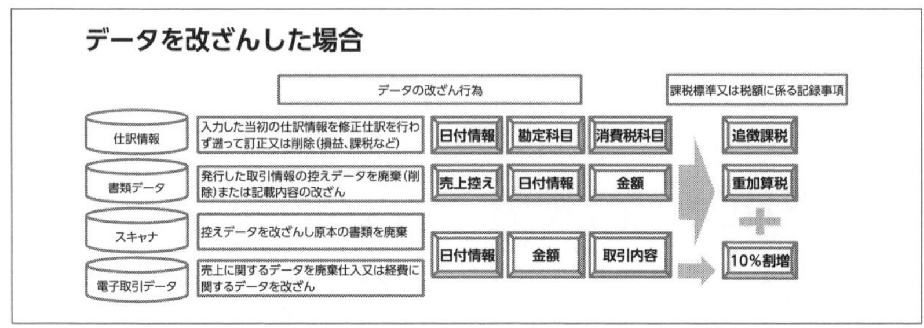

手方と通謀し作成したり受け取ったりした場合が該当しますが、受け取ったデータを一方的に改ざんする行為は少ないと思われます。

③仕訳情報の不正

意図的に仕訳情報の一部を改ざんし、税負担を免れる行為になります。計上年月日、勘定科目、消費税区分など主要な記録項目を意図的に事実と異なる日付や科目（原価）で計上するなどのケースで、発生した費用を異なる工事（プロジェクト）原価に計上し利益を減少させる行為や、決算確定後に遡って仕訳情報を訂正（改ざん）し原価を過大に計上する行為など悪質なものもあります。

追徴課税の対象

Q131 税務調査の際に、データ保存が原因で追徴処分が行われるのは、どのような場合でしょうか。

A データ保存が適切でないという理由で追徴処分が行われるのは、必要経費や（仕入）税額控除に必要な帳簿や書類に関するデータを保存していない場合が考えられます。

解 説

帳簿や書類などのデータの一部を保存していなかったとしても、課税処分の対象となるのは、必要な帳簿や書類のデータが保存されていない場合に課税処分の対象になると考えられます。税額の計算に影響のある重要なデータを保存していない場合や意図的に廃棄している場合は当然ですが、単なるデータの保存漏れも課税処分の対象になる可能性が考えられます。

書類や電子取引などのデータは、該当するデータの重要性によってその取扱いが異なるため、課税標準や税額の計算に必要な帳簿や書類のデータが確認できない場合は、必要経費の算入や消費税の仕入税額控除などの要件に違反するため課税処分を受ける可能性があります。データの保存状況が悪く、税務調査の際にこれらの必要なデータが確認できなければ必要経費や税額控除の要件を満たさないことになります。

また、保存したデータが電帳法の保存要件に従って保存されていなかった場合の取扱いは、データが「帳簿」「書類」「スキャナ」「電子取引情報」「優

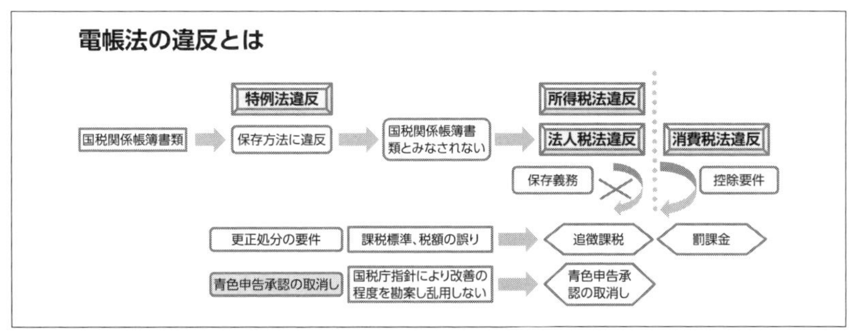

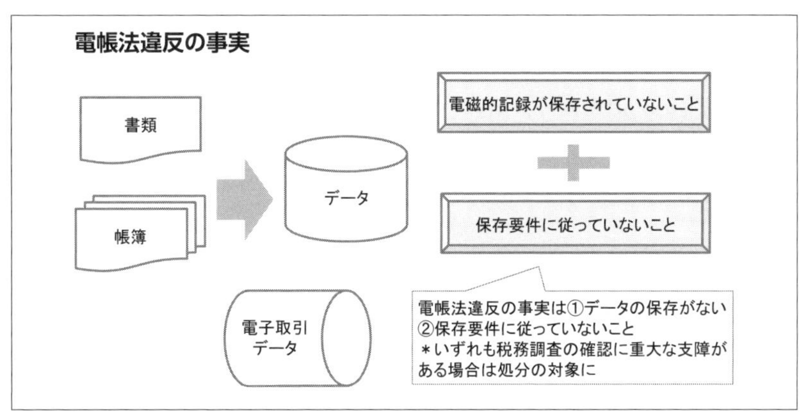

良な電子帳簿」など種類の違いによって、その取扱いは分かれると考えられますが、中でも「スキャナ」保存のデータは特に影響が大きい可能性があります。「スキャナ」保存のデータが保存要件に従って保存されていない場合は、国税関係書類を保存しているとみなされませんが、原本の書類を保存している場合は除くとされていることから、原本の書類を廃棄して保存要件に従っていないスキャナ保存のデータだけが保存されていた場合は、保存が認められないことになり、今後、税務調査で課税処分などの対象となる可能性があると考えられます。

また、「過少申告加算税の特例の適用を受ける旨の届出書」を提出した後に、税務調査を受け、該当する帳簿のデータが「優良な電子帳簿」の保存要件に従って保存されていないと判断された場合は、過少申告加算税の減額の適用を受けられない可能性があります。

保存要件違反と判断される事実

Q132 税務調査では、どのような場合に電帳法に違反していると、判断されることになるのでしょうか。

A 電帳法に違反していると判断される基準は、調査官が税務調査に支障があると判断した場合になると考えられます。支障がある場合には、データの提示拒否や改ざんなどの重大な違反行為だけでなく、仕訳データや課税の根拠となる重要なデータが確認できない場合などが考えられます。

解説

税務調査の際に、保存したデータが電帳法に違反していると判断され課税処分や行政処分などの対象となるのは、調査に支障があると判断される場合です。

税務調査では、データの提示拒否や改ざんなど重大な違反行為だけでなく、重要なデータが確認できない場合には、必要経費や税額控除などの根拠となりません。特にデータの種類が「スキャナ」「優良な電子帳簿」「電子取引」「帳簿」「書類」の順に大きな影響があります。スキャナ保存のデータは、電帳法の保存要件に従っていない場合に、国税関係書類を保存しているとみなされないことから、課税処分につながるおそれが最も高いものになります。そのため、スキャナ保存は該当するシステム（タイムスタンプの付与、あるいは訂正削除の履歴が確認できるシステム）を必ず使用しなければなりませんが、これらのシステムを使用しないで単にスキャニングしたデータのみを保存するケースが、今後、起きる可能性が高いと思われます。これまでもスキャナ保存は厳しい保存要件に従って保存することとなっていましたが、承認制度が廃止されたことから保存要件に従っていないスキャナ保存のデータが広がる可能性もあり、保存状況によっては必要経費や仕入税額控除の要件を満たさないものとして課税処分が行われる可能性があります。

次に、「優良な電子帳簿」の保存要件で該当する帳簿を保存する場合には、電帳法の保存要件違反が問われる可能性があります。「優良な電子帳簿」は「過少申告加算税の特例を適用する届出書」を提出し、該当する特例国税関係帳簿を、この「優良な電子帳簿」の保存要件に従って保存する場合、修正申告等の際に課せられる過少申告加算税が5％減額される制度になります。そのため、該当する帳簿のデータは必ず「優良な電子帳簿」の保存

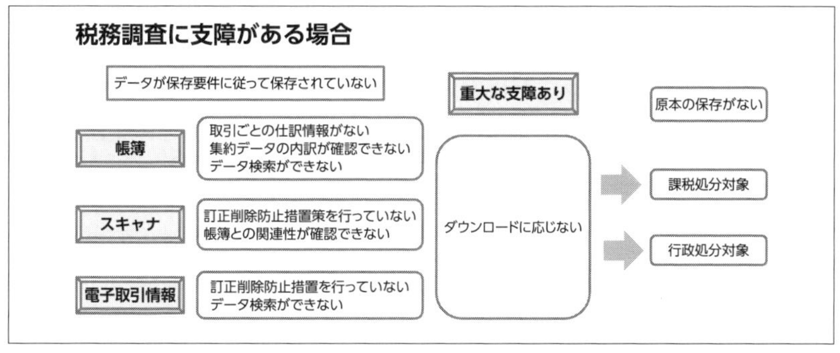

要件に従って保存する必要があります。税務署に提出した届出書の記載誤りや該当する帳簿のすべてを対象としていない場合だけでなく、保存したデータが「優良な電子帳簿」に必要なシステムを使用していない場合や、帳簿間の関連性が確保されていない場合なども、必要な保存要件に違反することになりますので、届出書の提出をしていても過少申告加算税の減額の規定が適用されない可能性があります。

また、令和6年以降に行った電子取引について、取引データを保存していない場合や、保存した取引データが電帳法の保存要件に従っていない場合についても電帳法の保存要件に違反していると判断される可能性があります。

調査準備

Q133 令和4年以降に税務調査を受ける場合、保存した帳簿や書類などのデータについてどのような書類を準備する必要がありますか。

A 令和4年以降、新たに帳簿や書類をデータで保存する者は、電帳法の対象者になりますので、電帳法の保存要件に従って保存した帳簿や書類のデータを用意し、申告書の作成資料等を準備する必要があります。

解　説

新電帳法の適用を受ける対象者は、令和4年以降に帳簿、又は書類をデータで保存する事業者のほか、電子取引を行う事業者はすべて電帳法の適用を受けることになります。

新制度以降は、承認を受けずに帳簿や書類を書面ではなくデータで保存できることから、税務調査の際に必要な帳簿や書類を書面（紙）、あるいはデータのどちらで保存しているか最初に確認が行われるものと思われます。今後は、保存している帳簿や書類の一部でもデータで保存していれば、電帳法が適用され対象者となりますので、税務調査の際には、保存した帳簿や書類のデータについて確認を受けることになります。また、令和6年以降は電子取引を行った事業者は取引データを必ず保存する必要があり、税務調査の際には帳簿や書類と同じように取引データの確認が行われます。なお、令和5年10月以降は適格請求書の取引データはその取扱いが変わるため、受領した適格請求書だけでなく、発行した控えのデータについても確認の対象になります。

税務調査では、申告書の作成に必要な書類をはじめ、保存義務のある貸借対照表、損益計算書、各種帳簿、取引書類、電子取引の取引情報などを、事前に準備する必要があります。新制度では、これらの帳簿や書類は必ずしも書面ではなくデータでも準備することができるようになります。ただし、実際に税務調査を受ける際には、書面かデータのどちらかではなく両方とも必要になるケースがあるので、適切な対応が必要になります。

データの確認を伴う調査では、会計ソフトなどシステムを使用し作成した帳簿では、紙ではなくデータで保存することができます。また、取引書類の写しについては、特に控えの書面を出力せずに出力元のデータを保存することができます。ただし、これらの帳簿や取引書類の控えは、すべてを書面に出力していないと、出力していない帳簿や書類についてはデータ

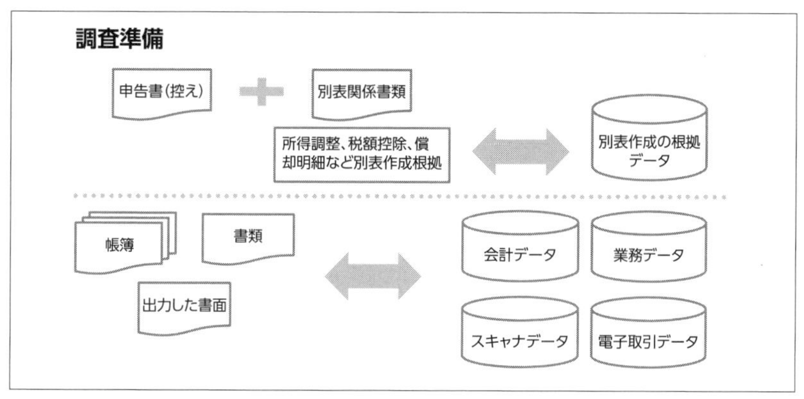

の確認が必要になります。

また、受け取った書類をスキャナ保存する場合は、必ず「スキャナ」の保存要件に従って保存する必要があるため、保存要件を満たすことが確認できる書類（チェック表）などを用意しておくことが必要です。また、電子取引の取引情報についても、令和6年以降に行われる電子取引についての取引情報は、必ずデータを準備する必要があります。

なお、これらのデータを保存し税務調査などで準備する必要がある場合は、データと併せて「保存に係る事務手続きの書類」（保存データの一覧など）を準備しておく必要があります。

税務調査の確認環境

Q134 税務調査の際に保存したデータがある場合、どのような準備（環境）を整える必要がありますか。

A 保存しているデータがある場合は、税務調査では電帳法で定める保存要件のうちすべてのデータに共通する保存要件（「システム関連書類の備付け」＋「見読可能装置の確保」＋「検索機能の確保（ダウンロード要件）」）に従ってデータを確認できる環境等を整えておく必要があります。

解説

電帳法では、税務調査の際にデータを確認できる環境を確保するよう定められているため、納税地等に、電子計算機、プログラム、ディスプレイ、プリンタ、操作説明書を準備する必要があります。また、データの保存に係る事務手続き書類（保存データ一覧）も用意が必要です。

帳簿や書類（及び電子取引）をデータで保存している場合、電帳法の保存要件に従って保存することが求められますが、この保存要件には調査官がデータを確認できる環境を確保するものであり、すべてのデータに共通

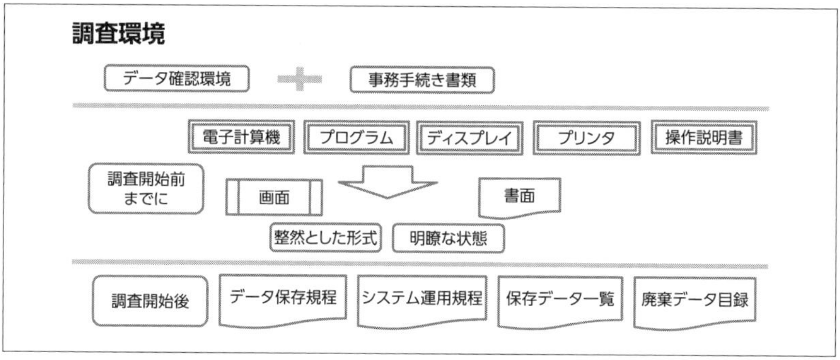

する要件になります。このような帳簿や書類などデータに共通する要件には、「見読可能装置の確保」、及び「システム関連書類の備付け」＋「検索機能の要件（ダウンロード要件）」が定められています。

電帳法では、税務調査の際に調査官が納税地等で保存したデータを検索し、検索結果をディスプレイや書面に出力できるよう定められています。また、「システム関連書類の備付け」では、データの保存に関する事務手続き書類を作成するよう求めていますので、確認環境と併せて準備することが必要です。

税務調査に必要なデータ

Q135 今後の税務調査で、事前に準備が必要なデータはどのようなものになりますか。

A 保存義務のある書類、及びデータはすべて提示を求められる可能性がありますので、準備する必要があるのは帳簿、及び書類の書面、又はデータ、電子取引の取引データになります。取引書類や取引データは仕訳情報と照合できる状態で準備する必要があります。

解　説

税務調査の際に、事前に準備が必要なデータは、「帳簿」、「スキャナ」、「書類」、「電子取引の取引情報」に関するデータになります。インボイス制度導入後に行われる調査では、消費税の帳簿、適格請求書（書類、スキャナ、電子取引）等のデータについても事前に準備が必要です。

税務調査の際には、調査対象期間の帳簿や書類は事前に準備が必要ですが、令和4年以降に行われる税務調査では、帳簿や書類は書面（紙）かデータのどちらかを選択して保存できるため、準備する場合もどちらかでよいことになります。ただし、実際に調査が行われると、必要な帳簿や書類を書面（紙）、あるいはデータのどちらで保存しているかわからないといったことも起こる場合があり、そういった場合は書面とデータの両方を提示する必要が生じる場合があります。課税期間ごとに保存している帳簿書類などを書面とデータに分類した目録等を作成していれば、書面かデータのどちらかで足りますが、そうでない場合はどちらも提示せざるを得ない可能性が高いでしょう。

新制度以降に行われる税務調査で特に注意すべきデータとなるのは、「スキャナ保存」と「優良な電子帳簿」のデータになります。書面に代えてデータのみを保存する場合は、対象の帳簿や書類について、いつからデータ保存を開始したか確認できる内部書類等を作成し、保存したデータと併せて準備する必要があります。また、「スキャナ保存」「優良な電子帳簿」「電子取引の取引情報」は、電帳法に対応したシステムを使用すること等が必要になりますので、保存要件を満たしたか確認できる書類（チェック表等）を作成しデータと併せて準備しておく必要があります。ただし、電子取引の取引情報については、システムで対応するのではなく事務処理規程による方法の場合は、作成した規程等を準備することになります。また、取引情報をデータではなく出力した書面を保存している場合は、データの保存に必要な書類等を準備する必要はありません（令和5年末までは、宥恕規定により取引データではなく出力した書面の保存が認められます）。

データは「帳簿」「書類」「スキャナ」「電子取引情報」など保存の種類ごとに要件が異なるため、データで保存する場合は、対象のデータを該当する保存の種類ごとに整理し、それぞれ（種類ごと）の保存要件に従って保存しなければなりません。保存の種類が正しく分類できないままデータを保存した場合、適切な保存要件に従って保存することはできません。データをこれらの種類ごとに整理していない場合や、誤った種類に整理しデータを保存した場合は、税務調査で適切なデータを保存していると判断されない可能性があります。特に「優良な電子帳簿」、及び「スキャナ保存」のデータについては、誤った保存要件で保存していないと課税処分を受けることや加算税の減額対象と認められないなどの取扱いとなる可能性がありますので、適切な種類に区分することが重要です。

また、インボイス制度が開始されると、税務調査の際に、新たに受け取った適格請求書や適格請求書の発行控えなどを保存することになるため、こ

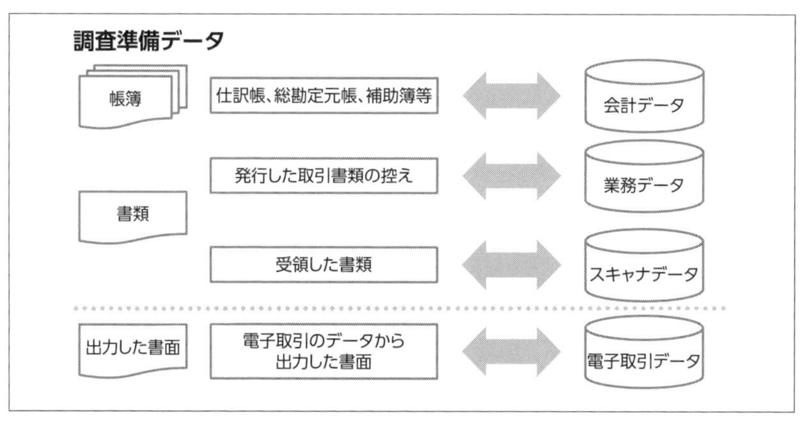

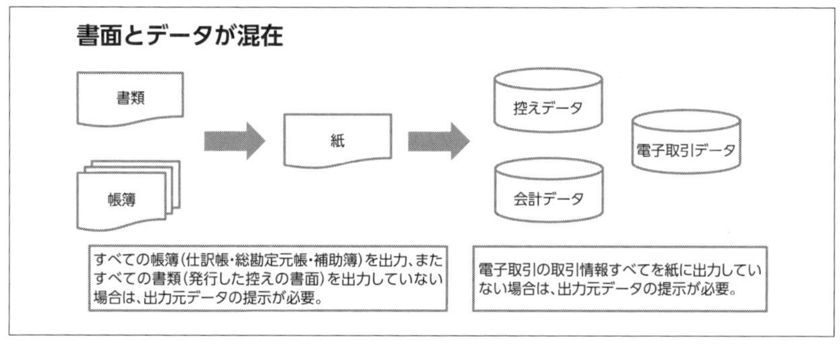

れらの書面、又はデータについて確認を受けることになりますので、データの場合は保存の種類ごとに整理して保存したデータを準備する必要があります。税務調査を受ける際には、必要な書類やデータを準備するだけでなく、これらの書類やデータについて保存の種類や方法等を整理した書類（一覧表）などを提示し、どのようにデータを保存しているか説明する必要もあります。特に、適格請求書の発行控えは、大部分がシステムで作成したものとなるため、控えのデータについての説明が必要になります。

調査に必要な帳簿のデータ

Q136 **これまで税務調査の際には、紙に出力した総勘定元帳を提示してきましたが、今後は、会計システムに入力したデータも併せて提示する必要がありますか。**

A すべての帳簿が書面に出力され調査の際に準備できている場合は、会計システムのデータを準備する必要はありません。ただし、一部の帳簿を出力していない場合や出力した総勘定元帳の記載が十分でない場合は、会計システムのデータを提示する必要があります。

解 説

帳簿をすべて手書きで作成している場合や、すべての帳簿を紙に出力している場合は、税務調査の際には紙で保存しているこれらの帳簿を提示することになります。書面の帳簿は、そもそも提示するデータがないので、会計システムなどを使用して帳簿を作成している場合とは状況が異なります。会計システムを使用して帳簿を作成している場合は、帳簿を紙で保存するかデータで保存するかどちらかを納税者が選択することになるので、選択した方法で税務調査に対応することになります。

ただし、紙に出力した帳簿を提示する場合は、補助簿を含むすべての帳簿が保存されていなければならず、一部の帳簿しか出力していない場合に

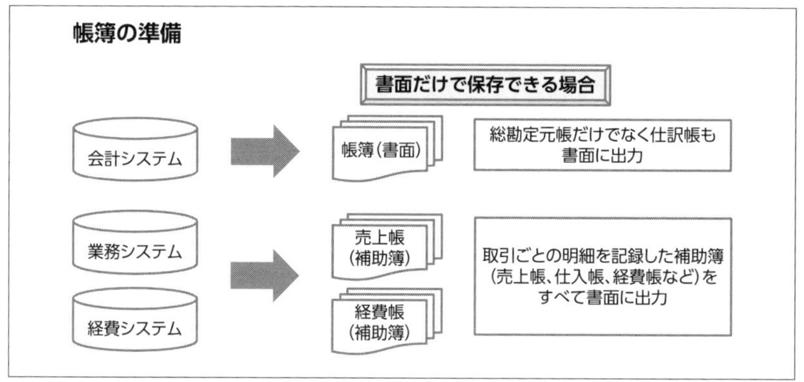

は、出力元である会計システムのデータを提示（又は提出）する必要があるでしょう。

事業者の多くがデータではなく紙で帳簿を保存する場合、総勘定元帳だけを紙で保存することをよく見かけますが、会計システムなどを使用した帳簿の場合、出力された総勘定元帳が税法の記載要件を満たさないものであることも多く見かけます。出力された総勘定元帳を確認すると、帳簿に記載された事項が合計金額だけのように、取引ごとの明細が記録されていない場合や、記載内容が諸口などの勘定を多用して取引ごとの仕訳内容が確認できない場合など、出力した帳簿だけでは帳簿の記載要件を満たしていないことがあります。帳簿の記載は、取引ごとに行うことが原則であり、仕訳処理の入力も取引ごとに行う必要がありますが、取引ごとの明細をサブシステムなどで作成している場合、サブシステムの補助簿を出力しなければなりません。また、紙で帳簿を保存する場合は、仕訳入力ごとの仕訳帳も保存する必要がありますので、仕訳帳を出力しないで保存することはできません。そのため、今後も紙の帳簿を選択する場合は、仕訳帳や補助簿などのすべての帳簿を保存する必要がありますが、対応が困難な場合も多く、そういった場合はデータでの保存を選択することになります。

必要な仕訳情報

Q137 今後、税務調査の際に電子帳簿の場合は、仕訳情報をデータで提示（又は提出）することができればよいのでしょうか。

A 帳簿の場合は、税務調査の際にダウンロードしたデータを調査官に提示（又は提出）する必要がありますので、提示する帳簿のデータは仕訳情報です。ただし、仕訳情報は取引ごとに記録されたたものであって、集約データや諸口などの情報だけでは十分なデータとならない場合があります。

解 説

帳簿は、仕訳帳と総勘定元帳、及び補助簿を作成し保存することが必要ですが、税務調査の際に確認が必要なデータは、取引ごとに記録された仕訳情報のデータになります。

所得税や法人税で保存が義務付けられている帳簿は、仕訳帳、総勘定元帳、その他必要な帳簿（補助簿）のほか消費税の事項を追記した帳簿（消費税）などがあります。

所得税法や法人税法など税法で定める帳簿は、取引の発生順に記載することが基本となっていますので、仕訳情報は取引ごとに作成し保存することが原則です。したがって、会計システムで入力する仕訳情報は、取引ごとに作成し記録されたものとなりますが、そうではない仕訳情報が記録されている場合もあります。大規模事業者では、売上や仕入などの取引明細は業務システムなど会計システム以外で作成された明細データから集約したデータを、仕訳情報として会計システムに連携することがあります。そういった場合は取引ごとの明細の情報は業務システムのデータを補助簿のデータとして保存し、調査の際に必要に応じて提示できるよう準備しておく必要があります。こういったデータは情報量が膨大で、課税期間単位で検索することは難しい場合もあり、調査では確認が必要なデータに絞って提示する場合もあります。

また、紙の総勘定元帳だけでなく仕訳帳が必要な理由は、仕訳帳は仕訳処理の入力ごとに記録されたものであり、取引の発生順にすべての仕訳処理が記録されています。入力の際、複数の取引をまとめて入力を行っている場合、出力した総勘定元帳の記録だけでは、根拠となる取引書類などと照合することができない場合があり、仕訳処理の妥当性を検討することができません。そのため、こういった処理が行われている場合、総勘定元帳

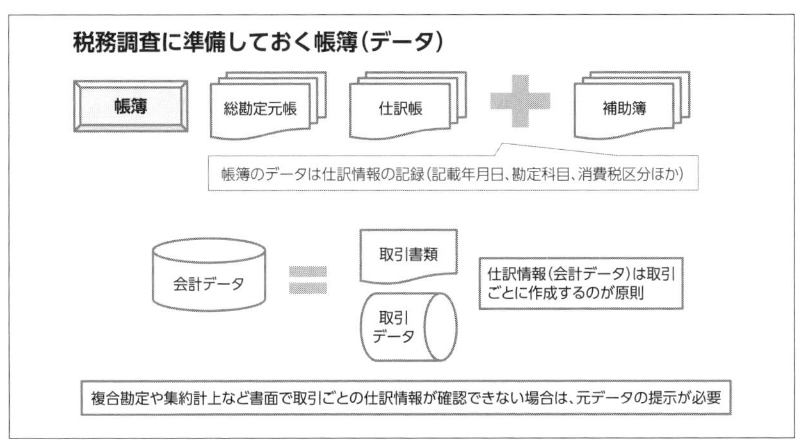

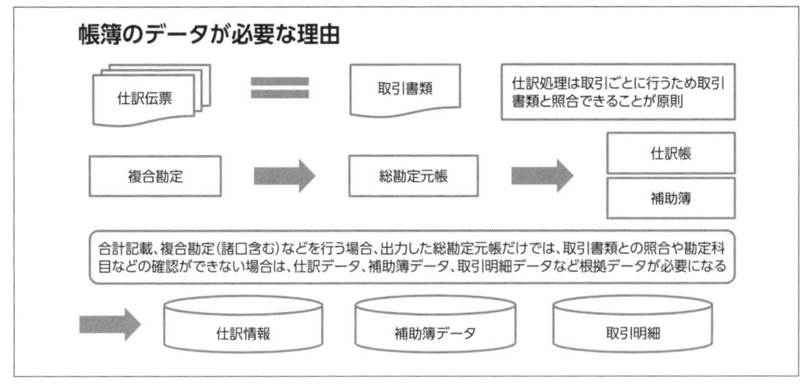

だけでなく仕訳帳も出力することが必要になります。会計システムのデータからは、仕訳帳と総勘定元帳を出力していますので、データで保存する場合は一つのデータベースを保存すればよく、税務調査の際にこのような会計システムのデータを提示することが必要になります。

また、仕訳データは集約したもの以外にも問題がある場合もあります。仕訳データが取引ごとではなく複数の取引をまとめて入力し、勘定科目を諸口などとした入力を行う場合がありますが、会計システムに個別の取引を入力しているが、出力する際にだけ諸口と表示されるのであれば、個々のデータは取引ごとにすべての勘定科目などが記録されますので特に問題ありません。しかし、入力の段階で勘定科目ではない諸口などの勘定で入力を行っている場合は、データのダウンロードを行っても取引ごとの内容が確認できない場合があります。こういった複合処理を行っている場合は、帳簿のデータを提示するだけは不十分であり、取引ごとの内容が確認できる明細の記録や書類などと併せて提示することが必要になります。税務調査では、会計システムで記録された仕訳処理のデータと取引書類や取引データとを照合し、内容を検討することになりますので、こういった複合処理のデータでは必要な確認が十分できない場合があります。

調査に必要な取引書類のデータ

Q138 今後、税務調査の際に準備する必要がある取引に関する書類やデータとはどのようなものでしょうか。

A 保存義務のある取引に関する書類やデータは、①受け取った取引書類（書面、又は「スキャナ」保存のデータ）、②発行した取引書類の控え（書面、又は「書類」保存のデータ）、③電子取引の取引情報（「電子取引情報」のデータ、又は出力した書面）、になります。

解説

保存義務のある書類やデータは保存義務者が自ら保存し、税務調査で求められたら提示する必要があります。取引書類や取引情報など取引に関する書類やデータは、原則としてすべて保存義務があり、税務調査では提示（又は提出）する用意が必要です。取引に関する書類やデータは、①受領した取引書類、②発行した取引書類の控え、③授受を行った電子取引の取引情報、を保存することが法令に義務付けられています。

このうち、①書面で受け取った取引書類は、「スキャナ」保存によるデータ、②発行した取引書類の控えは「書類」保存によるデータ、で保存することができるため、それぞれ書面ではなくデータで提示（提出）することが可能です。

また、電子取引の取引情報は、取引データを提示することが原則になりますが、令和5年末までに行った電子取引の取引情報は取引データに代えて出力した書面を保存し提示することも可能です（ただし、データの提示ができなかった理由について説明する必要はあります）。

調査の際に、これら保存義務のある帳簿や書類、電子取引について保存したすべての書類、又はデータの提示を行うのが原則ではありますが、実際にこれらの書類（書面、又はデータ）や情報をすべて事前に用意する必要は少ないと思います。取引に関する書類や情報は事業規模によって種類や数量に大きな差があり、事業者によってはこれらの書類やデータをすべて用意することができない場合もあります。また、比較的規模が大きくない事業者の場合でも、取引に関するすべての書類やデータを準備することはなく、重要性の高い書類やデータを優先し、その他の書類や情報は調査の過程で求められたら提示するよう準備するのが一般的です。そのため、事前に準備するのは帳簿（仕訳情報）とその根拠となる取引書類や取引情報を優先して用意することになりますが、取引書類はデータで保存することができるため、税務調査の際には取引書類ではなく「書類」「スキャナ」などの方法で保存したデータに代えて用意することができます。

また、電子取引の取引情報は、取引データを保存するのが原則ですが、取引データの代わりに出力した書面を保存している場合は、この書面を用意することになります。ただし、令和5年末までは出力した書面の保存ができますので、調査官にデータで保存できない理由等を説明し、出力した書面を保存することになります。

また、これらの取引書類や取引情報は、領収書、納品書、請求書といった仕訳処理に必要なものだけでなく、仕訳処理に関係のないものも数多くあります。仕訳処理に関係のない書類やデータにも保存義務はありますが、契約書のように重要性の高い書類や情報もあれば、確認書や見積書のようにそれほど重要性の高くない書類や情報もあります。

税務調査の際、中小企業が準備するのは、仕訳処理の根拠となる取引書類（書面、又はデータ）や取引情報が中心になりますので、調査の際にはこれら重要な書類や情報を事前に準備し、いつでも調査官に提示できるよう対応する必要があります。これに対し、重要性がそれほど高くないその他の取引書類（書面、又はデータ）や取引情報などは、調査官から求められてから提示してもよいと思われます。同様に発行した取引書類の控え（書面、又はデータ）も同じように事前にすべて用意するのではなく、確認が必要となった場合に提示すればよいと考えられますので、調査官とよく協議することが大切です。このように税務調査ではこれらの取引書類や取引情報はすべて保存義務があり確認の対象ではありますが、調査では課税標準や税額の計算に影響のある、より重要性の高いものから優先して確認や検討が行われますので、調査の過程で調査官から提示するよう求められることも珍しくありません。

なお、一般的な取引書類は、重要性の高い順に、①仕訳処理の根拠書類、②仕訳処理の根拠以外の重要な書類、③自社が発行した取引書類の控えのうち重要性の高いもの、④受領した書類のうち上記以外の（重要性の低い）もの、⑤発行した取引書類の控えのうち上記以外の（重要性の低い）もの、といった整理になります。

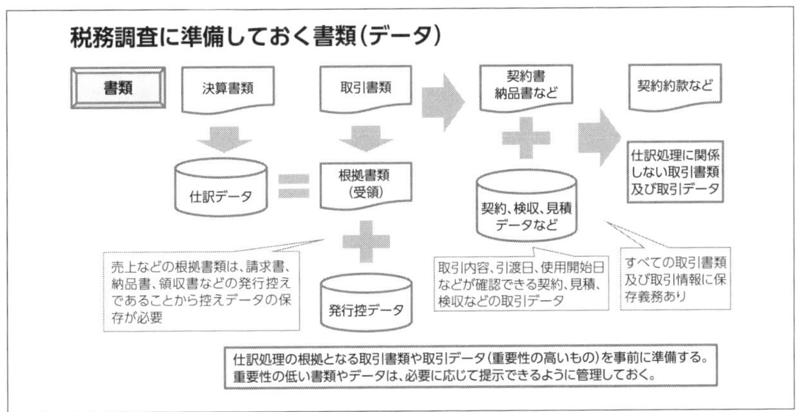

また、電子取引の取引情報も含めたデータを重要性の順に並べると、①スキャナ保存データ（重要書類）、②電子取引データ（重要書類）、③発行控えの書類データ（重要書類）、④その他のスキャナ保存データ、⑤その他の電子取引データ、⑥その他の発行控えデータ、と整理することができます。なお、適格請求書に関するデータが最も重要性が高いことは言うまでもありません。

調査に必要な業務システムのデータ

Q139　取引書類等を業務システムで作成している場合、税務調査ではどのようなデータを提示すればよいのでしょうか。

A　請求書などを発行する際、業務システムで「見積書」「納品書」「請求書」「領収書」などの取引書類を作成している場合、業務システムに保存されたデータはすべて取引書類の発行控えとして保存する対象になるので、税務調査では保存したデータの提示、又は提出が必要になります。

解　説

業務システムにより請求書をはじめ様々な取引書類を作成し、相手先へ発行している場合には、発行した控えのデータはすべて保存する必要があります。また、これらのデータが、売上帳などと連携し引き継がれる場合には、補助簿のデータとしても保存が必要になる場合があります。

業務システムに保存されたデータは発行した取引書類の写し（控え）に該当し、請求書などの取引書類を発行した際には写し（控え）の書類として保存する必要がありますが、このような発行控えを保存する場合は、書面、あるいはデータで保存することができます。業務システムなどのデータは、発行した書類の控えを書面に出力することができますので、控えを書面で保存することだけでなくデータのまま保存することもできますが、控えをすべて書面に出力すると膨大な量となる場合があり、書面で保存する事業者は多くありません。また、作成する書類は請求書だけでなく、見積書、納品書、領収書などの書類も作成するため、書類ごとではなくデータを取引先ごとに（注文や契約後に応じ）整理して保存することが一般的です。データで保存する場合は、発行した書類ごとでなく取引先ごとに発行した書類ごとの記録を保存すればよく、書面で保存するよりもはるかに効率的に保存することができます。なお、業務システムのデータは、電帳法「書類」の保存要件に従って保存することが必要なので、税務調査の際には業務システムのデータだけでなく、データのダウンロード機能や検索した結果を表示するディスプレイやプリンタ等も準備する必要があります。

なお、「書類」の保存方法は、取引書類を書面で相手方へ交付した場合の保存方法であり、請求書を紙ではなくメールなどに添付する場合は、電子取引に該当し、「書類」ではなく電子取引の「取引情報」の保存要件に従って保存しなければなりません。

また、業務システムで作成した請求書や領収書などのデータは、売上や仕入などの明細として会計システムなどへ連携することがあります。連携

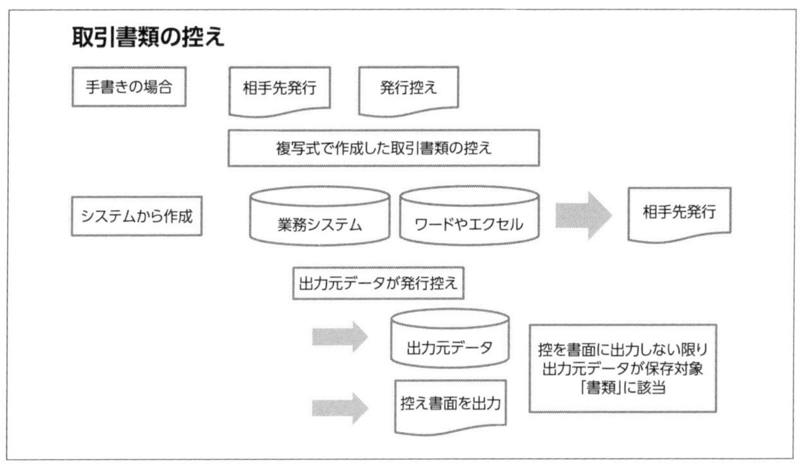
取引書類の控え
手書きの場合
相手先発行
発行控え
複写式で作成した取引書類の控え
システムから作成
業務システム
ワードやエクセル
相手先発行
出力元データが発行控え
出力元データ
控え書面を出力
控を書面に出力しない限り
出力元データが保存対象
「書類」に該当

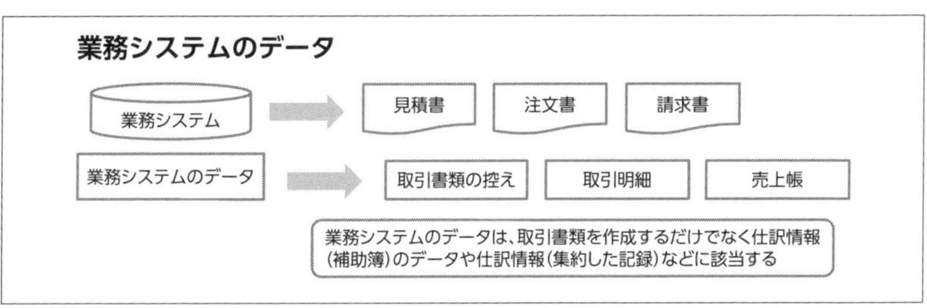
業務システムのデータ
業務システム
見積書
注文書
請求書
業務システムのデータ
取引書類の控え
取引明細
売上帳
業務システムのデータは、取引書類を作成するだけでなく仕訳情報
(補助簿)のデータや仕訳情報(集約した記録)などに該当する

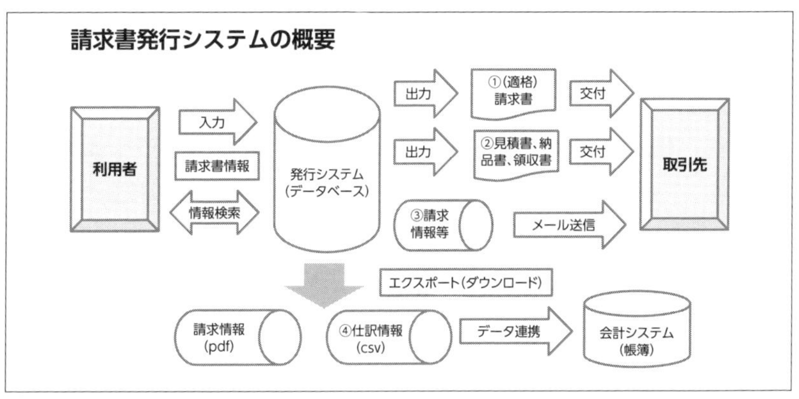
請求書発行システムの概要
利用者
入力
請求書情報
情報検索
発行システム
(データベース)
出力
①(適格)
請求書
交付
出力
②見積書、納
品書、領収書
交付
取引先
③請求
情報等
メール送信
エクスポート(ダウンロード)
請求情報
(pdf)
④仕訳情報
(csv)
データ連携
会計システム
(帳簿)

したデータは帳簿のデータとなるため、集約した情報だけでなく取引ごとの明細の情報も保存が必要であり、連携する取引ごとの明細情報を補助簿などのデータとして保存することが必要になります。

なお、インボイス制度導入後は、業務システムのデータは適格請求書の発行控えのデータとなる可能性があり、今後の税務調査ではダウンロードした控えのデータを提示（又は提出）するよう求められるケースが増えると考えられます。

調査に必要なスキャナ保存のデータ

Q140 新たに書類をスキャナで保存した場合、税務調査を受けた場合はどのような対応が必要になりますか。

A 令和4年以降に、新たにスキャナ保存を行った場合は、スキャナ保存のデータだけでなく電帳法の保存要件が確認できる書類（チェック表）などと併せて用意しておく必要があります。また、保存要件を満たしているか判断できない場合は、原本の書類を廃棄せず保存しておく必要もあります。

解説

スキャナ保存は、電帳法の保存要件に従って保存しているデータと従っていないデータではその取扱いがまったく違いますので、税務調査の際に「スキャナ」保存のデータがある場合は、保存したデータと併せて電帳法の保存要件に従っているか確認できる書類を用意し、調査官にスキャナの保存状況等を説明する必要があります。

取引書類を「スキャナ」で保存する場合、いくつもの保存要件が必要ですが、特に、①入力期間、②対応したシステムの規定、が重要です。スキャナ保存の場合は、定められた業務処理の期間内（2か月＋7日）でデータを作成し、タイムスタンプを付与するか、あるいは同等の時刻認証データを記録するシステムで作成する必要があるため、スキャナ保存に対応したシステムを導入することが必要になります。また、システムを運用するための事務処理規程を作成し、適切に「スキャナ」保存のデータを作成することも必要になります。そのため、「スキャナ」保存を行う場合、事前に十分な準備を行った上で「スキャナ保存に対応したシステム」を導入し、必要な事務処理規程を作成することになります。したがって「スキャナ保存」のデータが電帳法の要件に従って保存されたものかは比較的容易に判断することができます。

電帳法の要件を満たして「スキャナ」保存を行っていることは、保存要件に従っていることを確認した書類（チェック表）や導入したシステムなどから事前に十分な準備と検討を行っているか容易に判断できるため、調査官に事前に経緯を説明すれば、特に問題はなく保存したデータを確認するだけとなります。

一方、単に書類をスキャナで読み取っただけのデータを保存している場合は、保存要件を確認した書類（チェック表）が作成されていないこと、必要な事務処理規程も作成されず、導入したシステムも対応していないなど保存要件に違反したものであるか明らかに判断できます。このように、取引書類が電帳法の保存要件に従って保存されていないことが明らかな場合は、国税関係書類の保存が認められないため、課税標準や税額の計算に影響のあるデータは、保存していたとしても必要根拠や税額控除などの根拠となりませんので、課税処分などの処分を受ける可能性があります。

ただし、スキャナ保存のデータが明らかに保存要件に違反している場合でも、原本である取引書類を保存していれば、書類の保存が認められますので、保存要件に従っているか判断できない場合は、読み取った書類の廃棄については慎重に検討する必要があるでしょう。

逆にいえば、スキャニングした原本の書類を廃棄している場合には、保存したデータが電帳法の保存要件をすべて満たしているか確認が行われる

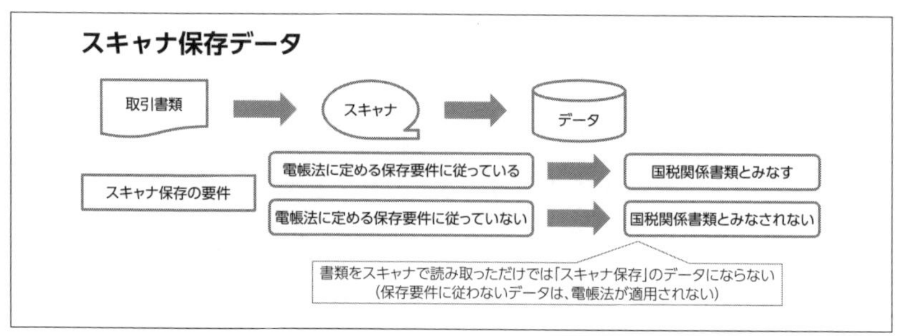

スキャナ保存データの取扱い

法令	内容	取扱い	例外
電帳法4③前段	財務省令の要件に従って保存している電磁的記録	国税関係書類とみなす	
電帳法4③後段	財務省令の要件に従っていない保存されていない電磁的記録	国税関係書類とみなされない	当該書類が保存されている場合を除く

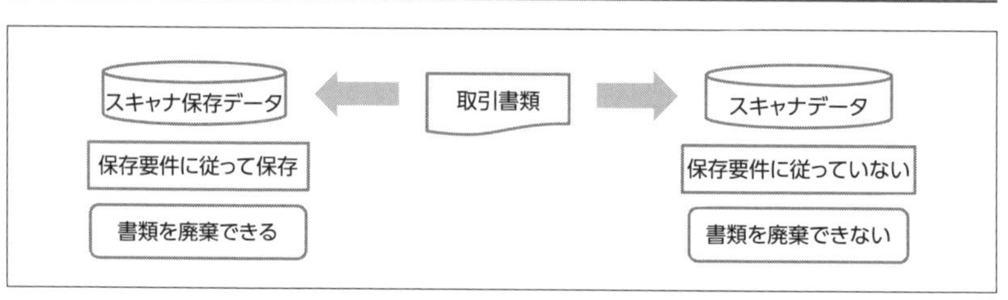

ため、保存要件に従っていることを確認ができる書類等を準備して調査官に説明することになるでしょう。

調査に必要な電子取引情報

Q141 電子取引を行っている場合、税務調査では保存した取引データをどのように準備すればよいのでしょうか。

A 電子取引を行った場合は、取引情報について保存する必要があるので、税務調査の際には、電帳法の保存要件に従って保存したデー

タを調査官に提示（又は提出）することになります。なお、保存したデータの一覧や電帳法の保存要件を確認できる書類等も合わせて準備が必要です。

解 説

電子取引を行った場合は、取引情報のデータを保存することになるので、税務調査の際には、保存した取引データの一覧と保存要件に従っていることが確認できる書類などを準備し、調査官にこれらの書類に基づいて電子取引の取引情報の保存状況等を説明する必要があります。保存状況等を説明した後、調査官がデータを確認できるようディスプレイやプリンタとともにデータを準備し、確認を受けることになります。

なお、取引データを保存する対応を行っていない場合は、取引データから出力した書面を準備し、データの保存ができなかったことについての事情等を説明することが必要になります。令和6年以降は、データの保存ができなかった事情等があっても取引データの保存は必要ですので、出力した書面を用意し調査官からデータのダウンロードを求められたら対応することが必要です。

電子取引はEDI取引、WEB取引、電子メールなど様々な種類があるので、すべてのデータを同じ形式で保存することが難しく、調査で確認する目的や方法も違うため、どのような方法データを保存すればよいかは、保存する電子取引の種類に応じて検討することが大切です。

＜EDI取引＞

EDI取引を行う場合は、参加する事業者が取り交わす情報がすべて電子取引の取引情報に該当しますので、必ず取引データを保存する必要があります。取引データは個々に参加する事業者ではなく運営する事業者側で、すべての取引情報を管理していますので、取引データの保存は運営企業等に要請し受け取ることになります。そのため、過去の取引データを参照できるよう運営事業者と契約し保存することも可能です。税務調査では、EDIの取引情報は、取引内容と取引情報の内容を説明し、特に仕訳情報に連携している情報について詳しく説明する必要があります。個々の取引について確認を行う場合もありますが、利用者側で問題となる取引は発生しくいため、会計処理へ連携する仕組みやデータなどの確認が中心であり、売上や仕入などの根拠となる管理資料などを準備し説明を行うことになります。

<WEB取引>

WEB取引については、インターネットサービスを提供する側と受ける側では、データの保存等に大きな差があります。商品やサービスを提供するインターネット事業者にとっては、利用者から受け取るすべてのデータ（注文データ、発注データ、及び請求書や領収書データ）が重要な取引情報に該当します。これらの取引情報はすべて保存が必要で、売上帳や仕入帳などのデータとして利用することになります。そのため、これらの事業者では、事業に関連するすべてのデータを保存し、売上や仕入などを計上する根拠について、取引データや管理資料などを準備し調査官に説明することになります。

一方、商品の購入やサービスなどを利用する事業者側では、取り交わす情報のすべてが取引情報になるとは限りませんので、一時的にネットから備品や消耗品などを購入する場合は、電子取引の取引データを保存するためのシステムを導入するメリットはあまりありません。電子取引を一時的に利用するだけの事業者であれば受領した取引データを書面で保存する方法でもよく、こういった取引情報だけであれば取引データを保存するためのシステムを導入しないでデータを保存し管理することは可能です。

税務調査では、このような一時的な取引については、支払の事実が明確なため、購入内容、商品の引渡日、納入先、金額など仕訳処理の内容を確認できる書面又はデータを調査官に提示できれば、必要経費などの根拠としては十分です。したがって、こういった取引情報については誤ってデータを廃棄しないようクラウドなどを利用し更新されないフォルダなどで保

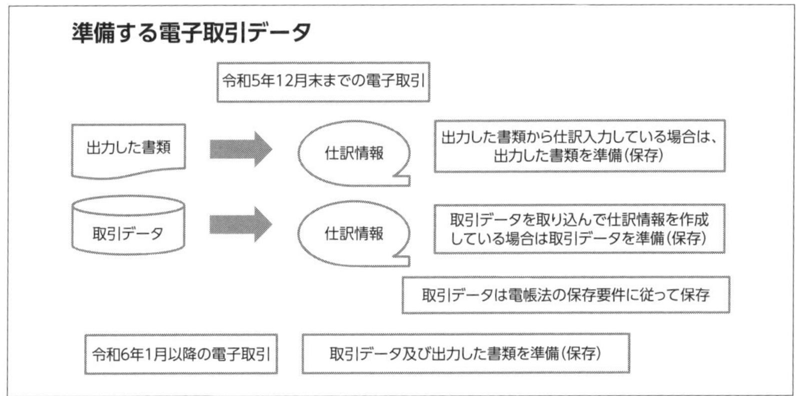

存し、年度（課税期間）ごとにバックアップを取るなどの方法で対応すれば特別なシステムを導入しなくても電帳法に対応することは可能です。特に小規模事業者の場合は、出力した書面の保存と併用し課税期間ごとにデータを保管することで、当面のデータ保存には対応できると思われます。

調査における電子取引の違反

Q142 電子取引の取引情報は、どういった場合に税務調査で保存違反と判断されることになるのでしょうか。

A 主たる事業を電子取引で行っている者が、その取引情報を適切に保存していない場合は、電帳法違反が問われると思われますが、主たる事業ではなく備品や消耗品の購入など一時的な利用する場合は、取引情報だけでなく支払の事実が確認できない場合に電帳法違反と判断される可能性があります。

解　説

電子取引を行った場合の取引情報は、電帳法で保存するよう定められたものですが、所得税法や法人税法で定める取引書類とどのような違いがあるのでしょうか。

電子取引の取引情報で最も重要なことは、データや書面の保存方法ではありません。取引データの改ざんや意図的な廃棄などの不正な行為を防ぎ、適切な保存方法で取引データを保存することは、大企業など組織的にシステムでの対応ができる事業者に向けたものといえますが、こういった事業者で重要な取引情報が継続的に保存されないといったことはあるでしょうか。

取引情報の保存は、重要な取引情報を保存できていないと考えられる事業者に向けたものであり、電子取引を行っていながら重要な取引記録を書面に出力することなく、適切な申告も行わない者に向けたものではないでしょうか。取引情報の保存が、課税標準や税額の計算に最も大きな影響を与えると想定されるのは、取引情報を保存しないことで取引の事実そのものが確認できない場合です。取引の事実が確認できなければ、申告そのものを行わない可能性があり、結果として適切な申告が行われないことになります。

電子取引は、個人など規模の小さな事業者が店舗を設けずにネット事業を行うことで急速に発展しましたが、会社員や主婦などこれまで申告義務のなかった者が気軽に算入できるため、多額の利益があっても申告を行わない場合が多いと思われます。これらの者は、電子取引による事業を主として行っていながら取引情報を保存しないばかりか帳簿も作成しない場合が多く、一般の事業者に比べて帳簿や書類を保存して正しい申告を行う意識が希薄と思われます。したがって、利益があっても意図的に申告を行わないか、あるいは申告を行っても電子取引の利益だけを申告しないといった傾向があり、電子取引を行った場合の取引情報を保存するよう義務化しなければ、今後も取引情報が適切に保存されないことから、適切な申告を指導できるよう出力した書面ではなく取引情報そのものを保存するよう改正されたと考えられます。

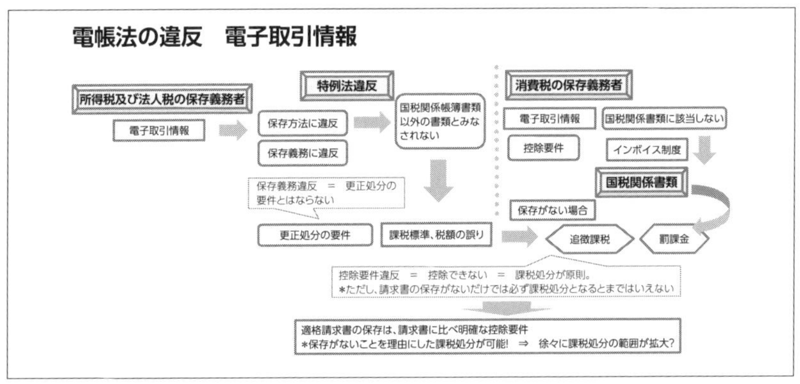

したがって、電子取引により備品や消耗品などを購入し、経費などに算入しても支払の事実がはっきりしているため、こういった事業者が積極的に電帳法違反に問われる可能性は低く、どちらかといえば電子取引を主たる事業として行っている事業者に対して電帳法の保存違反が問われる可能性が高いと考えられます。

ただし、インボイス制度が導入されると、適格請求書の保存がないと仕入税額控除が認められなくなるため、適格請求書にかかる取引情報（電磁的記録）は課税処分につながる重要なデータになります。ただし、適格請求書にかかる取引情報の保存違反は電帳法ではないため、保存違反が問われることはなく、消費税の課税処分の対象となります。

電子取引データの調査対象者

Q143　今後の税務調査において、電子取引の取引情報（データ）の確認を受ける対象者はどのような事業者ですか。

A　税務調査で、電子取引の取引情報について提示を求められるのは、電子取引を行うすべての事業者になります。出力した書面も取引書

類とは違いますので、税務調査の際には取引のデータと併せて出力した書面を準備する必要があります。

解 説

税務調査で電子取引の取引情報についてデータの確認を求められる対象者は、専ら電子取引を行う事業者になります。主要な事業を電子取引で行う事業者は、取引に関するやり取りを書面ではなく取引情報が中心に行われるため、税務調査でも電子取引の取引データの確認を中心にした確認が行われます。また、EDI取引事業者やWEBサイトに店舗を持つ事業者、IT関連企業なども専ら電子取引の取引情報になりますので、会計処理との連携などについての確認が行われます。EDI取引やWEB取引などを行う事業者は、すべて電子取引の取引事業者になるため、注文、納品、請求、決済など取引の大部分が取引情報となります。これらの取引情報から会計システムへ連携し仕訳情報が作成されるので、取引情報の確認と併せ仕訳処理の確認が行われます。これらの事業者は1日に扱う電子取引の取引情報が膨大な量となる場合が多く、利用者への取引情報の提供や、業務システムや会計システムなどのデータまで一連の処理がデータで行われるので、これらの処理全体が税務調査の確認対象になります。ただし、これらの事業者へは、主要な事業についての流れを確認し、取引から売上、会計システムの仕訳情報に至るまでのデータがシステム化されているため、個々の取引と仕訳情報を照合することはなく、サンプルによる照合と確認が行われます。処理全体の流れからは取引年月日、計上年月日、消費税区分などについての妥当性を中心に検討することになります。特に例外処理について詳しく検討が行われるものと考えられます。

これに対し、備品や消耗品などネットを一時的に利用するだけの事業者の場合は、電子取引の取引データを確認する対象者にはなりますが、取引情報の件数も少なく税務調査における確認の重要性はあまり高くありません。このような事業者の場合は、主たる事業者のようにシステムの概要そのものを検討することはありませんので、電子取引の取引情報は、取引デー

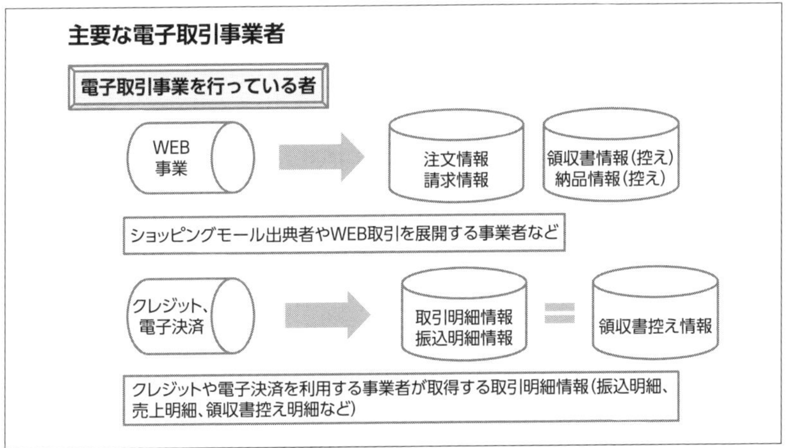

タを廃棄せず所定のフォルダなどで保存し内容が管理できようにしておくことで税務調査への対応は可能でしょう。

調査におけるネット取引データ

Q144　インターネットのサイトから備品や消耗品などの購入やサービスの提供などがある場合、税務調査ではどのようなデータでの対応が必要になりますか。

A　ネット販売などの購入経費については、領収書などの情報を出力した書面と取引データを併せて提示できるようにしておく必要があります。出力した書面がなく取引データだけの場合は、仕訳情報と照合可能な状態でデータを保存し提示することが必要です。

解　説

事業者がWEBサイトから商品やサービスを購入し必要経費などに算入した場合、取引データは「電子取引の取引情報」の保存要件に従って保存する必要があります。保存要件に従ってデータが保存できない場合は、取引データから出力した書面、及び取引データを保存する必要があります。なお、電帳法の保存要件に従ってデータが保存できない場合は、保存要件に従ってデータの保存ができない事情等を調査官に説明する必要があります（令和5年末までの電子取引については出力した書面だけで足りますが、データの保存ができない事情等を説明する必要はあります）。

インターネットなどのサイトから、備品や消耗品を購入したり旅費や宿泊などのチケットを購入したりする場合は、注文、請求、領収など取引に関する情報がやり取りされるだけでなく、現金と違い振込依頼など支払の事実が確認できる取引情報が確実に作成されるため、これらの取引情報を保存することが容易です。これに対し、店舗での取引は、現金で決済されるため支払の事実についての信ぴょう性は低くなります。税務調査では、現金決済による取引は支払の事実については信ぴょう性に疑問があり、さらに請求書や領収書の記載内容についても疑わしいといった認識が強く、領収書が保存されていても問題のある取引として詳細な確認が行われる傾向にあります。特に、飲食費などの支払いにかかる領収書は手書きで作成され、記載が不十分な場合も多く、その信ぴょう性は著しく低く、最も疑わしいものとして認識される傾向にあります。

これに対し、ネット取引などの電子取引は、注文、配送、決済など取引に関する一連の情報が交換され、支払手段も現金決済ではなく振込やクレジットなどとなるため、店舗で取引に比べはるかに信ぴょう性が高いものといえます。ネット取引は支払いの事実が明白であり、注文や請求などの情報にも疑問の余地がないため、調査では取引発生の事実ではなく取引内容を中心とした検討が行われます。具体的には、適切な勘定科目で計上したものか、あるいは適切な課税期間の費用かなどが問題として検討されることになり、あまり大きな課税上の問題に発生しない傾向にあります。このようなWEB取引を行った場合、税務調査では注文履歴や支払履歴などと併せて取引データを確認することで取引の一連の行為に問題がないことを確認し、取引内容の検討を行うことになりますが、このような確認は取

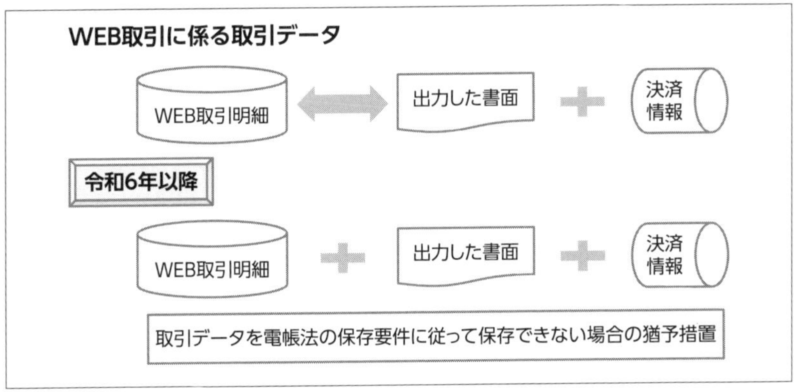
WEB取引に係る取引データ
WEB取引明細
出力した書面
決済情報
令和6年以降
WEB取引明細
出力した書面
決済情報
取引データを電帳法の保存要件に従って保存できない場合の猶予措置

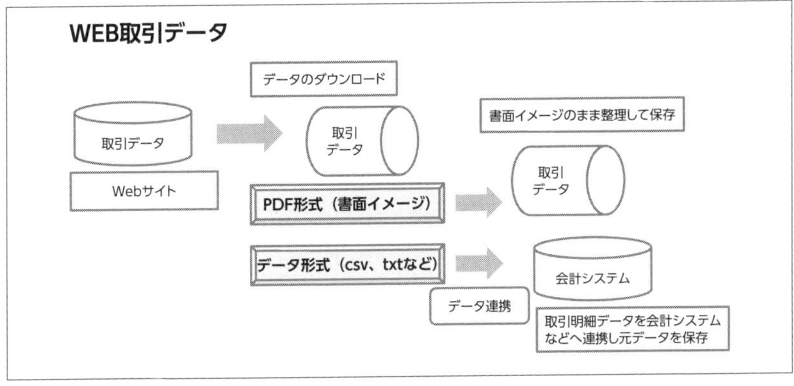
WEB取引データ
データのダウンロード
取引データ
Webサイト
取引データ
書面イメージのまま整理して保存
PDF形式（書面イメージ）
取引データ
データ形式（csv、txtなど）
会計システム
データ連携
取引明細データを会計システムなどへ連携し元データを保存

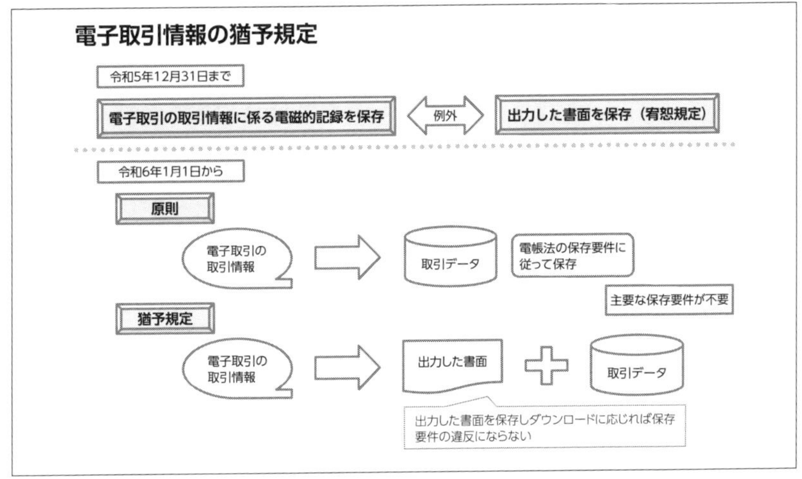
電子取引情報の猶予規定
令和5年12月31日まで
電子取引の取引情報に係る電磁的記録を保存
例外
出力した書面を保存（宥恕規定）
令和6年1月1日から
原則
電子取引の取引情報
取引データ
電帳法の保存要件に従って保存
主要な保存要件が不要
猶予規定
電子取引の取引情報
出力した書面
取引データ
出力した書面を保存しダウンロードに応じれば保存要件の違反にならない

引データではなく出力した書面からでも十分に行えるため、出力した書面に疑問がない限りすべての取引データを確認するまでの必要性は少ないと考えられます。

一方で、電子取引は年々拡大しており、すでに書面取引との間に特別な差はなくなっており、今後は、書面よりも取引データの確認が一般的となる可能性もありますので、原本である取引データを保存する重要性は益々高くなっていくと思われます。税務調査では、このような電子取引の取引情報の確認は、出力した書面であっても取引や支払の事実は確認できるため、すべての取引データを確認するのではなく、保存データの一覧などで保存が確認できれば足りるのではと考えられます。WEB取引による領収書や請求書のデータを、どのように保存するかは重要ですが、課税上のリスクから見た場合、現金決済による書面取引を多用する方が極めてリスクが高く、電子取引を多用する方が課税リスクは低いと考えられます。つまり、課税上のリスクから考えた場合、書面取引から電子取引へシフトしていく方が望ましく、その場合、少なくとも取引データを廃棄せずに、後で確認できるよう整理して保存することが必要になります。税務調査の際に、取引データの提示を求められたら、対応できるようにしておくことが最も重要だと思われます。

調査における電子メールの取扱い

Q145 税務調査において、電子メールのデータはどのように対応すればよいのでしょうか。

A 税務調査では、取引情報に該当する電子メールや添付ファイルを提示する必要がありますので、電帳法の保存要件に従って提示する必要があります。ただし、取引情報に該当しない電子メール（添付ファイル含む）については提示する必要はありません。

解 説

電子メールは通信手段であって、すべてのメールが取引情報に該当するとは限りません。そのため、取引情報に該当する電子メールや添付ファイルなどのデータは電帳法の保存要件に従って保存し、調査官から提示（又は提出）するよう求められたら提示する必要があります。

電子メールのデータは、本文だけでなくファイルを添付することもあり、メール本文と添付ファイルについてそれぞれ取引情報に該当するか確認する必要があります。電子メールを利用してやり取りした取引情報は、電子取引の取引情報（電帳法7）に該当しますので、該当する取引データの保存が必要になります。取引情報に該当するメールは、保存する対象の範囲を内部規程などで規準を定める必要がありますが、取引情報に関する範囲を定めないと取引情報に該当するか判断できないため、取引情報を含むすべての電子メールを提示し判断を仰ぐことになります。税務調査で取引情報のみを保存するのであれば、電子メールについて取引情報の範囲を定めた事務処理規程を作成し、取引情報に該当するデータを電帳法の保存要件に従って保存することが必要になります。

税務調査で、調査官から電子メールのアドレスや利用状況について説明

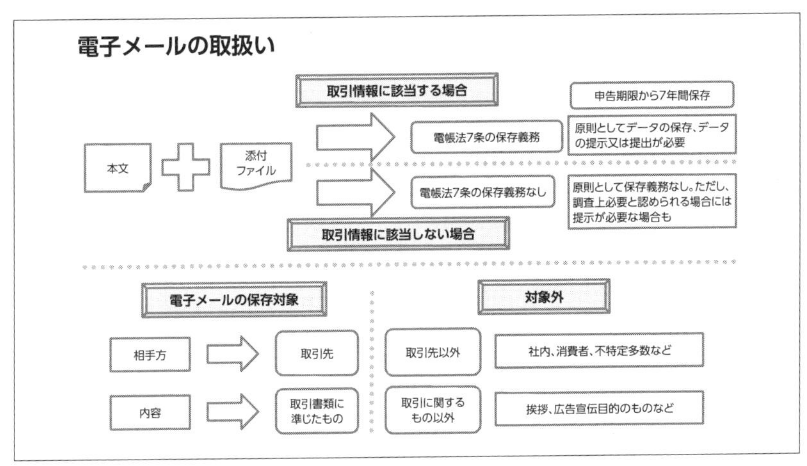

を求められた場合、利用状況と併せて取引データの保存状況等を説明し、取引情報を提示（又は提出）することになります。そのため、取引情報の範囲を定めた事務処理規程を作成し、全社員へ周知するなど適切に運用している場合は、該当する取引データのみを保存し提出すればよいこととなります。

取引情報の範囲を定めても、該当する取引情報だけを抽出することはそう簡単ではありませんので、できれば取引情報のみを扱うアドレスを決めるなどの運用ができるよう事務処理規程で定めるか、あるいは電子メールで取引情報を交換することを止め、他の方法（クラウドサービス）を利用するのが望ましいでしょう。

調査における適格請求書データ

Q146 税務調査において適格請求書のデータについては、どのような対応が必要でしょうか。

A インボイス制度では、発行側（適格請求書発行控え）と受領側（適格請求書）についての確認が行われると考えられます。税務調査では発行側と受領側で保存したデータについて、確認が行われるためデータのダウンロードが求められると考えられます。

解説

適格請求書は、発行したものと受領したものではそれぞれ確認する目的や方法が違います。

税務調査では、受領した適格請求書の書類（書面、又はデータ）は仕入税額控除の要件となるため、保存の有無についての確認と適格請求書に該当するかどうか記載内容の確認と検討が行われる見込みです。

インボイス制度では、（免税事業者や簡易課税事業者を除き）適格請求書等の保存がないと仕入税額控除が認められませんので、適格請求書等（書面、又はデータ）が保存されていることが最も重要になります。そのため、該当する書類の保存があるか確認が行われた後、書類の内容を検討し適格請求書として適切か検討することになると考えられます。

また、発行した適格請求書の控え（書面、又はデータ）については、新たに保存するよう義務付けられたため、制度導入後、事業者が適切に発行しているか確認が行われる可能性があるため、税務調査の際に控えのデータをダウンロードするよう求められるのではないかと考えられます。

インボイス制度では、適格請求書の発行が義務付けられていますが、これまで法令で請求書を発行するよう定められたことはなく、請求書の発行は契約や商慣習に基づいて行われてきたため、請求書など取引書類を発行しない形態の取引も数多く存在します。そのため、これまで請求書や領収書などを発行する慣習のない取引では、インボイス制度が導入されたからといって、必ずしも課税取引すべてに適格請求書が発行されるとは限りません。そういった経緯も踏まえてインボイス制度では比較的長い経過措置の期間が設けられていますので、この間に適格請求書が適切に発行されるよう、発行事業者に対して発行した適格請求書の確認や記載事項等の指導などが行われると思われます。

なお、消費税法では、これまでも請求書の有無が仕入税額控除の要件となっていましたが、請求書に発行義務はなく必ずしも発行されるとは限らないため、請求書の保存がないだけの理由で仕入税額控除が認められないという扱いにはなっていません。そのため、請求書を受領できず保存できなかった場合であっても支払先等を明らかにした消費税の帳簿を保存すれば仕入税額控除が認められる取扱いとなっていました。しかし、インボイス制度では原則として適格請求書発行事業者は必ず適格請求書を発行するよう義務付けられているため、仕入税額控除の際には必ず適格請求書（書面、又はデータ）を保存することになっています（適格請求書の発行は一部の限られた取引でのみ免除されることになっています）。

インボイス制度が導入されると、これまで保存してこなかった請求書に

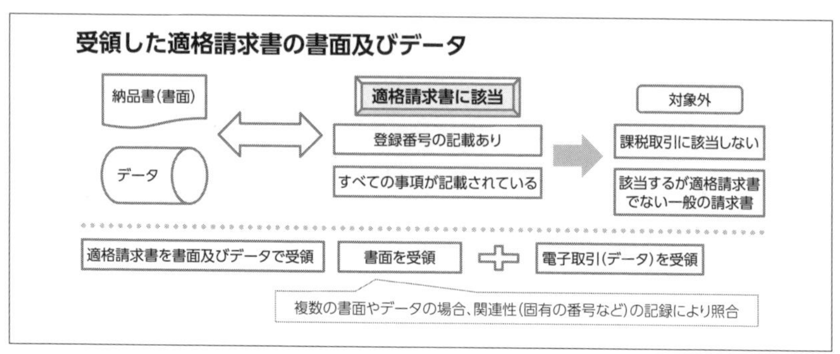

ついても必ず適格請求書を発行する義務があるため、税務調査ではすべての課税仕入れについて適格請求書等（書類、又は取引情報）が保存されているか確認が行われることになります。ただし、制度開始から6年間は経過措置が適用されるため適格請求書を保存していない場合であっても、仕入税額控除が（一定の割合まで）認められますので、保存された請求書が適格請求書に該当しなくても一定の金額までは仕入税額控除を受けることができます。これまでの税務調査では、（課税仕入れに計上した取引が）課税取引に該当するか否かを中心とした確認が行われてきましたが、今後は、適格請求書等（書類、又は取引情報）が保存されているか確認することが、調査の中心になるとみられています。課税取引に該当するかについての判断は、単に書類の有無だけでなく関連する取引書類や支払状況から総合的に行われてきましたが、今後は、適格請求書の保存の有無という形式的な確認が中心になっていくと思われます。適格請求書の保存の有無は、保存された適格請求書（書面、又は取引情報）から行われますが、適格請求書は明確な様式が定まっていないため、適格請求書に該当するかは税務調査の際に判断される可能性が高く、今後の判断事例を参考にする必要があります。

調査における適格請求書の控え

Q147 税務調査では、適格請求書の控えについてどのような準備や対応が必要になりますか。

A 適格請求書には、①売上先への請求書、②仕入先への支払通知、③媒介者による請求書、などがあり、発行控えのデータの提示が必要です。中でも②、及び③は発行者側の売上ではなく仕入税額控除の対象となる場合があり、データのダウンロードを求められ確認が行われる可能性があります。

解　説

これまで請求書などの取引書類は、契約や取引慣行により発行されてきたもので、法令等による制限等が行われたことはありません。インボイス制度では、適格請求書の記載事項だけでなく発行義務と併せて発行控えの保存が義務化されたため、税務調査において適切に発行しているか控えの書類（書面、又はデータ）から確認が行われるともの考えられます。

インボイス制度では、適格請求書の発行は登録事業者に限られますが、これまですべての課税取引について適格請求書に相当する書類が発行されていたわけではありません。そのため、発行している書類を適格請求書の要件を満たす書類に変更するだけでは不十分であり、取引ごとに適格請求書に相当する書類やデータを発行しているか改めて検討することが必要です。果たして取引先にどのような取引書類（あるいは取引データ）を発行しているか、その内容次第では相手先に税務上の問題が生じる場合もあります。取引先に法令の要件を満たした適格請求書を適切に交付しているかは、調査の際に適格請求書の控え（のデータ）の確認が行われます。発行した適格請求書の控えからは、記載内容等の確認だけでなく発行しなければならない請求書の発行漏れについても検討が行われる可能性があります。適格請求書の発行は、ほとんどが手書きではなくデータから作成されるため、調査官から控えのデータをダウンロードするよう求められる可能性があります。適格請求書は、書面（紙）、あるいはデータ（取引情報）のどちらでも発行することができますが、手書きで作成しない限り控えはデータとなります。控えのデータは「書類」（電帳法4②）の方法で保存することができますが、電子取引で発行した場合は「電子取引情報」（電帳法7）のデータに該当しますので、それぞれの要件に従ってデータを保

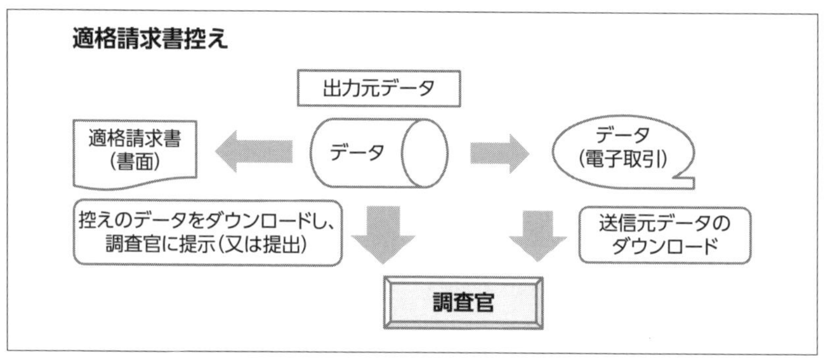

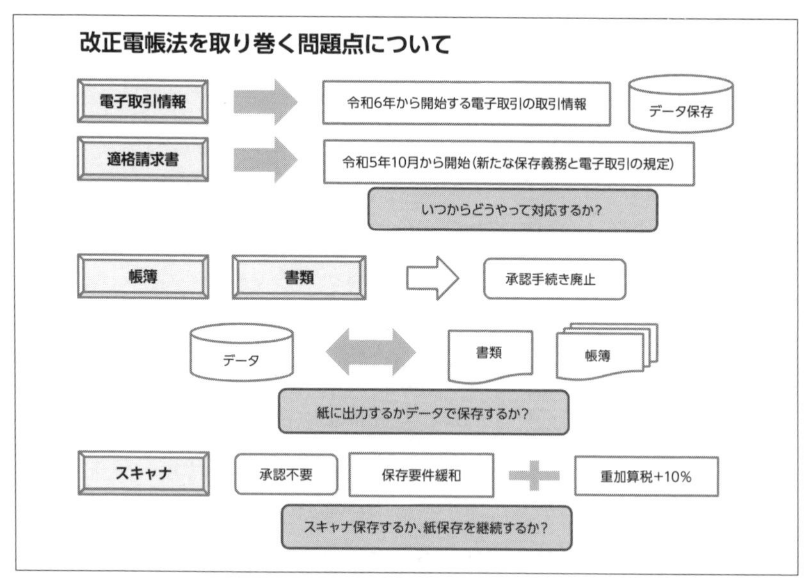

存する必要があります。発行した控えについて提示するよう求められたら、データではなく保存した控えの書類を提出することもできますが、書類で保存する場合は膨大な量となり、とても現実的ではありません。もし、データのダウンロードの求めに応じない場合は、電帳法だけでなく適格請求書の発行や控えの保存義務にも違反することになりますので、正当な理由もなく拒むことはできません。そのため、適格請求書の控えについては、データのダウンロードに応じることができるよう電帳法の保存要件に従って保存しておく必要があります。

また、請求書ではなく支払者や媒介者が適格請求書を発行する場合は、発行した仕入明細書の保存が仕入税額控除の要件ともなるので、これらの発行控えのデータについても同様の取扱いとなります。

重加算税の割増対象となる事実

Q148 令和4年から重加算税の割増し制度が整備されましたが、どのようなケースが割増し対象になると考えられますか。

A 「電子取引の取引データ」、及び「スキャナ保存のデータ」に関して隠ぺい仮装などの行為があった場合に、重加算税が10％割増しされることになりましたが、①データの改ざん、②意図的なデータの廃棄、③架空の取引データを捏造、など税を免れた場合などが割増し対象のケースだと考えられます。

解　説

税務調査の際に、隠ぺい仮装などの行為により税を免れていると判断された場合、追徴税額の35％～40％の重加算税が課されてきました。令和4年以降、保存した「スキャナ」保存のデータと令和4年以降に行った「電子取引の取引情報」に、重加算税に該当する不正の事実があった場合は、

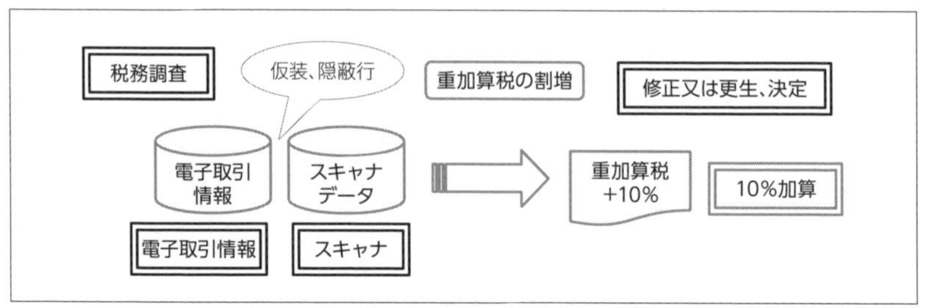

重加算税が10％割増しされることとなっています。

税務調査が行われた際に、修正申告や更正処分などの対象となった場合に、保存されたスキャナ保存のデータ、又は電子取引の取引情報（データ）に隠ぺい仮装などの行為があったと判断された場合、通常の重加算税の額がさらに10％割増しされることになっています。この制度は令和4年1月1日以降に申告期限が到来する課税期間（事業年度）から適用されることになっているので、今後の税務調査で重加算税が賦課される際には、適用を受けるおそれがあります。

重加算の賦課について、保存したデータに係る隠ぺい仮装などの行為には、①保存データを不正に改ざんする、②意図的に保存が必要なデータを廃棄する、などといった行為であり、いずれも税負担を免れている部分の金額に適用されることになります。また、直接データを改ざんしたり廃棄しなくても、保存したデータが、一連の関連する不正な取引行為に含まれると判断された場合にも割増し規定が適用される可能性があります。

税務調査と電帳法審査

Q149 税務調査における、電帳法の審査と税務調査はどのような違いがあるのでしょうか。

A 税務調査は、課税標準、又は税額の計算誤りがないか確認することが主な目的ですが、確認には帳簿や書類などのデータが電帳法に従って適切に保存されていることが前提になります。そのため、税務調査に支障がある場合には、電帳法違反の疑いがあることになります。

解説

税務調査の主な目的は、課税標準である所得金額の計算誤りや税額の計算誤りについての確認が中心となります。例えば、法人税の調査では、所得金額の計算に誤りがないか確認することが税務調査の主な目的となります。また、消費税では課税売上や課税仕入の計算に誤りがないか確認することが税務調査の目的となります。税務調査では、提出された法人税や消費税などの申告書に記載された課税標準の額が正しいか検討することが最も重要になるので、申告書を作成する元となった損益計算書や消費税額の計算書などと照合し、確認が行われます。損益計算書や消費税額の計算書などは、いずれも帳簿（総勘定元帳）から作成されるので、総勘定元帳が正しく作成されているかを検討することが調査における重要な確認事項になります。総勘定元帳の確認は、仕訳帳や他の補助簿などと併せて行うことが必要ですが、取引ごとの仕訳処理が正しく行われているか確認し検討することが調査の中心になります。そのためには、仕訳情報が取引ごとに作成され、根拠となる取引書類（書面、又はデータ）や取引情報と照合し確認することが基本になります。調査では、売上を除外する目的で仕訳処理を行わないといった場合以外は、仕訳処理（仕訳データ）から検討する方法が一般的であり、勘定科目ごとに確認が必要な仕訳データを抽出してから、根拠となる取引書類などと照合し内容の検討を行うことになるため、確認が必要な（仕訳処理の）根拠書類を提出するよう指示される場合があります。税務調査では3年間～ 5年間の課税期間について調査が行われることが多く、調査の対象期間について特に誤りの多い点や、あるいは疑わしい仕訳処理などを抽出し確認や検討が行われます。また、取引データを抽出してから仕訳情報の検討が行われることもあります。そのため、帳簿や書類のデータを調査官が任意の条件で検索し、抽出した結果から確認や検討を行うことになるので、保存したデータが電帳法に従って保存されている必要があります。もし、電帳法の要件に従って保存されていないと、税務調査でデータの確認ができないこととなり電帳法違反が問われることになります。ただし、「スキャナ」と「優良な電子帳簿」の要件で保存されたデータは、データの確認を行うだけでなく対応するシステムで保存しているかなどの確認も行われます。

今後の調査の行方

Q150 新電帳法やインボイス制度が導入されることで、将来の税務調査はどのように変わっていくと考えられますか。

A 将来の税務調査は、概況等の聴取やデータの確認方法などが大きく変わると考えられます。特に、会計データや電子取引データ、及び適格請求書に係る取引データなどの確認はデータのダウンロードを中心とした方法となることが予想されるため、調査方法が大きく変わっていくと考えられます。

解説

これまでの調査は、納税地に保存された帳簿や書類などの書面を調査官が一定の期間で確認し内容を検討することが基本となっていましたが、新電帳法が施行されると、書面とデータの双方から確認と検討が行われていくことになっていくと思われます。会計ソフトで帳簿を作成する事業者やデータから請求書などの取引書類を作成する事業者などほとんどの事業者がシステムを導入している状況にあるので、税務調査でこれらすべてを書面で確認することは既に難しいといえる状況です。また、電子取引も年々拡大しており、近い将来、電子取引の取引情報についてデータを確認することは避けられない状況です。今後、新電帳法の施行により、税務調査ではあらゆるデータを確認する必要があり、データの確認方法やその在り方などが大きく変わっていくと予想されます。事業者にとっても、電帳法に積極的に対応しデータを保存する者とまったくデータ保存に対応できない者に二極化されていく可能性が高く、どちらを選ぶかは納税者次第となります。今後の税務調査は、積極的にダウンロードした帳簿や書類のデータを活用し、確認が必要な点を絞ってから内容の検討が行われるなど、よりITを活用した精度の高い調査が行われていくと予想されます。

帳簿や書類のデータ化やスキャナ保存などの電子化は、経理や仕訳処理について社員の裁量の余地を減少させ、電子取引化により現金取引が減少するなど、これまでの疑わしい取引が減ることで税務リスクも減少する可能性があります。事業の発展と税務リスク軽減のためにも一刻も早い電帳法に対応したIT化を推進する必要があるでしょう。

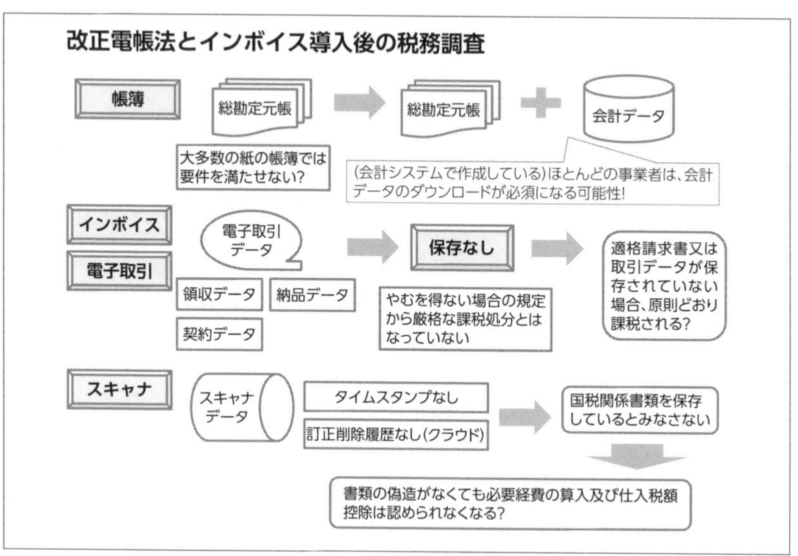
改正電帳法とインボイス導入後の税務調査
帳簿
総勘定元帳
総勘定元帳
会計データ
大多数の紙の帳簿では要件を満たせない?
(会計システムで作成している)ほとんどの事業者は、会計データのダウンロードが必須になる可能性!
インボイス
電子取引
電子取引データ
保存なし
適格請求書又は取引データが保存されていない場合、原則どおり課税される?
領収データ
納品データ
契約データ
やむを得ない場合の規定から厳格な課税処分とはなっていない
スキャナ
スキャナデータ
タイムスタンプなし
訂正削除履歴なし(クラウド)
国税関係書類を保存しているとみなさない
書類の偽造がなくても必要経費の算入及び仕入税額控除は認められなくなる?

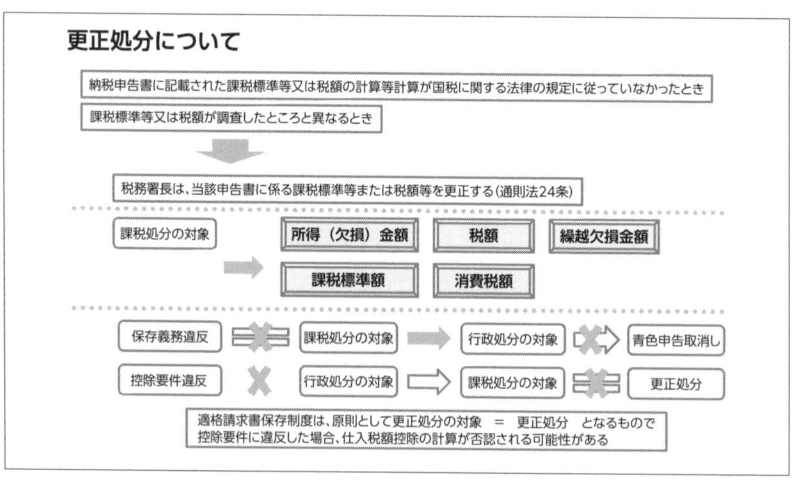
更正処分について
納税申告書に記載された課税標準等又は税額の計算等計算が国税に関する法律の規定に従っていなかったとき
課税標準等又は税額が調査したところと異なるとき
税務署長は、当該申告書に係る課税標準等または税額等を更正する(通則法24条)
課税処分の対象
所得(欠損)金額
税額
繰越欠損金額
課税標準額
消費税額
保存義務違反
課税処分の対象
行政処分の対象
青色申告取消し
控除要件違反
行政処分の対象
課税処分の対象
更正処分
適格請求書保存制度は、原則として更正処分の対象 = 更正処分 となるもので
控除要件に違反した場合、仕入税額控除の計算が否認される可能性がある

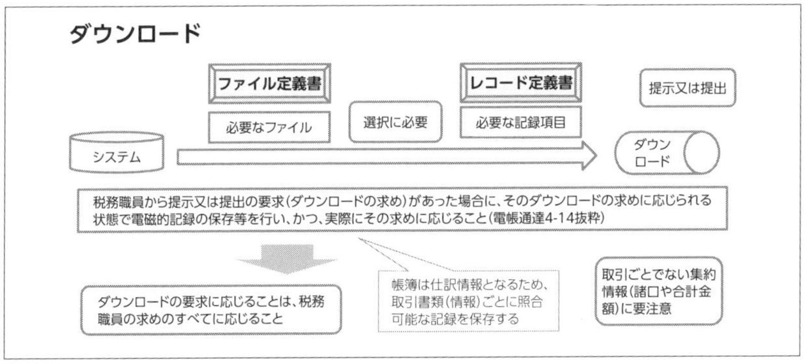
ダウンロード
ファイル定義書
必要なファイル
選択に必要
レコード定義書
必要な記録項目
提示又は提出
システム
ダウン
ロード
税務職員から提示又は提出の要求(ダウンロードの求め)があった場合に、そのダウンロードの求めに応じられる状態で電磁的記録の保存等を行い、かつ、実際にその求めに応じること(電帳通達4-14抜粋)
ダウンロードの要求に応じることは、税務職員の求めのすべてに応じること
帳簿は仕訳情報となるため、取引書類(情報)ごとに照合可能な記録を保存する
取引ごとでない集約情報(諸口や合計金額)に要注意

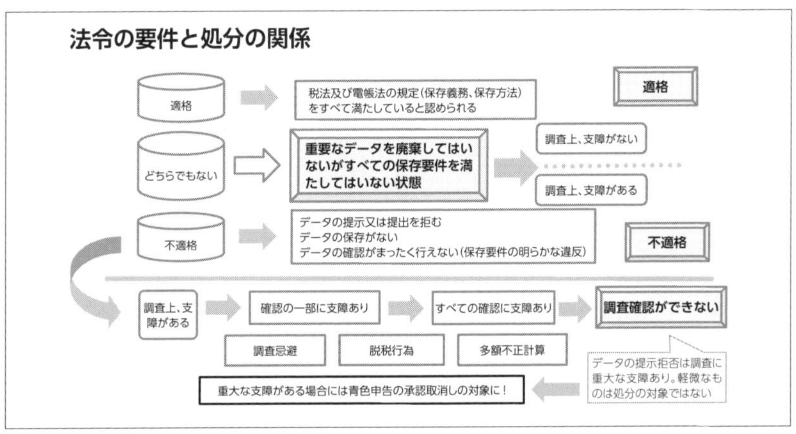
法令の要件と処分の関係
適格
税法及び電帳法の規定(保存義務、保存方法)をすべて満たしていると認められる
適格
どちらでもない
重要なデータを廃棄してはいないがすべての保存要件を満たしてはいない状態
調査上、支障がない
調査上、支障がある
不適格
データの提示又は提出を拒む
データの保存がない
データの確認がまったく行えない(保存要件の明らかな違反)
不適格
調査上、支障がある
確認の一部に支障あり
すべての確認に支障あり
調査確認ができない
調査忌避
脱税行為
多額不正計算
データの提示拒否は調査に重大な支障あり。軽微なものは処分の対象ではない
重大な支障がある場合には青色申告の承認取消しの対象に！

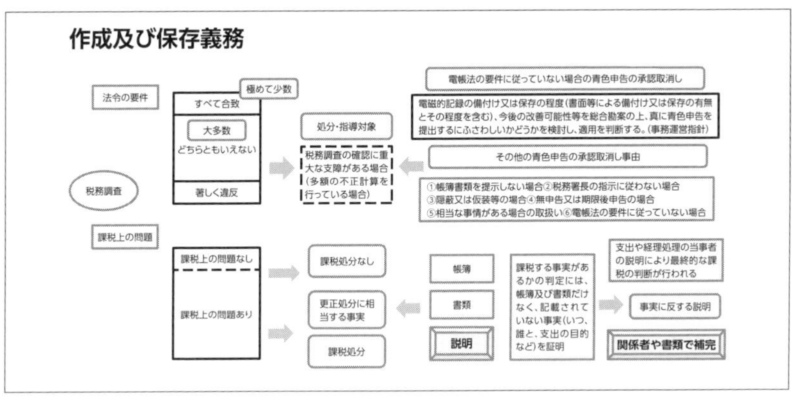
作成及び保存義務
法令の要件
極めて少数
すべて合致
大多数
どちらともいえない
著しく違反
税務調査
処分・指導対象
税務調査の確認に重大な支障がある場合(多額の不正計算を行っている場合)
電帳法の要件に従っていない場合の青色申告の承認取消し
電磁的記録の備付け又は保存の程度(書面等による備付け又は保存の有無とその程度を含む)、今後の改善可能性等を総合勘案の上、真に青色申告を提出するにふさわしいかどうかを検討し、適用を判断する。(事務運営指針)
その他の青色申告の承認取消し事由
①帳簿書類を提示しない場合②税務署長の指示に従わない場合
③隠蔽又は仮装等の場合④無申告又は期限後申告の場合
⑤相当な事情がある場合の取扱い⑥電帳法の要件に従っていない場合
課税上の問題
課税上の問題なし
課税上の問題あり
課税処分なし
更正処分に相当する事実
課税処分
帳簿
書類
説明
課税する事実があるかの判定には、帳簿及び書類だけなく、記載されていない事実(いつ、誰と、支出の目的など)を証明
支出や経理処理の当事者の説明により最終的な課税の判断が行われる
事実に反する説明
関係者や書類で補完

【著者略歴】
十文字　俊郎　（じゅうもんじ　としろう）

税理士　十文字俊郎税理士事務所所長
SKJコンサルティング合同会社　代表社員

東京国税局において、情報技術専門官（電子帳簿担当）、電子商取引専門調査チーム、SGATAR研修講師（IT調査法）など国内外の電子帳簿の研修講師をはじめ大企業の調査指導の第一人者として活躍。

令和2年7月戸塚税務署長を最後に退官し、令和2年10月千代田区平河町に十文字俊郎税理士事務所を開業。開業後、電子帳簿保存制度、消費税インボイス制度、組織再編税制などを専門に、専門誌への寄稿、税理士会研修講師、各種セミナー講師、税務コンサルタントなどを中心に活動中。

【主な著書等】
「改正電子帳簿保存法のすべて」（中央経済社）令和3年11月刊行
「月刊税理」（ぎょうせい）令和4年1月号～現在まで連載中
「月刊税務Q&A」（税務研究会）令和4年11月号特集
ほか多数

本書の内容に関するご質問は、税務研究会ホームページのお問い合わせフォーム（https://www.zeiken.co.jp/contact/request/）よりお願い致します。なお、個別のご相談は受け付けておりません。

本書刊行後に追加・修正事項がある場合は、随時、当社のホームページ（https://www.zeiken.co.jp/）にてお知らせ致します。

税務調査完全対応
電子帳簿保存法　税理士からの疑問・質問150選

令和５年９月30日　初版第一刷発行　（著者承認検印省略）
令和５年12月20日　初版第三刷発行

©　著　者　十文字　俊　郎

発行所　税務研究会出版局
週　刊「税務通信」「経営財務」発行所
代表者　山　根　毅

郵便番号100-0005
東京都千代田区丸の内1-8-2 鉄鋼ビルディング
https://www.zeiken.co.jp

乱丁・落丁の場合は、お取替え致します。　印刷・製本　奥村印刷㈱

ISBN978-4-7931-2779-3